纸上谈兵

中国古代战争史札记

张明扬 著

山西出版传媒集团
山西人民出版社

图书在版编目（CIP）数据

纸上谈兵：中国古代战争史札记 / 张明扬著. -- 太原：山西人民出版社, 2020.9

ISBN 978-7-203-11500-7

Ⅰ.①纸… Ⅱ.①张… Ⅲ.①战争史—中国—古代—文集 Ⅳ.① E291-53

中国版本图书馆 CIP 数据核字（2020）第 108325 号

纸上谈兵：中国古代战争史札记

| 著　　者：张明扬
| 责任编辑：王新斐
| 复　　审：贾　娟
| 终　　审：李广洁
| 出 版 者：山西出版传媒集团·山西人民出版社
| 地　　址：太原市建设南路 21 号
| 邮　　编：030012
| 发行营销：010-62142290
| 0351-4922220　4955996　4956039
| 0351-4922127（传真）　4956038（邮购）
| 天猫官网：https://sxrmcbs.tmall.com　电话：0351-4922159
| E-mail：sxskcb@163.com（发行部）
| sxskcb@163.com（总编室）
| 网　　址：www.sxskcb.com
| 经 销 者：山西出版传媒集团·山西人民出版社
| 承 印 者：北京汇林印务有限公司
| 开　　本：850mm×1168mm　1/32
| 印　　张：11.25
| 字　　数：250 千字
| 版　　次：2020 年 9 月　第 1 版
| 印　　次：2020 年 11 月　第 2 次印刷
| 书　　号：ISBN 978-7-203-11500-7
| 定　　价：68.00 元

如有印装质量问题请与本社联系调换

导论 古代的军事竞争与武器、战术革新

威廉·麦尼尔在其名著《竞逐富强：公元1000年以来的技术、军事与社会》中认为，欧洲长期的列国分立带来激烈的军事和政治竞争，由此产生的生存压力迫使各国必须不断进行军事技术和军事体制变革，从而造就了欧洲近代的军事神话。

这一规律自然是"欧洲式"的，毕竟也只有欧洲在近代借此机会脱颖而出。但从中国古代战争史来看，这一规律也有其普世性的一面。在古代中国，来自周边的军事竞争压力往往也会主动或被动地在中原王朝催生军事革新。比如明清鼎革前长达二十余年的大规模军事对抗，为两大方营造出一个研发、装备和应用新型火器的"绝佳"竞争环境。

军事革新可能是物质性的，即新武器、新装备的诞生，如大黄弩、如诸葛连弩、如甲骑具装、如马镫、如陌刀、如神臂弓、如火铳……

军事革新也有可能是知识性的，即新战术的革新，如赵武灵王的胡服骑射，如项羽的骑兵长途奔袭，如卫青、霍去病的骑兵冲击战术，如刘裕的"却月阵"，如李靖的"不停顿连续作战"，如刘锜、岳飞的砍马腿战法，如明成祖的火器轮射战术，如戚继光的车营战术，如袁崇焕的"凭坚城以用大炮"……

并且，在大多数时候，武器技术革新和战术革新并不是割裂的，而是互相激荡、互相启发的。技术革新促进战术革新，新式装备需要新战术推动其战力最大化。比如，随着佛郎机在明军中的大量装备，戚继光为其量身定制了车营战术，还编练了中国骑兵史上最早的"骑炮兵"；战术革新又对武器的进一步革新提出新的要求，比如骑兵正面冲击这一战术的发明，呼唤着一种让冲击骑兵更不易从马背上跌落的"新马具"——马镫就这么来了。

关于军事竞争促进武器和战术革新，在中国古代战争的语境内，有两点特别值得关注。

第一，草原骑兵对中原王朝上千年如一日的军事压力。在中国古代的军事革新中，大多数动力和压力都来自北方骑兵。如果细分的话，这种应对草原骑兵的军事革新可以分三类：第一类是"以骑制骑"，比如胡服骑射、汉武帝的骑兵革命、西晋后在中原王朝率先出现的马镫、唐高祖组建突厥化的轻骑兵军团，都属于此类；第二类是"以步制骑"，比如汉武帝时代的弓弩革新，李陵的"大车＋弓弩"战术，刘裕的"却月阵",由李靖率先装备、李嗣业发扬光大的陌刀,北宋中前期的"弹性防御"战术,宋神宗时代的神臂弓和斩马刀,刘锜、岳飞的砍马腿战法;第三类是"以火制骑",即以火器对抗骑兵,如朱元璋时代发明的铜制火铳,朱棣亲自创建的神机营,正德、嘉靖时代引入的新式火器佛郎机,明末的红夷大炮,袁崇焕的"炮骑协同"战术。

第二,军事革新的中西共振。从本质上,武器是一种商品,战术是一种知识,都是可以在欧亚大陆或海洋贸易网络中传播的。马镫很可能就是由中国率先发明,然后传播至中亚和西方的;在蒙古西征中,蒙古人将从金和南宋获得的火器及其战术带往阿拉伯地区,再经由阿拉伯人传播至欧洲;在明代中晚期,在火器制造技术上已超越中国的欧洲开始"反哺",经由两次大航海时代中的"西炮东传",先后将佛郎机和红夷大炮传至中国,帮助明军面对满蒙骑兵的军事压力。

自赵武灵王时代开始,到康熙时代,在从未停止过的军事压力下,特别是分裂时间不短于统一时间的军事竞争之下,中国的军事科技与战术革新事实上从未真正停止过。

为了对抗机动灵活的北方胡族骑兵,赵武灵王抛弃了统治中国战争史上千年的笨重战车,进行了"胡服骑射"改革,建立了中国历史上第一支独立作战的骑兵军团,这也让赵武灵王成为中国骑兵之父。

但在长平之战中,赵国骑兵暴露了前马镫时代骑兵的最大弱点，即只适合侦查、骚扰、追击败退敌军和破袭粮道这些非核心任务，无法在大规模战争中正面对抗步兵军阵，从而在长平之战中"隐身"。当作为赵军最大军事强点的骑兵无法有效发挥作用，反而进入了最能彰显秦军纪律性和兵力优势的步兵军团战斗模式时，赵国在长平之战中的失败也就不言而喻了。事实上，在战车漫长的半衰期中，除了胡服骑射这一面向的军事变革外，还有"毁车为行"，也就是变车兵为步兵军阵的变革方向。在长平之战时，赵国代表了变车兵为骑兵的变革，而秦军的步兵军阵则代言了变车兵为步兵。

事实证明，仅就军事层面而言，毁车为行是比胡服骑射更接近当时战争本质的深刻变革。

长平之战时，也正处于钢铁兵器与青铜兵器的激荡更迭时代，相对而言，赵军的铁制兵器普及度要高于秦军，但发展尚不成熟的钢铁兵器在战场上，对于发展完备的青铜兵器并未取得明显优势，因此也不足以成为改写长平之战的变量。

在楚汉战争时代，刘邦在初期迅速占领关中后，就获得了秦国在战国时代拥有的国力体量优势，在与项羽的战争中几乎始终处于以众击寡的态势。在彭城之战中，为了对抗刘邦近60万大军的压倒性兵力优势，项羽亲率三万骑兵突袭彭城，以快制多，最大限度地发挥了骑兵的长途奔袭能力与机动性优势，创造了骑兵第一次大规模歼灭步兵集团的中国战史记录，成为中国骑兵史上继胡服骑射之后的第二个里程碑。

为了对抗楚军的骑兵优势，刘邦战后痛定思痛，以原秦军骑兵为班底组建汉军骑兵，以骑制骑，在垓下之战中穷追不舍，逼得项羽乌江自刎的就是这支汉军骑兵。

在汉武帝时代，为了对抗匈奴的骑兵优势，汉武帝也采取了"以骑制骑"的大战略，在"文景之治"积累的雄厚国力支撑下，倾全力发展马政，很快具备了一次性数万骑兵，甚至十万骑兵出塞的能力。即使有了马和骑兵，汉军仍然直面着骑射能力远不如匈奴骑兵的压力。李硕在《南北战争三百年》一书中认为，为了对抗骑兵的骑射优势，卫青和霍去病率先在汉军中发起了骑兵战术革新，不与匈奴人较量他们擅长的远距离骑射，将中原步兵擅长的正面冲击战术移植到骑兵身上。

尽管依靠骑兵战术革新，汉军骑兵将匈奴骑兵一路从漠南打到漠北，但战争中损失的大量战马很快又让汉帝国重新面临缺马的威胁。到了汉武帝后期，缺马的现实成了李陵五千步兵出塞的时代注脚，李陵虽兵败被俘，但这支精英步兵在绝对兵力劣势下的顽强表现，却显示了汉军"以步制骑"能力的提升。在匈奴骑兵的压力下，帝国的制弩技术在汉武帝时代发生了一次技术革新，与秦弩相比，无论在射程、强度还是在射击精度上都有着很大的提升，这也可以视作西汉军工业对匈奴骑射优势的一种极有针对性的回应。在李陵军的最后时光里,弩成为他们最后的倔强,五十万支箭射尽之后,李陵军方才溃败。

在三国时代,为了在北伐时应对曹军的骑兵优势,特别是曹军的精锐骑兵部队"虎豹骑",诸葛亮发明了"诸葛连弩",号称"矢长八寸,一弩十矢俱发",在追击蜀汉军队时被射杀的大将张郃,就有可能死于"诸葛连弩";诸葛亮还编练了一套叫"八阵图"的阵法,自称"八阵既成,自今行师庶不覆败",八阵图很可能是一种应对骑兵快速冲击的步兵密集结阵;为了解决北伐时的后勤运输问题,诸葛亮还发明了"木牛流马",如果撇去那些怪力乱神的包装,简单说就是木牛为车,流马为舟,系统性升级了蜀汉的后勤运输体系。

在两晋南北朝时代,作为骑兵历史上最重要技术革新的马镫率先在中国出现,给了骑兵更大的平衡性,在高速冲击中更不易从马背上跌落。有论者称,这也是中原王朝在北方游牧民族骑兵优势压力下的一种"回应式"创新,马镫可以减少中原骑兵掌握骑射技术的训练时间,大大加快中原王朝编练骑兵军团的效率。

马镫的发明是基于中原王朝的利益考量,但如同所有的军事技术一样,一旦发明出来,谁也不能控制它的流向与应用场景。马镫的出现让中国骑兵正式进入了重骑兵时代,"甲骑具装"成为北朝骑兵最鲜明的特点,这也让骑兵第一次具备了在正面决战中突破步兵密集结阵的能力。

但在淝水之战中，前秦骑兵并未成功扭转前秦数十万大军的溃败，反而成就了北府兵"以步制骑"的神话；在刘裕北伐的时代，两千北府兵凭借其首创的却月阵大败三万北魏重骑兵，号称在战国后就被淘汰的战车在重骑兵大行于世的时代压力下得到某种"复兴"，成为步兵军团防御骑兵冲击最好的屏障。

到了唐开国时代，为了回应突厥轻骑兵的机动性优势，李渊启动了骑兵革新，告别了北朝以来盛行的重骑兵风潮，建立了一支以突厥为师的轻骑兵。而正是凭借这支"突厥化"的轻骑兵，唐军成功扫平了中原群雄，而在李世民登基之后，唐军轻骑兵又"以骑制骑"，以闪电战的速度消灭了东突厥，成为东亚的新霸主，大唐帝国兴盛于轻骑兵的马背上。

而在盛唐时代，随着边境战事的扩大，为了缓解战马不足的状况，唐军不得不重新续上"以步制骑"的中原军队传统，将李靖率先装备的新式武器陌刀与陌刀战术发扬光大，李嗣业和他的陌刀军，以其"人马俱碎"的巨大威力，威震安西，成为那个时代游牧骑兵的终极噩梦。

在北宋，为了对抗辽国的骑兵优势，如曾瑞龙在《经略幽燕》一书中所说，宋军逐渐发展出了"弹性防御"战术，放弃了五代时崇尚野战和速决战的进攻主义取向。到了宋神宗时代，为了对付西夏骑兵，宋朝军工业连续贡献了两大军备技术革新，发明了斩马刀和神臂弓这两个神兵利器，一近战、一远战，丰富了宋军步兵对战敌国骑兵的武库。

到了靖康时代，金军凭借其骑兵，特别是重骑兵优势，成就了"女真满万不可敌"的战争神话，为了回应这一压力，岳飞一方面"以骑制骑"，建立了以岳云为核心的岳家军骑兵；另一方面又在"以步制骑"的战法上取得了新的突破，在郾城大战中以砍马腿战术大破金军最精锐的一支骑兵，也是中国历史上最出名的超重装骑兵——"铁浮屠"。

到了蒙古崛起的时代，蒙古人将骑兵的机动性发挥到了人类骑兵史上的极致，如《世界历史上的蒙古征服》一书所说，"机动性使蒙古人造就了一种不可复制的战争风格，直到二十世纪机动车辆应用于军队，这种情况才有所改观"。凭借无与伦比的机动性，蒙古骑兵也成为马镫时代骑兵战术的集大成者，将骑射战术和正面冲击战术结合得无懈可击。

在蒙古骑兵的绝对优势之下，原本以骑兵起家的金军眼见在野战中无力对抗蒙古人，便开始在防御上下功夫，将新生的火器引入守城战，在金开兴元年（1232年）三月的开封之战中，金军使用了当时威力最大的投掷火器——震天雷，"铁罐盛药，以火点之，炮起火发，其声如雷，闻百里外"。但就如初生的铁制兵器并未扭转赵国在长平之战中的败局一样，新生的火器同样未能拯救金国的亡国命运。

在蒙古灭宋的最关键战役——襄阳之战中，为了对付宋军的坚城，蒙古军中的伊斯兰兵器专家改造了投石机的攻击距离和准确率，建造了历史上威力最大的投石机——"回回炮"，据说抛射的巨石重达150公斤，"声如雷霆，震城中。城中汹汹，诸将多逾城降者"，顺利轰开了樊城，逼得襄阳也开城投降。不过，"回回炮"并不是火炮。

在明初，明成祖为了彻底解决蒙古问题，五次亲征漠北。为了对抗蒙古骑兵，朱棣承继了朱元璋时代的火器大飞跃，进一步完善了火铳技术，在完成"第一次火器革命"后，明军从冷兵器时代逐步迈向冷热兵器混用时代。

也是在朱棣时代，明军还进行了一次重大战术革新。为了缓解火铳发射流程过慢，无法应对蒙古骑兵快速冲击的状况，明军在此时升级了"叠阵"战术，将火器部队分为三行，虽然存在争议，但这有可能被看作全世界最早的"轮射战术"雏形。

在技术革命和战术革新的同时，为了更好地发挥火器的效能，朱棣还进行了兵种配置上的改革。第一次亲征前，朱棣创建了神机营，这也是中国历史上首次组建专用火器的部队，比西班牙创建火枪兵还要早一百年左右。

明初的火铳代表了当时世界火器技术的最高水平。但在此后，欧洲在列国竞争的背景下，火器的研发制造进入了快车道，逐步超越了相对停滞的明朝。

而在嘉靖时代，蒙古人自土木堡时代以来又一次走向统一和强盛，给明军北方边防施加了极大压力。为了对抗蒙古骑兵，明朝在嘉靖初年开始了对葡萄牙佛郎机的仿制工作，稍晚又引入了火绳枪，希望能够借助这些比国产火铳更先进的欧洲火器挫败蒙古骑兵的进犯。在"第一次西炮东传"中，戚继光成为当时中国军界最积极的应用者，戚继光的部队成为明军中装备西式火器最多的军队，甚至作为中国版火绳枪"鸟铳"的命名也很可能得自戚继光的灵感。

边患越严重，明军对新式火器越保持学习的开放性。到了万历末年，随着满洲八旗的崛起，明军在辽东的边防压力与日俱增，就在1619年萨尔浒之战的惨败过后，徐光启等一批明朝士大夫深感包括佛郎机在内的明军现有火器已无法应对八旗军的强力挑战，主动派人赴澳门采购更新一代的火炮——红夷大炮，之后还开始了规模浩大的仿制工作，是为"第二次西炮东传"。

在1626年的宁远之战中，袁崇焕首次携红夷大炮亮相便力挫努尔哈赤亲率的后金大军，帮助明军取得了双方开战八年以来的首次大胜，有史料称，宁远之战中的红夷大炮"每炮所中，糜烂可数里"。为了将红夷大炮的战力发挥到极致，袁崇焕还围绕大炮设计了两套新战术："凭坚城以用大炮"和"炮骑协同"。前者的要义是在军力处于弱势的情况下，坚决避免野战；后者的要义是关宁铁骑"依城而战"，在火炮火力的掩护下和清军骑兵进行有限度的野战。但红夷大炮救得了宁远城，却救不了大明朝。

红夷大炮的横空出世警醒了以皇太极为代表的八旗精英们，让后金做出了"以炮制炮"的应对措施。后金很快开始了对红夷大炮的仿制，据说为避"夷"字之讳，改称红衣大炮。在吴桥兵变后，带着几十门红衣大炮和制造技术的孔有德、耿仲明和尚可喜率军投降清军，清军的火器实力很快就后来居上，在东亚有史以来最大的火炮对战——松锦之战中，彻底压制了明军的炮兵，入关后红衣大炮更成为关内各大坚城的噩梦。

正如学者黄一农所说，"徐光启等天主教人士原本希冀能利用红夷大炮帮助明朝救亡图存，但历史的发展往往事与愿违，这种新型火器最后却转成为清朝得以吞并大明的利器"。

在明亡清兴的鼎革时代，清成为骑兵与火器均领先于同时代竞争对手的超级军事强权。

在康熙时代，中国火器抵达了最后的巅峰时刻。在东北，清军的大炮遭遇了俄国人堡垒战术的挑战，在红衣大炮的基础上，清朝研发出了如"神威无敌大将军炮"这样的攻城炮。俄国凭借西式造城法，将雅克萨城打造为一座具有欧式棱堡色彩的坚城，大大降低了清军大炮的破坏力，迫使清军只能围而不攻。

在西北，清军的大炮遭遇了噶尔丹"骆驼炮"战术的挑战。像准噶尔军这种广泛配备火器的骑兵军团，是清军在此前的历次战争中前所未遇的劲敌。清准战争几乎完全以野战为主，清军的重型火炮不仅缺乏机动性，更不利于远征。初战不利后，康熙开始为清军大量配备适合远征的子母炮等各种轻型火炮，为了对抗噶尔丹骑兵的快速冲击，清军还引入了鹿角木移动在前，火器部队轮射在后的"连环本栅"战术，最终在昭莫多之战中取得了对噶尔丹的决定性胜利。

如果说清初的强敌环伺，成就了皇太极至康熙朝的火器发展，那么，正是从康熙平定噶尔丹开始，清帝国周边再无可危及其政权生存的强力竞争对手，没有敌人可以强大到倒逼清军军事创新，清军纵然不胜，也没有动力走出舒适区。中国火器发展在此之后彻底走向停滞，甚至有所倒退，鸦片战争时清军使用的火炮在作战效能上甚至有可能还不如康熙时代。

在《三体》中，三体文明用"质子"锁死了地球基础科学，从这个角度出发，锁死清朝军事科技发展的"质子"，就是"无敌国外患者，国恒亡"。

这个答案或许过于浅薄，诸君不妨看完书后再严肃批评。

目录

导论：古代的军事竞争与武器、战术革新 …… 01

长平之战：胡服骑射的幻影
秦赵必有一战 ………………………… 03
秦赵国力对比 ………………………… 08
赵军骑兵隐身之谜 …………………… 11
复盘赵国之失 ………………………… 18

楚汉战争：合纵与连横之争
"新秦国"的崛起 ……………………… 30
四面楚歌1.0版 ……………………… 33
骑兵的彭城奇迹 ……………………… 36
通往垓下之路 ………………………… 42

战匈奴：武帝的骑兵革命
四大战役 ……………………………… 52
骑兵革命 ……………………………… 55
后卫霍时代 …………………………… 60

李陵战败与步骑之争 …………………… 64

诸葛亮北伐：小国的北方强邻
"不伐贼，王业亦亡" …………………… 73
被迫修改的《隆中对》 ………………… 77
为什么是陇西？ ………………………… 83
日落五丈原 ……………………………… 89
诸葛亮与司马懿 ………………………… 94

淝水之战：百万大军的诅咒
淝水之战前史 …………………………… 102
百万大军罗生门 ………………………… 105
马镫时代的淝水之战 …………………… 114

唐灭东突厥：师夷骑兵以制夷
重骑兵的衰落 …………………………… 127
以突厥为师 ……………………………… 131
先师夷，再制夷 ………………………… 136
闪电战之王李靖 ………………………… 141

岳飞战兀术:铁浮屠之踵

"甲骑具装"的复兴 ……………… 151
宋金军力消长 …………………… 156
砍马腿战术 ……………………… 165
直捣黄龙再评估 ………………… 175

蒙古灭金:骑兵的终极版本

野狐岭:一战定兴亡 …………… 185
速决战打成了持久战 …………… 190
失踪的女真铁骑 ………………… 194
轻重骑兵之争 …………………… 201
从三峰山到蔡州 ………………… 208

朱棣北伐:神机营开火

朱元璋北伐 ……………………… 217
明蒙骑兵对决 …………………… 220
神机营来了 ……………………… 225
神机营末路 ……………………… 234

宁远之战:红夷大炮进化论

从萨尔浒到宁远 ………………… 242

凭坚城以用大炮 ·············· 247
从佛郎机到红夷大炮 ·········· 255
红夷大炮后传 ················ 261

三藩之乱：散装联盟之殇
西南鼙鼓动地来 ·············· 273
康熙的至暗时刻 ·············· 277
"多国部队"的命门 ············ 282
多元大帝国的底蕴 ············ 288

雅克萨之战：棱堡的秘密
俄式堡垒战术 ················ 297
火绳枪VS藤牌军 ·············· 306
雅克萨与棱堡 ················ 309

康熙亲征：火器时代的骑兵对决
噶尔丹的骆驼炮 ·············· 322
谁赢了乌兰布通之战 ·········· 326
昭莫多没有奇迹 ·············· 332

后记 ························ 339

长平之战：胡服骑射的幻影

1995年4月，山西高平永录村村民李珠海修整田地时，意外挖出了不少人骨，他迅速向有关部门报告。经考古人员现场发掘勘察，2000多年前长平之战的遗址在不期然间重见天日。

公元前260年，秦赵在长平展开了战国时代最大规模的会战，会战的结果是赵军45万人全军覆没，而秦军也付出了伤亡过半的惨重代价。

在战国的时间线上，往前看，长平之战差不多距离秦国启动商鞅变法（前359年）一百年；往后看，长平之战距离秦始皇一统天下（前221年）也仅有四十年。

要彻底审视长平之战，自然避不开纸上谈兵的赵括、老成持重的廉颇和战国军神白起这些直接当事人，但如果将其置于战国的全时段，看看体验了变法的秦国是如何一步步地与经历了胡服骑射的赵国走到"必有一战"的，以及复盘赵国是否有机会打赢这一场宿命之战，可能是一件更有趣的事。

秦赵必有一战

战国时代的战争规模远超春秋，战争形态已高度接近于近代战争。陈恩林先生在《先秦军事制度研究》一书中指出，"春秋时的战争大多在数日之内即决定胜负，战争的胜败往往取决于一次性冲锋。即使比较持久的围城战，也只或三日、或五日"，"投入的兵力也不过数万"，而到了战国，在普遍兵役制开始实行之后，"交战双方的参战的兵力之众，历时之长，都是前所未闻的"，动员几十万军队，打上几个月，甚至几年都是常规操作，比如赵国就曾出动二十万大军进攻中山国，"五年乃归"。

在纵横家口中，秦国"虎贲之士百余万"，楚国"带甲百万"，齐赵燕"带甲数十万"，魏国杂七杂八加起来有七十万，韩国"卒三十万"，尽管这些数字存在着相当大的夸张成分，但如果把后勤人员等纳入统计口径，不单纯计算"战兵"的话，考虑到普遍兵役制的实行，如《先秦军事制度研究》所说，"纵横家这些话也是有根据的，与事实也不会相差太远"。而秦军之强，也和秦国实行普遍兵役制的力度最大密切相关，长平之战时，秦国甚至将征兵年龄下探到了十五岁。

在战争形态上，杨宽先生在《战国史》中说，战国时期"大规模的步骑兵野战和包围战已代替了整齐的冲击战"。宋襄公代表的那种春秋贵族式战争被以杀伤对方有生力量的歼灭战所代替，也就是《孟子·离娄下》中的"争地以战，杀人盈野；争城以战，杀人盈城"，而长平之战的主角白起正是战国式战争的最佳代言人。

战国时代的第一个强权是魏国。公元前408年，魏军在吴起的率领下，尽收秦国的河西之地，确立了战国第一强国的地位，吴起训练的精锐重装步兵——"魏武卒"成为当时宇内第一强兵。

尽管魏国此时的军事实力远胜于秦国，但战略野心堪比一战时的德国，在各条战线上均招惹强敌，成为众矢之的，战事纷繁，国力日减，在前354年的桂陵之战和前341年的马陵之战中相继惨败于齐国，大将庞涓兵败身亡，标志着魏国丧失了第一强权的地位，并且直接坠落至二流国家，一直到亡国之刻都未曾恢复元气。

在魏国丢掉战国霸主的同一时期，秦国凭借商鞅变法国力大增，成为最大的赢家，不仅在前330年尽数收复了河西地区，还占领了魏国黄河以西的全部领土。但在此刻，秦国还远不是后世的"强秦""暴秦"，综合国力和齐楚两国处于同一水平线上，这三者堪称此时的战国三强。

秦国的后续崛起伴随着齐楚两国的相继衰落，而且几乎处于同一时间线上。先说齐国，齐国在齐湣王时代甚至隐隐有战国第一强国的威势，但同样犯了当年魏国穷兵黩武、四处树敌的战略错误，秦燕赵魏韩五国合纵攻齐，不可一世的齐湣王在逃亡途中被杀。尽管孤胆英雄田单横空出世，齐国奇迹般地复国，但也彻底退出了和秦国争夺战国霸主的竞赛，从此心灰意冷地"光荣孤立"，直至亡国。

再看楚国。灭掉越国之后，楚国无疑是战国七雄中人口最多、土地最广的超级强国，但举世无双的军事潜力却始终没有转化为战场上的真实军力，被秦国一点点地削弱和消耗。在前312年的丹阳之战中惨败于秦国之后，楚怀王冲冠一怒，举倾国之兵发动蓝田之战，一度打到了离咸阳只有百里之遥的蓝田。根据郭沫若的《诅楚文考释》，秦国战局不顺到甚至需要秦王祭天祈神的地步。要不是韩魏联军此时突然在楚国背后捅了关键一刀，逼迫楚国紧急从对秦前线退兵，蓝田之战的结局犹未可知，一旦秦军在咸阳家门口战败，战国的最终结局就很难说了。

蓝田之战后，楚国对秦国基本只有招架之力，丧失了进攻的战略主动权，前279—前278年，在秦昭襄王时代著名的"将相铁三角"——魏冉、司马错和白起的通力合作之下，楚军主力在鄢郢之战中惨败，甚至丢掉了国都郢都，令绝望的屈原投江自尽。

齐楚两强的相继败落最终成就了秦国，由此，秦国彻底确立了虎狼之秦的超强地位，并一直保持到秦王扫六合的赛末点。

历史已成定局了吗？不，还有一个最后的变数，就是突然崛起的赵国。顺便说一句，受制于地理位置和国力，韩燕两国在战国时代从来就是陪跑者。

在秦国拿齐楚两国开刀的同时，赵武灵王在前307年启动了"胡服骑射"大变革，仅用了十年左右的时间，便将毫无亮点的赵国变成了生机勃勃的新兴强权。钮先钟先生在

《中国历史中的决定性会战》一书中说,"幸有赵国崛起,始能对秦国产生制衡作用,使其兴起不至于一帆风顺,并延长战国时代达数十年之久"。

也正因为如此,赵国就成为秦国统一道路上必须拔掉的最后障碍,而这一终极冲突的到来并不取决于赵国主观上是否想与秦国为敌,秦赵终究必有一战。

用现在的流行理论来说就是,秦国与赵国陷入了"修昔底德陷阱",当一个崛起的大国与既有的统治霸主竞争时,就像伯罗奔尼撒战争前的雅典之于斯巴达,一战前的德意志帝国之于大英帝国,这种挑战往往以战争告终。

当然,司马迁显然对"必有一战"有不同意见,他在《史记》中对"贪图"上党之地的赵王和平原君赵胜颇为不屑,认为平阳君赵豹拒绝接收上党、避开秦国的建议才是老成谋国之计,"王悔不听赵豹之计,故有长平之祸焉"。

不过,正如林聪舜先生在《赵国接收上党导致长平惨败之说的检讨》一文中所说,长平之战是赵国"不可能逃避的战略决战","接收上党,会使战略决战的时间提前,但占据上党有利地形,胜算提高不少。不争取上党,使上党战略要地落入强秦之手,赵虽得到喘息时间,却终将面对秦的鲸吞蚕食,更无力对抗"。

甚至可以这么理解,不仅秦赵必有一战,甚至对于退无可退的赵国而言,最佳战略选择就是在长平打上一仗,如果秦国对长平势在必得,那么赵国也只有不惜以举国之力进行决战。

赵国的确是"退无可退",韩国的上党郡对赵国的存亡关系重大,上党地区地势较高,居高临下,可俯瞰四周,《中国军事通史·战国军事史》说,"秦据上党,则攻赵之路畅通,近可威胁太行山东侧的赵都邯郸,远可挥兵北上,控制吕梁山与太行山上的险径要塞,截断赵与代郡、雁门郡、云中郡等北部地区的联系"。事实上,日后秦国的灭赵之路,正是取道上党。

否则,赵国坐视上党丢失,也就和《战国策》批判魏国的那句名言无异了,"以地事秦,譬如抱薪而救火也,薪不尽而火不止"。

毕竟,多一块战略要地,就多一分地利;多一群上党军民,就多一分军力。

晚打不如早打。

秦赵国力对比

长平之战前,赵国已是战国第二强国。但赵国综合国力的最大弱点并不是军事实力,军力反而是秦赵实力差距最小的一个方面,赵国最大的弱点就是农业及粮产量。

在农业上,赵国的先天禀赋极为普通,被《史记·货殖列传》定义为"地薄人众",这就是基本国情。赵国特别适合农耕的土地不多,境内的河套平原当时还未充分开发,主要粮产区是华北平原，也就是所谓的"冀州"，但冀州的田地状况被《禹贡》评分为第五等的"中中"，被认为含有盐分而土地疏松，而秦国所在的雍州的评分则为"上上"，因此将赵国农地形容为"贫瘠"也不为过；在"地薄人众"的基本国情下，赵国经济政策也不像秦国等国那样极度"重农"，很少有商鞅那样奖励农耕的措施出台，连赵武灵王的变法都未涉及农业。赵国经济政策甚至可以定位为某种"重商主义"，比如邯郸就是战国时代著名的商业都会，也是当时著名的冶铁中心（这一特点倒是一直延续到今日的邯郸钢铁集团）；在以上两种因素的影响下，赵国的民风甚至有些轻视农业，民众更喜欢从事工商业，《盐铁论》说赵地"民淫好末，侈靡而不务本。田畴不修"，《史记·货殖列传》说赵地民俗"仰机利而食"，这些都对赵国农业的发展造成了很消极的影响。

也许有人会说，赵国虽然农业不行，但工商业发达，难道不可以买粮吗？在承平年代当然可以，但在战时，赵国即使有钱也无粮可买，长平之战时，"赵无以食，请粟于齐，而齐不听"，即是明证。

可以说，农业不发达导致的缺粮问题始终是长平之战期间萦绕在赵国头上的悬空利剑。从这一点而言，赵国很难有独力进行持久战的可能性，要么得到列国的粮食援助，要么就打速决战。

而秦国呢？商鞅变法后，秦国的基本国策就是"耕战立国",重农抑商,对农业的重视远强于赵国。长平之战前,秦国已坐拥关中平原、成都平原(灭蜀)、河东河内(攻伐韩魏)、江汉平原(伐楚)四大产粮区,尤其是关中,堪称几代王朝的"基本经济区",不过,由于此时"郑国渠"还未修建,关中也还没富强到可以凭一地之力支撑秦国扩张。河东河内的意义主要在于,让秦国在长平之战中,不必总是处于从关中漫长补给线调粮的窘境,可以就近获得粮食和人力补给,部分抵消了赵国在家门口作战的补给线优势。

很多人喜欢强调巴蜀在长平之战中的"粮仓"地位,司马错在攻巴蜀前那句"得其地足以广国,取其财足以富民缮兵"似乎也是一个印证,而电视剧《大秦帝国》里甚至有李冰从蜀地向长平前线运送军粮的桥段。但实际上,尽管在前316年,司马错已率秦军拿下巴蜀,当前260年长平之战爆发时,秦国经营巴蜀已超过50年,但问题是,长平之战时李冰不仅大概率没有修建好让成都平原变天府之国的都江堰,甚至很可能连蜀郡太守一职都还未上任。按照史书的说法,李冰很可能是前256年左右才赴任蜀郡(史学界有一定争议),这就是在长平之战后了。

当然,即使成都平原在长平之战前还未得到都江堰的加持,也已经是比较重要的产粮区。如果秦赵决战晚打5—10年,等都江堰开始运转发挥效用,那么秦赵业已显著的后勤差距还将进一步拉大,考虑到这一点的话,我们更可以说,在经济上,前260年的长平之战已经是赵国决战秦国的最后时间点了。

毕竟，在实际的长平之战中，尽管赵国极为缺粮，但秦国因为连年劳师远征的缘故，经济情况特别是军粮供给也远称不上充裕，只是在赵国的惨淡映衬之下才显得相对过得去。因此在长平之战中，秦国对速战有着与赵国类似的诉求，其理性选择也不是靠国力耗死赵国（如此秦国也会元气大伤，影响攻略其他五国），而是诱使赵军走出壁垒打速决战。

但如果是都江堰时代的秦赵之战呢？恐怕战略主动权就完完全全到了秦国手中，战局可快可慢，随意，慢慢打也可以轻松耗死赵国。

在古代战争中，后勤实力自然是个重要，甚至极其重要，但往往容易被忽略的因素，比如缺粮就决定了赵国很难在长平打一场廉颇式的持久战，但是，一旦启动了决战，最直接、最关键的决定因素还是双方军力的对比，比拼的是训练程度、战术素养和装备水平等硬实力。因此，后勤实力的差距至少不是赵国在长平之战中战败的最关键原因。

古代战争，无论战场外有多少幕后动因，终究还是沙场上一刀一枪拼出来的。

赵军骑兵隐身之谜

那么，赵军和秦军的战斗力有差距吗？如果有，差距有多大？

比如说，暂且不论赵括的临阵水平，即使是在廉颇主军的那几个月里，赵军也没有在正面战场上占到任何便宜，反而在硬碰硬中连续遭受了虽不致命但同样可谓重大的挫折。根据《史记》的记载，廉颇在与秦军的对阵中，连败三场，两条筑垒防线先后被突破，多位将领阵亡，显示了秦军强大的攻坚能力。

并且，此时在长平的秦军统帅还不是白起，是王龁。可以说，只要秦军愿意付出重大代价和时间攻坚，廉颇的坚守战略也未必就是万无一失；但从另外一方面而言，廉颇之所以选择持久战和只守不攻的打法，也是在正面作战中连续受挫之后的明智转向。

那么，经过胡服骑射洗礼之后的赵军为何还是打不过秦军呢？

我们就从骑兵说起。

无疑，在这个时代里，即使是骄狂的秦军也不会不承认，作为"中国骑兵之父"的赵武灵王锻造出的这支赵国骑兵是中原第一。但是具体在长平之战中，赵国骑兵军团不仅没有什么亮眼的表现，甚至犹如失踪一般，存在感远不如突入赵军壁垒之间，断绝赵国粮道的五千秦国骑兵。说到秦国骑兵，这里也多说一句，秦人的先祖本就是因世代为周王室养马而起家，又长期对抗精于骑兵的西戎，对骑兵战术并不陌生，境内更不缺马，究其理，它的骑兵不强更多是因为战术上不重视，而不是没能力发展。

那么，长平之战中的赵国骑兵去哪了，或者说，为何没对长平之战的战局起到力挽狂澜的作用？对此，正史中并无明确记载，我只能试着分析几点。

第一，骑兵在战国时代，还远不是那支可以决定战局的冷兵器时代兵种之王。战国骑兵还远未进入马镫时代，战术也以单纯的骑射为主，尚未进化到可以正面对抗步兵结阵的骑兵冲击战术。战国时代最伟大的军事著作《六韬》给骑兵的定位是，"骑者，军之伺候也，所以踵败军，绝粮道，击便寇也"，"战则一骑不能当步卒一人"。《南北战争三百年》一书则在《六韬》的基础上进一步总结称，"当时骑兵主要负担侦察、骚扰、破袭敌军粮道和后方等辅助性任务，作战的主要对象是敌军的骑兵及零散步兵，不能对抗敌主力步兵"。事实上，长平之战中"绝粮道"的五千秦国骑兵，已经是骑兵在中原战争中前所未有的重磅表现了。

第二，骑兵数量在战国列强军队中的占比相当低，《中国古兵二十讲》认为总体上各国骑兵占比可能低至1%左右，骑兵此时的战略地位甚至还不如江河日下的战车，即使在开骑射战术风气之先的赵国，军队主力仍然是步兵和战车兵，《战国策》说"赵带甲数十万，车千乘，骑万匹"，骑兵数量与带甲百余万的秦国也就在同一水平线上；而根据秦陵兵马俑的考古情况来看，战车在秦军中也仍然占有比较重要的地位。

第三，更为重要的是，赵国骑兵主力此时很可能也不在长平战场上。按照胡服骑射的初心，赵国建立骑兵军团的目的是"以夷治夷"，本来也就是用来对付机动性强大的北方游牧民族，是"边军"的重要组成之一，而不是用于中原"内战"战场，那里是步兵和战车的天下。长平之战后，李牧重整赵国边军，组织了一支1.3万人的骑兵军团，而相应的步兵数量仍然高达15万，骑兵占比也就是8%左右，但这一比例在战国时代已是空前的了。正是依靠这支有着"强大"骑兵军队的赵国边军，李牧不仅打赢了反击匈奴之战，还在前233年的肥之战和次年的番吾之战中两次大破秦军，成为赵国亡国前的最后铁血。

可以这么说，李牧这两战是正史中赵国骑兵第一次大规模投入到对秦作战之中，而骑兵军团可以南下的前提很可能是，匈奴主力惨败于李牧，"其后十余岁，匈奴不敢近赵边城"，方才给了赵国骑兵从北方前线抽身的可能性。

而在长平之战的时代，赵国骑兵主力显然不具备以上的前提。可能同样重要的是，即使李牧两次击败秦军，也很难说主要是骑兵的功劳，毕竟占比仅为8%。长平之战时，赵国也严重缺乏动力和历史证据，冒险调集骑兵这支很可能更适合北方作战的兵种南下。

第四，长平战场的主要作战形态是广义上的山地作战，以及最克机动性的筑垒攻防，这即使对作为马镫时代骑兵巅峰的蒙古骑兵来说也是勉为其难，何况对还未完成进化的战国骑兵呢？赵国又有何必要将明明可以在北方边境上大展身手的骑兵主力调去打筑垒战呢？

第五，在战国时代，围绕战车衰落这一军事主题，除了胡服骑射这一面向的军事变革，其实还有"毁车为行"，也就是变车兵为步兵的变革方向。可以说，在长平之战时，赵国是变车兵为骑兵的时代引领者，而秦军的步兵方阵则是"毁车为行"的集大成者。

结合以上分析，我们可以看出，尽管胡服骑射的名气更大，对后世军事变革的影响更为深远，但仅就长平之战那个时代而言，秦军的步兵方阵是更接近当时战争本质的深刻变革，对秦军即时战力的提升更为全面。相对而言，赵军的胡服骑射更多是一场"面向未来"的革新。

通过以上分析，我们至少部分回答了以下两个问题：赵国骑兵为何在长平之战中未体现足够大的参与感和存在感；以及，如果赵国骑兵倾国出动，真的就可以在山地和筑垒作战中占到便宜吗。毕竟，正如《南北战争三百年》所言，"在战国和秦汉之际，几乎没有单纯骑兵击败成建制步兵的战例"，何况在山地作战呢？

与长平之战同时代的内亚和欧洲，骑兵的发展无论在时间表上还是战场表现上都超越了中国。亚历山大大帝的马其顿骑兵曾在前331年的高加米拉之战中通过鏖战险胜波斯骑兵和斯基泰骑兵；迦太基的军神汉尼拔在前216年的坎尼之战中，利用骑兵两翼包抄战术击败了兵力占优势的罗马军队。

说完骑兵这个话题，新的问题又来了，赵国丧失了骑兵这个似乎最为重要的比较优势，限于国力又无法和秦国比拼军队数量，那么，赵国在长平之战中不是就毫无胜算了吗？赵军究竟还有没有其他我们不容易发现的优势？

当然有。

赵军山地作战的能力和经验并不逊于秦军。赵国的龙兴之地山西本就是"表里山河"，军队对山地作战的形态本就有先天的经验优势。

在长平之战前，"后胡服骑射"时代的赵军其实已经至少有了两次和秦军交手的著名案例，结果是一败一胜。

败的那一次是前273年的华阳之战，魏赵联军惨败，魏军阵亡13万，赵国则付出了两万赵军俘虏被沉入黄河的耻辱代价，经过了胡服骑射洗礼的赵军在秦赵第一次大规模作战中便以惨败告终。

四年之后（前269年），赵括之父赵奢在阏与之战中给了数十年未尝重大败绩的秦军一次迎头痛击，歼灭秦军数万。而此战就是山地作战，参战赵军基本都是步兵，同样未见赵国骑兵成规模地参战。赵奢战前的豪言"其道远险狭，譬之犹两鼠斗于穴中，将勇者胜"，部分透露了赵军的山地战逻辑：山地战的影响因素相对更少，依靠士气死战而已。

既然赵国对秦国的唯一一次大胜是山地战，那么，如果赵国要赌上国运和秦再战一次的话，长平这样一个地形复杂的战场自然是胜算相对更大的选择。

不过，秦军的山地作战能力也不可低估。秦军的核心优势自然是步兵方阵，可以最大化发挥秦军的高度组织化和纪律严明优势，与同时代欧洲的"马其顿方阵"和"罗马方阵"齐名于世界战争史。在这个时代想领略秦军方阵的风采，去秦陵兵马俑绝对是最佳的方式。

但是，除了方阵之外，秦军步兵也擅长"散而自战"的小队灵活作战，而"散而自战"正天然适配大军团无法充分展开的山地战。

在武器装备上，赵军也不逊色于秦军。邯郸一带铁矿资源丰富，在战国时代是重要的冶铁中心之一。尽管在目前考古发现的战国铁制兵器实物中，赵国境内的数量不如楚燕两国，但仍然领先于秦，可以说，长平之战时，赵军的铁器装备水平是高于秦军的。从对兵马俑的考古情况来看，出土的秦军长兵器三件套——戟、矛和铍（短剑装以长柄）基本上都是青铜制品，而此时距离长平之战已经又过去了50年，可见秦军对铁器的发展并不算重视。

但秦国军备也有自己的优势，从《中国古兵二十讲》一书可以看出，一是青铜兵器的发展水平已经达到前所未有的高峰；二是秦军兵器的标准化生产也达到了很高的水平，各项数值差值很小，而这也正是秦国军国体制的优势之一，《吕氏春秋》中就有"物勒工名"的说法，即兵器的制造者要把名字刻在上面，透露出秦国军工的标准化管理玄机。

再稍微说远一点，战国中后期的兵器发展正处于青铜器和铁器的激荡更迭时代，新生的铁器因为还不成熟，在战场上对发展完备的青铜兵器还远未能够取得什么压倒性优势，或者说，即使有些许优势，也是不足以改变战局的。拿战国末期铁器装备最发达的燕国来说，如果唯铁器论的话，燕国不早就横扫战国了，但现实却是，燕国和韩国并列，是战国七雄中最差的那一档弱国。

这也算是古代战争史上新旧兵器交替时代的一个普遍规律了，单兵火器刚刚出现时，在战场上的杀伤力和综合效能也不如弓弩，完全无法得出火器部队一定能战胜冷兵器部队的结论。

复盘赵国之失

稍稍总结一下以上的一些观点，赵国是在正确的时间（退无可退，接收上党无错，晚打不如早打）、正确的地点（山地作战，战略要地），打了一场正确的战争（秦国不会放过赵国，秦赵必有一战）。

既然有这么多"正确"，那赵国45万大军全军覆没，长平惨败如斯的原因究竟是什么呢？在这稍微多说一句，史学界对40万赵军被俘坑杀至今仍有争议，无论从秦军的伤亡数量、战事的惨烈程度还是战地遗址的考古发掘来看，45万赵军全军覆没或许问题不大，但被俘的赵军可能远远没有40万。

我们最需要面对的问题，是赵括对战败要负多大的责任。

对于廉颇而言，正面作战失利之后，选择放弃野战筑垒防守的持久战自然是非常理性的选择，从这一点而言，廉颇也不愧为战国名将之一。但问题是，廉颇尽管责任重大，但他关注的范围仍然是战场本身，至于赵国的国力是否能支撑持久战的消耗，这并不在廉颇的考虑范围之内。

而对于赵孝成王而言，军事逻辑和经济逻辑是他必须同时予以考虑的，即使赵王知道筑垒防守的持久战在军事上是最稳妥的选择，他也没有财力、物力去支撑一场廉颇式的战争，这样打下去，赵国经济破产、军粮失供，长平便是不战自溃。

既然廉颇已经证明了自己在长平战场的野战和速决战中无法战胜秦军，而赵国经济又无法支撑廉颇提出的持久战，那么，对于赵王而言，剩下的唯一选择就是换帅了。而换上的这个赵军新统帅，除了必备的军事素质以外，恐怕最先决的条件就是认同（哪怕是被迫认同）赵王的速决战，从这一点来说，赵括可以看作赵王速决战略的战场代理人，他唯一可行的战法就是离开壁垒从速野战。

既然赵括的战法已经被限死为"速决战"，那么，对赵括是否合格的考量只能是看他的临阵指挥能力了。从长平之战的战局发展来看，赵括的临阵指挥能力实属一般，那么轻易地就走进了白起的包围圈，被围后也没有什么亮眼的表现，但在赵军被围四十余日的惨烈态势下，赵括仍然能有效组织起多次突围行动，断粮的赵军仍然能够维系基本的士气，作为一支整体军事力量服从赵括的统一指挥，足见赵括也不是一个传说中的草包，也并非只是纸上谈兵，毕竟，赵军的最后崩溃是赵括突围牺牲之后才发生的,也可以看出赵括对这支军队的重要性。

但换个角度说,如果廉颇被迫同意了赵王的速决战法,难道就能够打赢吗?他在野战中连续败于王龁三场,如果对手换成了野战之王白起,廉颇大概率只会败得更多更惨。当然,如果易地处之,廉颇还不至于像稚嫩的赵括那样走入白起的包围圈,将长平之战打成被包围战和被歼灭战,结局应该更类似一场惨烈的被击溃战,廉颇损失个十几二十万赵军,然后带着剩下的一半残军撤回赵国,这种"普通"的胜仗,白起一辈子不知道打了多少场。

因此,我可以说,如果赵王不用赵括,依旧用廉颇或者其他宿将,坚持打速决战,仍旧改变不了长平之战是一场大败的结局,只是,不至于全军覆没罢了。

也许会有人脑洞大开地说,不是还有李牧吗?从李牧的履历来看,长平之战时的李牧很可能只是赵国边军的一名没有军功的基层军官,还远未走进赵国朝廷的视野,更何况做一军主帅了。

复盘下来,赵国既无可能在速决野战中击败秦军,也没有国力支撑一场持久战,那么,赵国是不是就一点机会没有了?如果一点机会没有,为什么本文一开始说这是一场赵国一定要打的战争呢?

我仍然可以大言不惭地说,赵国打赢长平之战的机会很大,只是这些机会远不在战场上。我们需要跳出战场。

无论怎么复盘长平之战,你很可能都会发现,只要是赵国和秦国单挑,无论是廉颇还是赵括,无论是速决野战还是筑垒持久战,无论是骑兵还是山地步兵,你穷尽一切组合,都很难为赵国找到出路。

一言以蔽之,秦赵的硬实力差距放在那里。时至战国中晚期,秦国的全面优势已经确立,即使是贵为战国第二军事强国的赵国,也绝无可能在一场倾国之战中单挑从而战胜秦国。当然,这并不是说,赵国不可能在一场像阏与之战这样的局部战争中打赢秦国,只是说,如果秦国和你打一场倾尽全力的国战,军事实力低半档,但综合国力低一档的赵国没有任何机会。

赵国的机会在于外交,在于合纵,在于盟友。

只要有了盟友,无论是持久战还是速决战,赵国几乎都是满盘皆活。只要我们跳出"赵国为何就是无法单挑战胜秦国"这个思维定式,将目光转向整个战国世界,就有了新的战略思路。

先说持久战。长平之战打到后期,赵国军粮紧缺,"请粟于齐",但被齐国拒绝了,如果赵国此时能够得到齐国等国的后勤援助,赵王手中有粮心中不慌,廉颇的持久战法就有了有效的经济支撑,可以长久在壁垒中和秦军耗下去,即使不敌,也可以逐渐后撤,等待天下形势的变化。在缺粮问题上,时间是站在农业更发达的秦国一边的;但在天下形势这个问题上,时间是站在赵国一边的,赵国如果真的证明自己和秦国有一战之力的话,那些不敢救赵的诸侯们看到秦军主力深陷长平战场，心思自然就活泛了起来，赵国的各种机会就来了。

这就好比拿破仑战争时代的侵俄之役。在俄国顶住了拿破仑的全力一击之后，普鲁士和奥地利这些被拿破仑的军力打怕了的国家就开始纷纷加入"反法联盟"，最终在莱比锡大战中一举粉碎了拿破仑不可战胜的神话。

再说速决战。也许会有人说，战国时代诸侯又不是没有合纵过，哪次是真的打疼秦国的？的确，平日里的合纵是各国都不愿使出全力，每家保存实力，加起来还是不敌秦国，但长平之战不一样，面临生死存亡的赵国已倾尽全力，也在前线牵制住了秦军主力，此时诸侯如果决定合纵，很可能会迅速打破秦赵在长平战场的僵持状态。

当然，我这样说仍然是推测而已，但我们不妨用邯郸之战的战局发展来印证一下。长平之战结束第二年（前259年），秦军兵围邯郸，前后三次增兵，兵力累计达到40万人以上，考虑到"秦虽破长平军，而秦卒死者过半"，此役秦军也几乎算是倾国全出，但即使如此，仍然没有拿下邯郸。等到信陵君窃符带八万魏军救赵，再加上春申君率领的十万楚军，数十万秦军迅速崩溃，不仅邯郸之围被解，联军还收复了大量失地。

邯郸之战时，秦军固然是一支久攻不下的疲惫之师，锐气和实力都低于长平之战时，但赵军相较长平之战时的实力衰退更为严重，秦军围城时赵国只能凑出十万正规军交给廉颇守城而已。

45万大军全军覆没之后，这支只剩一口气的半残赵军，加上18万魏楚联军，都可以在邯郸城下给秦军一次前所未有的大败，其中固然有各种机缘巧合之处，但足见秦国此时军力再强，也没达到无视一次"严肃"合纵的地步。

邯郸之战中尚且如此，如果是长平之战呢？那时赵军实力处于顶峰，场面上虽处下风，但仍然可以硬顶住秦军主力。更重要的是，秦国此时也近乎倾尽全力，征兵甚至已征到了十五岁，《史记》称"秦王闻赵食道绝，王自之河内，赐民爵各一级，发年十五以上悉诣长平，遮绝赵救及粮食"。如果此时诸侯出兵，哪怕仍然只是各十万左右的"偏师"而已，再加上赵国得到了粮食援助，谁能说赵魏韩联军不可以取得比邯郸之战一样甚至更大的战绩？

别忘了，在楚国和秦国全力鏖战蓝田之时，正是韩魏联军的突然参战，让本来看上去占了上风的楚国全面溃败。

那么，赵国是如何在外交上丧失了长平之战的唯一胜机呢？其中自然有列国惧怕秦国，短视无大略，得过且过，甚至想从秦赵火拼中渔利的因素，比如齐国连借粮都不愿意，就是典型的不智之举。

但要负最大责任的仍然是赵国君臣们。即使到了秦赵开战之后，赵王明知秦国不会放过赵国，却还是派使者赴秦谈判，而不是派使者去列国谋求合纵的可能性，最后秦赵谈判自然以失败而告终，而楚魏各国也不知赵国是否真的会和秦国决死一战,唯恐成为秦国新的打击对象,不敢发兵救赵,从而让赵国在整个长平之战期间处于孤军奋战的窘境。

刘勃在《战国歧途》中写道:"当时赵国的处境,大夫虞卿看得最透彻,即你一定要对外显示出跟秦国死磕到底的决心",方才有可能得到楚魏等国的援助。

这也正如林聪舜在《赵国接收上党导致长平惨败之说的检讨》一文中所说,"赵国犯的重大错误,不在接收上党郡,而是既贪上党郡之利,又无与秦决战提前摊牌的决心与准备,国家战略摇摆不定,终至孤立无援,坐陷长平惨败绝境"。

长平之胜,令秦国扫清了兼并天下之路上的最后一个强敌,战国的结局几无其他悬念。但历史的吊诡之处是,一年后的邯郸之战却又严重迟滞了秦国统一霸业的时间表,这使得长平之战的面目变得更加神秘起来。

前259年,长平之战后第二年,嬴政出生,战国的大结局属于他。

延伸阅读:

《中国古兵二十讲》,杨泓、李力著,生活·读书·新知三联书店,2013年1月版。

《中国军事通史·战国军事史》,军事科学院主编,军事科学出版社,1998年10月版。

《先秦战略地理研究》,宋杰著,首都师范大学出版社,1999年7月版。

《战国史》,杨宽著,上海人民出版社,2016年7月版。

《先秦军事制度研究》,陈恩林著,吉林文史出版社,1991年10月版。

《战国歧途》,刘勃著,百花文艺出版社,2019年6月版。

《中国历史中的决定性会战》,纽先钟著,安徽教育出版社,2005年5月版。

楚汉战争：合纵与连横之争

从汉王元年（前206年）八月，韩信带兵暗度陈仓，到汉王五年（前202年）十二月，项羽自刎于乌江，刘邦只用了四年半时间，就在楚汉战争中彻底击败了不可一世的军神项羽，以至于让司马迁一边发出"自生民以来，未始有受命若斯之亟也"的感叹，一边又产生了"岂非天哉，岂非天哉"的神秘主义解释。

事实上，若不是项羽在彭城之战中同样神迹一般的表现，刘邦消灭项羽的时间可能要缩短为八个月，我很好奇，如果这一更为惊人的奇迹成真的话，太史公又会何等地惊叹？

关于汉胜楚亡的原因，刘邦自己曾有过一次著名的总结，所谓萧何、张良、韩信这汉初三杰，"吾能用之，此吾所以取天下也"。"用人论"自然是不刊之论，历代史家也对刘邦之胜做出了很多类似政治方向的解释，比如苏轼在名文《留侯论》中有"在能忍与不能忍之间而已矣"的说法，但如果我们仅仅从"单纯的军事观点"出发来审视楚汉战争呢？

自然，讨论军事不可回避政治和外交，但我想尽力让政治和外交也围绕着军事展开，看看刘邦究竟是如何在四年半的战争中倾覆霸王的。

"新秦国"的崛起

按照范增和项羽最初的分封规划,刘邦只拿到了巴蜀之地(巴郡和蜀郡),这样一来既可以利用巴蜀的交通封闭来困锁刘邦,将其对项羽的威胁降至最低点;另一方面也能以巴蜀之地和关中同属秦国旧地为理由,勉强算是部分履行了"先入定关中者王之"的约定,以堵天下悠悠之口。

但在张良的斡旋之下,项伯继鸿门宴之后再一次挽救了刘邦的命运,又为刘邦争取到了第三个郡:汉中郡,刘邦遂有"汉王"之号。拿到汉中,不仅增强了刘邦的实力,更重要的是,刘邦具备了吞食关中的地理基础,否则也没有暗度陈仓的后话了。若汉中掌握在项羽一方手中,进可威胁巴蜀,退可保卫关中。辛德勇在《论刘邦进出汉中的地理意义及其行军路线》(收录于《历史的空间与空间的历史》)一文中指出,如果刘邦没有拿到汉中,"那么刘邦能否如此顺利地取得关中并进而与项羽逐鹿中原,则都将成为很大的疑问"。

在项羽分封天下的新局势下,全国事实上被分成了20个政治实体:18个王国、项羽的西楚国,以及义帝名义上的直辖地。秦国的旧地(大致是秦昭襄王时代)被一分为四:汉王刘邦拿到了巴蜀和汉中,雍王章邯、翟王董翳和塞王司马欣则瓜分了秦国的核心区域关中。

而西楚国的军力虽睥睨天下，但领土并不占据绝对优势地位，项羽甚至没有把楚国旧地都留给自己，除了西楚国之外，楚国旧地上还有三个王：九江王、衡山王和临江王。

汉王元年八月，韩信率领汉军暗度陈仓，在不到一个月的时间里，就击败了以章邯为首的关中三王联军，翟王董翳和塞王司马欣归降刘邦，章邯残军困守国都废丘（今陕西省兴平市一带），刘邦的汉国基本平定了关中，项羽围堵汉国的战略就此破产。辛德勇认为，对比诸葛亮汉中北伐的屡遭挫折，"更可见韩信的用兵谋略，洵非常人所能比拟"，"远远高于诸葛武侯之上"。

占据关中之后，刘邦的汉国事实上已经全盘继承了秦昭襄王时代的秦国故地，"强秦"之势已成，项羽此时的军力自然还是雄霸天下，但仅就战争潜力和经济资源而言，刘邦的"新秦国"已是列国之首。

因此，在此后的楚汉争霸中，刘邦已经算不上什么"以弱敌强"，楚汉已是天下仅有的两个超级大国，大可不必带着惊奇的眼光去寻找"刘邦为何能够战胜项羽"的原因，谁胜谁负都在正常逻辑之中。

此时，刘邦也继承了当年秦国的最大优势，即依靠地理优势掌握战略主动权，关中易守难攻，汉军只用操心出境作战的问题，胜则有大后方稳定的人力物力支持，败则退回关中自保即可，正如张良所说的"夫关中，左崤、函，右陇、蜀，沃野千里，南有巴、蜀之饶，北有胡苑之利，阻三面而守,独以一面东制诸侯。诸侯安定,河渭漕挽天下,西给京师;诸侯有变,顺流而下,足以委输,此所谓金城千里,天府之国也。"而楚汉战争日后的战局也正印证了这一点,战火从未烧到关中巴蜀,刘邦在彭城之战的惨败后,正是依靠着萧何在关中源源不断供给的兵员和军事物资才得以迅速恢复元气,在消耗战中已然立于不败之地。

郭建龙在《中央帝国的军事密码》一书中写道:"刘邦强大的同时,面对的却是一个比当年六国更弱小的中原。当年山东六国由于领土太分散,形不成合力,被秦国一一歼灭;楚汉时期山东地区变成了十五个国家,更加碎片化,根本无法协调。"

按照李开元在《楚亡》一书中的说法,为了围堵刘邦,项羽共设置了四道防线:第一道是关中三王;第二道是西魏王和河南王;第三道是韩王和殷王;第四道已是在楚国境内。占领关中仅一个多月后,刘邦紧接着就向关东发动了大举进攻,进军之迅猛很容易让人想起当年兵出函谷关的秦军。汉王元年十月,汉军一路向东进军,数月之内,兵锋所向披靡,连续迫降了西魏王魏豹、河南王申阳、韩王郑昌和殷王司马卬,等同于又攻取了战国时代韩魏两国的旧地,扩张路线图和秦昭襄王时代的秦国惊人地相似。

刘邦在短短八个月的时间里,就击破了项羽的三道防线,击败了七个诸侯国,兵威之盛,不下于当年的秦王扫六合。

四面楚歌1.0版

在汉军一路出汉中、占关中和扫韩魏时,项羽和楚军在干吗呢?难道就如此笃定地坐视刘邦一路坐大吗?

这就触及了项羽此时面对的重要危机。事实上,在汉军进军关中之前,旧齐国贵族田荣就率先起兵反楚,在短短三个月时间里,消灭了项羽在齐地建立的三个王国——齐国、胶东国、济北国,而后自封为齐王。更让项羽恼怒的是,田荣还指使彭越攻入楚国境内,大败楚将萧公角,成为项羽的心腹之患。

汉王元年八月,项羽决定出兵讨伐田荣,平定齐国。而八月,正是韩信暗度陈仓的那个月,项羽的伐齐给了汉军从容吃掉关中三王的战略窗口期。

楚军的战力此时仍是强悍无比,到第二年(前205年)春天,楚军先是将彭越赶出了楚国境内,继而又大败田荣、彭越联军,彭越躲回了老根据地巨野泽(今山东省巨野县一带)打游击,田荣更是兵败身亡。项羽攻占了齐都临淄,立田假为王。

这下子,项羽总可以脱出手来,对付正在东进的刘邦了吧?

但新的意外又发生了。田荣的弟弟田横又接过反楚的大旗,在齐国东部地区继续率军抵抗楚军。项羽的军队在野战中似乎战无不胜,但田横的军队更像是打起了游击战,越战越强,让楚军陷入了四处起火、应接不暇的乱战之中。项羽此时的处境,像极了深陷西班牙游击战泥潭的拿破仑,主力军队完全无法抽身对付刘邦。

如果以历史的后见之明来看,项羽对"谁是最主要的敌人"明显产生了战略误判,在汉军席卷关中继而攻略关东的最敏感时刻,将主力投入到对齐战场上,丧失了在早期击败刘邦的战机。从楚汉战争的中后期发展来看,如果项羽起初就率楚军主力与汉军决战,很可能是汉军所无法抵挡的,事实上,在楚汉战争全程的大部分战役中,只要是项羽倾力与刘邦作战,总是能占得上风,甚至大胜,奈何刘邦一方在初期实力迅速膨胀之后,已经取得了包括人力、物力在内的各种战略优势,几次战术上的失败,甚至大败都无法再撼动其体量优势。

但李开元在《楚亡》一书中认为,楚国此时"先齐后汉,北攻西守"的战略方针本算是稳妥的正确决策,但田横在齐国的抵抗之持久,刘邦在关东进军之迅猛,却完全出乎楚国君臣的意料,于是乎,"项羽只能眼睁睁地看着刘邦联合诸侯各国,一步一步地逼近过来,楚汉的决战,将在楚国境内进行的前景,也随之一步一步地清晰起来"。

就在楚军主力深陷齐国战场之时,汉军果然没有丝毫耽搁地出手了,而且这一出手就大有一战灭掉楚国的势头。

汉王二年(前205年)四月,刘邦亲率汉军主力及已经附汉的常山王张耳、魏王豹、韩王信(此韩信非彼韩信)、河南王申阳及殷王司马卬等五国诸侯，组成了总兵力高达56万人的六国联军，分北中南三路大举攻楚，闪电横扫项羽在楚国的留守兵力，甚至项羽的爱将龙且也迅速溃败。

在彭越又率三万人与汉军主力会合之后，汉军总数已增长到近60万人，在兵力上已超过楚军数倍，在开战不到一个月的时间内，楚国甚至丢掉了国都彭城。

毫不夸张地说，楚国就快亡国了。此时，距离楚汉战争爆发（汉王元年八月），才刚刚八个月。

不久前还执天下之牛耳的项王和楚军，在短短八个月内，不仅丧失了第一强权的地位，精心构建的霸王天下秩序也分崩离析，甚至濒临亡国，这在中国古代战争史上，可能是绝无仅有的吧。

如果拿战国时代来类比的话，此时就相当于秦国带领着魏韩赵齐四国联军"连横"伐楚，以楚国的实力而言，连秦国一国都敌不过，更何况还连横着四国呢？

楚国此时的"国际形势"已经崩坏到了极致，刘邦的汉国几乎"连横"了天下所有的诸侯国进攻楚国，而楚国除了自己孤军以外，连项羽曾经的爱将——英布的九江国都在一旁坐山观虎斗，如果一定要找一个盟友的话，也就是章邯那支还没有被消灭的残军了，但后者还被韩信团团包围在废丘孤城中。

此时，项羽的军队孤悬齐国，无辜楚国旧地甚至连国都彭城都陷于六国联军之手，这不是"四面楚歌"又是什么？

虽然，这个成语还要到三年半之后的垓下之战中，才被"发明"出来。

如果没有什么奇迹出现的话，四面楚歌的项羽在前205年四月，就将自刎于齐楚之间的某个地方了，甚至也毫无悲壮可言，天下第一强军在短短八个月内就不可思议地一路溃败、丧师亡国，如此不堪一击，还有谁会去"至今思项羽"呢？

骑兵的彭城奇迹

但奇迹真的发生了。对于项羽而言，彭城之战的军事奇迹成色甚至要高于他军事生涯的封神之战——巨鹿之战。巨鹿之战是近十万楚军大败20万秦军，而彭城之战是项羽带了三万骑兵就打垮了刘邦号称的近60万大军。

如果说刘邦八个月来的东进是战略层面的漂亮闪击战的话，项羽的彭城之战则可能是中国战争史上在战术层面中最精彩的闪击战。

汉王二年（前205年）四月，项羽在战略上四面楚歌，以一支孤军对抗全天下的极端不利处境下，留下诸将继续攻齐，自己亲率三万骑兵从齐国战场长途奔袭彭城，首先在薛郡一举击溃樊哙的堵截，乘夜迂回到彭城以西拿下了萧县，堵住了刘邦联军西去的归路，而此时对灭顶之灾全无知觉的汉军上下还沉浸在即将横扫楚国、一统海内的大梦中，以刘邦为代表的汉军上层更是终日"置酒高会"，甚至连张良、陈平这些汉军的顶级谋主都被乐观情绪所裹挟，没有做出应有的警示。

清晨，三万楚军突然全线出击，至中午时便已大破刘邦大军，遭到突袭的汉军根本无法组织起任何有效的抵抗，在楚军几个波次的无间断攻击中，汉军一路溃逃，仅战死的就高达二三十万人，在安徽灵璧以东的睢水就溺死十余万人，将投鞭断流变成了"睢水为之不流"。据《史记·项羽本纪》记载，楚军此战甚至有毕其功于一役的"斩首"机会，楚军"围汉王三匝"，谁料"大风从西北而起"，"王乃得与数十骑遁去"。刘邦虽逃得一劫，但父亲刘太公与妻子吕雉全在此战后被俘，逃亡途中连儿子和女儿都差点被刘邦蹬下车去，可见刘邦在彭城之战中的狼狈。

彭城一战，刘邦遭到了自起兵以来最大的惨败。在绝对劣势的情况下，项羽是如何缔造这一在中国战争史上都排得上号的军事奇迹的？

汉军占领彭城后，马放南山以至于在猝不及防中被楚军突袭自然是非常重要的原因，但因为谈论过多，以至于遮蔽了其他的原因，我在这里试着分几点再探讨一下。

第一，反楚联盟是一支由"多国部队"组成的联军，虽然汉军是主力，刘邦也是盟主，但刘邦对其他诸侯的军队并无绝对控制权，顺境时各行其是也就罢了，逆境时很可能沦为鸟兽散的乌合之众。辛德勇先生在《楚汉彭城之战地理考述》一文中指出，刘邦之所以在占领彭城之后，没有主动对城阳的项羽主力部队发动总攻，很可能是想保存实力，"因为消灭项羽不等于统一天下"，各路参战或者观望的诸侯都可能成为刘邦下一阶段争夺天下的对手。而出于同样的逻辑，赵、代、齐等诸侯也有着和刘邦相似的保存实力想法，没有积极有力地牵制楚军，让项羽轻易退出城阳地区，乃至一路杀向彭城。

第二，韩信的缺席。正如刘邦与韩信那段著名的对话所说，与带兵"多多益善"的韩信相比，刘邦"不过能将十万"。只有十万军队指挥能力的刘邦要带领近60万大军，并且还是很难统一指挥的"多国部队"，也算是一种强人所难了。彭城之战时的韩信正留在关中继续围困章邯，以楚汉战争之后的进程来看，汉军中除了韩信之外，没有人在野战中与项羽对抗的能力，即使是与韩信并称"汉初三大名将"（"灭楚三杰"）的英布和彭越也不外如是。在《楚亡》一书看来，秦汉时代，能够指挥60万人大兵团作战的将领，只有秦灭楚的功臣王翦和韩信。

第三，楚军的骑兵优势。在彭城之战中，项羽率领的三万军队是一支纯粹的骑兵军团，这极可能是骑兵在中国战争史上第一次以如此大的规模，独立担纲一次重大战役。即使是战国时代最优秀的骑兵统帅李牧，率兵反击匈奴时带领的也是一支骑兵占比仅为8%的步骑混编军团，而且骑兵人数也不过1.3万人，而就这也很可能创造了战国时代骑兵单次出动人数之最，要知道，长平之战中那支截断赵军粮道出尽风头的秦国骑兵也不过五千人而已。

在楚汉战争的时代,骑兵还远未进化到马镫时代,而正是马镫才奠定了骑兵作为中国古代战争"兵种之王"的地位,没有马镫之前,骑兵尚不具备正面对抗密集结阵步兵军团的能力,在秦汉之际更像是步兵的辅助兵种。由于有关史料的相对缺乏,我们也无法具体掌握项羽骑兵的战法,特别是在多大程度上克服了没有马镫的时代局限,以及是以骑射为主还是白刃肉搏战为主。但有三点在彭城之战中是明确的:一是楚国骑兵已经具备了长途奔袭能力,甚至有余力进行迂回作战,并且在抵达战场后仍然具备强大的实战能力;二是楚军的奇袭战法,正是因为纯骑兵部队机动能力的强大,项羽骑兵在彭城之战中的总攻达成了步兵很难完成的突然性,而正是因为突然性,项羽骑兵不用面对汉军步兵的密集结阵,得以将兵力绝对劣势一方无法承受的阵地战打成了骑兵最擅长的闪电战、突袭战,继而是掌握了完全速度优势的追击战,汉军大部分损失其实都是步兵在慌不择路的溃逃中造成的,并没有什么机会稳住阵脚形成密集结阵的有效抵抗;三是楚军骑兵在彭城之战中已经具备了某种正面强攻能力。

彭城之战是中国战史上首次大规模独立运用骑兵参战,更是骑兵第一次大规模歼灭步兵集团,改变了中国骑兵自被赵武灵王开创以来一直居于战争辅助者的地位,是中国骑兵史上继胡服骑射之后的第二个里程碑,如果考虑到汉军的近60万大军,甚至可以说彭城之战是中国骑兵史上对步兵的最重大胜利。

彭城之战还是一次伟大骑兵战术革新的先声。尽管严格意义上的骑兵冲击战术是要迟至汉武帝时代才由卫青、霍去病定型开创,但项羽骑兵在彭城之战中的表现已经算是这一日后重大骑兵战术革新的最初起源和思想资源了。

除了骑兵冲击战术以外,彭城之战的战术革新还体现在"集中使用骑兵"上。尽管这个时代的骑兵有各种局限性,但项羽还是"强行"将骑兵的角色从辅助兵种直接提升到了重大战役的绝对主力。如果打一个比方,骑兵之于彭城之战,就好像德国装甲部队之于德国在二战初期的闪击战,古德里安通过"集中使用坦克"的战术革新,只用了几周就一举击溃了坦克总量不逊于德军,但将坦克分散使用的英法联军。

但平心而论,彭城奇迹最重要的先决条件还是"突袭"。楚汉战争时代的骑兵不具备正面强攻步兵军阵的能力,更别提用三万骑兵强攻数十万步兵的密集结阵。

这一战场定律的寿命也相当长,19世纪初的克劳塞维茨在《战争论》中总结了几条被他认为是最接近"真理"的战术原则,其中一条就是"不遇到紧急情况,骑兵团不应该用来对抗队形完整、军纪严明的步兵团",当然,这已经是热兵器时代了。

从时间上看,楚军的骑兵应当组建于巨鹿之战后,一是史料中并未见到项羽在巨鹿之战中使用骑兵的记载,二是项梁和项羽起兵的楚地也不是传统的养马地。巨鹿之战后，项羽有条件在燕赵之地和秦地获得大批马匹，以及在燕赵之地征召骑兵，从而承继赵国胡服骑射的骑兵传统。

而此时的汉国骑兵呢？除了项羽在一开始击溃的那支樊哙的部队中可能有部分骑兵，没有证据证明彭城之战中有成规模的汉军骑兵出来抵御楚军骑兵，更别提有独立运作的骑兵军团了。

彭城之战后，刘邦痛定思痛于楚军骑兵的强大，一退到荥阳就着手组建自己的骑兵军团——"郎中骑兵"，拜灌婴为骑兵统率，而兵员和军官则基本来自原秦军的骑兵班底。除了骑兵兵源可以借重于秦军的骑兵传统之外，刘邦组建骑兵的另一大优势就是，关陇及之后韩信征服的燕赵都是传统的养马地，军马的来源由此得到了最大保障。反而是楚军骑兵，在燕赵之地被汉军掌控之后，军马的来源被切断，骑兵的扩编甚至补充都很困难，逐渐就会遭遇后继乏力的危机，而这恰恰也被之后的历史所证明。

汉军骑兵军团组建后迅速投入实战，屡败楚军，在荥阳一带更有击败楚军骑兵主力的突出表现。但最具历史戏剧性的是，在垓下之战中穷追不舍，逼得项羽乌江自刎的就是这支汉军骑兵，甚至最后分尸项羽的五名汉军骑将竟悉数来自原秦军骑兵部队。

汉军在彭城之战中因骑兵而惨败，又在垓下之战中最终以骑兵结束了楚汉战争，也算是"败也骑兵，成也骑兵"了。

与彭城之战同时代的欧洲，也爆发了一场在世界战争史上有标杆意义的以少胜多之战——前216年的"坎尼之战"。在四万多迦太基军大败八万多罗马军的坎尼之战中，汉尼拔的军队虽然是步骑混编，但骑兵同样起到了两翼合围的关键性作用。

通往垓下之路

彭城一战，刘邦遭到了起兵以来的最大惨败，近60万大军伤亡过半，将战略主动权拱手相让于本已四面楚歌的项羽。而以汉国为核心的庞大反楚联盟也由此土崩瓦解，河南王申阳失联，殷王司马卬战死，本就是被迫降汉的翟王董翳和塞王司马欣临阵反水，更重要的是，赵、代、魏三国也抛弃了汉国重新结盟楚国，甚至连项羽的死敌田横也决定让齐楚停战，《史记》中所谓"诸侯见楚强汉败，还皆去汉复为楚"。

项羽在一场军事上的大捷之后，在外交上也成功摆脱了孤立的处境，那个号令天下的楚霸王似乎又回来了，在楚汉的合纵与连横之争中，将汉国"连横"诸侯讨伐楚国的不利态势，又逆天改命为楚国"合纵"诸侯围攻汉国。

在中国古代战争史上，但凡遭受过彭城之战这样丧师几十万的经历的惨败一方，基本上都是迅速由盛转衰，甚至直接迈向亡国，毕竟，在任何时代，近60万大军都是倾国之军了。但偏偏只有刘邦很快就稳住了阵脚，在极端不利的情况下将楚国拉进了战略相持阶段，仅三年多后就再次聚集起60万大军，在垓下之战中彻底击败了项羽。

在我看来，刘邦这个军事奇迹的成色一点也不逊于项羽的彭城之战。

那么，刘邦何以在短时间内转败为胜？

第一，即使彭城战败之后，依托于关中和巴蜀的汉国综合国力仍然不下于楚国，这就有点像赤壁之战后的曹魏，尽管暂时让出了战略主动权，但实力仍然是三国中最强的。

当留守关中的萧何知道了彭城战败的消息后，立即"发关中老弱未傅悉诣荥阳"，韩信也亲自带兵驰援刘邦，将关中充裕的人力、物力、财力注入刘项僵持的荥阳一线，从楚汉战争后期的态势来看，所谓的"汉军"在人员构成上越来越像一支秦军，刘邦和他的丰沛集团固然是"楚人"，占据了汉军和汉国的上层位置，但汉军的中层和基层此时已经基本"秦军化"了，刘邦实际上是依托着秦国故地及秦国军民和项羽争霸天下，某种程度上也算是继承了秦国当年强大的国力。刘邦还有一个容易被忽视的优势，在项羽坑杀了20万秦军之后，老秦人和项羽已经结下了血海深仇，在全力支持刘邦击败项羽这个问题上，老秦人是不遗余力的。

就在彭城之战后的两个月，即汉王二年六月，困守废丘的章邯城破被杀，项羽留在关中的最后一根刺被拔除，而关中就此大定，刘邦再无任何后顾之忧。

同样不可忽视的是，彭城之战后，刘邦并没有一路退守关中，仍然占据着东进之初占据的韩魏领土。正如《中国军事通史·西汉军事史》一书所说，"项羽虽然取得彭城会战的巨大胜利，但他的所得仅仅是收复了自己失去的西楚领土，失去的则是关中和关东部分地区的大量与国"，"综观楚汉战争开始以来双方的得失，刘邦之得大于失，而项羽之失大于得"。

在刘邦关中后方巩固，迅速恢复元气之时，项羽的处境如何？这就要说到以下刘邦转败为胜的第二点了。

第二，彭城之战后，刘邦很快就又对项羽形成了多面包围的态势。

首先是刘邦亲自指挥的东线战场，这可以看作楚汉战争的"正面战场"。在得到来自关中的兵力和后勤支援之后，刘邦在荥阳一线稳住了阵脚，一些在彭城之战中溃散的军队也陆续归建。在新组建的"郎中骑兵"的助阵之下，汉军在京索之战中击败了士气正旺的楚军，逼迫楚军放弃了一鼓作气消灭刘邦主力的妄念，楚汉由此进入了战略相持阶段。尽管在之后的东线战场上，楚军在项羽的亲自指挥之下看似始终处于攻势，但主力却被汉军牢牢地牵制于此，从而当汉军在其他战线陆续发难之后，陷入了顾此失彼、疲于奔命的状态。对于刘邦而言，他实际上起到了"田忌赛马"中"下驷"的作用，胜也罢败也罢，能够像牛皮糖一样纠缠住项羽主力，便已超额完成了任务。

再看九江国的英布。英布本是项羽的爱将，但就封楚国之南的九江国后，无心再跟随项羽连年征战，当项羽征招他讨伐齐国时，他只派了一名部将和几千人应付。此时，你不得不佩服刘邦的坚韧和强大的心理素质，当他还在逃亡的路上时，就已开始考虑如何拉拢同盟力量消灭项羽的问题，发出了"欲捐关以东等弃之，谁可与共功者"的裂土分封豪言，当时张良的回答是英布、彭越与韩信三人，称"捐之此三人，则楚可破也"。而刘邦第一个考虑的人就是英布，派使者随何出使九江国，搞定了本就与项羽已生嫌隙的英布。尽管英布起兵后迅速就被项羽击败，但一方面完成了刘邦"留数月，汉之取天下可以万全"的战略诉求，牵制了项羽西进，为刘邦争得了重整旗鼓的战略喘息时间，更重要的是，英布之后又带兵进入九江国，在南线战场上形成了对项羽的重要战略威胁。

然后是楚国"敌后战场"的彭越。彭越是楚汉战争中最卓越的"游击战大师"，带兵活动在巨野泽附近的楚国腹地，让项羽不堪其扰，两次逼迫项羽抽调主力回楚，为在东线战场上苦苦支撑的刘邦极大减轻了压力，史称"彭越挠楚"。彭越由此也被军事史家看成"世界战争史上的游击战始祖"。汉王四年（前203年）八月，在"敌后作战"中吃到甜头的刘邦又派刘贾与卢绾率步兵二万、灌婴率骑兵数百，从白马津（今河南滑县东北）渡河，与彭越配合，大举杀入楚国后方，"烧楚积聚，以破其业，无以给项王军食"，当遭遇楚军主力时，汉军的这支偏师又只守不攻，"辄坚壁不肯与战"。

最后是北线的韩信。汉王二年八月，也就是彭城之战后的四个月，刘邦派韩信进攻叛汉联楚的魏王魏豹，仅用一个月就平定了魏国。随后，韩信率军北上，开始逐一进击赵、代、齐、燕各国，攻无不克，将韩信的军事天才发挥得淋漓尽致。汉王三年（前204年）十月，韩信在轻松解决了代国之后，又在井陉之战，也就是著名的背水一战中击败了20万赵军；次年十月，韩信攻齐，一举拿下齐都临淄，一个月后又在潍水之战中击败齐楚联军，全歼了项羽爱将龙且所率的20万援齐大军。潍水一战，韩信不但消灭了楚国除了项羽主力之外的最后一支有生力量，而且在东、北两个方向完成了对楚国的战略包围。有一种说法是，韩信平齐后，仅余一支孤军的项羽其实败局已定，垓下之战只是困兽犹斗，最终确认结果罢了。无怪乎龙且被杀后，自知大事不妙的项羽派说客游说韩信，"当今二王之事，权在足下。足下右投则汉王胜，左投则项王胜"。

汉王五年（前202年）十二月，楚汉最后一战在安徽省灵璧县一带的垓下爆发。在我看来，"四面楚歌"还有一个解释就是，刘邦和"灭楚三杰"所率的这四支军队，在垓下之战前就已在东线、北线、南线、楚国敌后战场这四条战线上，为项羽这只困兽编织了无法挣脱且越收越紧的C型包围圈。史学界有一种说法是，垓下之战实际上是"陈下之战"的后续（辛德勇先生甚至认为垓下之战即陈下之战），项羽在陈县（今河南淮阳）遭到了汉国四路大军规模浩大的进攻，败退后撤到垓下，方有最后一战。

垓下之战是韩信和项羽这两大战神的第一次正面对决，但也是最后一次。在此之前，项羽在亲自出战的大规模野战中从未输过一场，以少胜多已是常态，甚至在垓下之战前的两个月，还在韩信与彭越未至的情况下，大破刘邦的汉军。此时，汉军又聚集了和彭城之战一样多的60万大军（也有说法是30万人），对阵项羽的十万孤军。只是，项羽再也未能上演翻盘奇迹。据《史记·项羽本纪》所载，张良和陈平在垓下战前力劝刘邦出兵时说："汉有天下太半，而诸侯皆附之。楚兵罢食尽，此天亡楚之时也，不如因其机而遂取之。今释弗击，此所谓养虎自遗患也。"

楚汉战争，是为第二次秦灭六国。

最后说一个有趣的小发现，楚汉战争前后几乎所有重要的战役，都与"水"有密切关系：巨鹿之战与"破釜沉舟"，彭城之战与"睢水为之不流"，章邯败亡与水淹废丘，韩信破赵与"背水一战"，韩信破齐与水淹龙且，垓下之战与乌江自刎……足见河流在中国古代战争地理中的核心地位。

延伸阅读：

《楚亡：从项羽到韩信》，李开元著，生活·读书·新知三联书店，2015年5月版。

《历史的空间与空间的历史：中国历史地理与地理学史

研究》，辛德勇著，北京师范大学出版社，2005年1月版。

《中国军事通史·西汉军事史》，军事科学院主编，军事科学出版社，1998年10月版。

《中央帝国的军事密码》，郭建龙著，鹭江出版社，2019年9月版。

战匈奴：武帝的骑兵革命

在中国历史上，如果有一场战争能够称作"百年战争"的话，那首选就应该是"汉匈百年战争"了，从公元前200年刘邦白登之围算起，到公元91年东汉窦宪彻底击溃北匈奴（"北单于逃走，不知所在"），"汉匈百年战争"时断时续打了291年，远远超过了持续116年的英法百年战争。

但如果要说汉帝国最高光的时段，那就一定是汉武帝时期的汉匈战争了。具体来说就是，从前133年功败垂成的马邑之围，到前90年的燕然山之战，汉武帝后期最倚重的将领李广利兵败投降匈奴，在位54年的汉武帝和匈奴打了44年的仗。

英国汉学家鲁惟一（Michael Loewe）先生在《汉武帝的征伐》（收录于《古代中国的战争之道》）一文中认为，汉武帝时代见证了新战争方略"最初的执行与成功，以及后来的失败和放弃"，这是"中国帝制政府首次把积极的、扩张的政策保持了两年以上"。

四大战役

在汉武帝和匈奴的44年缠斗里,虽说有武功赫赫的说法,但其实最辉煌的胜利都发生在前期(前127年—前119年),汉武帝时代后期的几场大仗基本都算是惨败,燕然山之战作为最后一役更是汉武帝时代对外战争的最大失败。

这一时期最显赫的战役共有四次:河南之战(前127年)、漠南之战(前124年)、河西之战(前121年)和漠北之战(前119年)。打完这四仗,匈奴其实已经被打残了,完全丧失了战略主动权和大规模进攻能力,出现了"匈奴远遁,漠南无王庭"的大好局面,汉高祖白登之围的百年耻辱也连本带利地报了,如果此时汉武帝见好就收,也就不会有后来的"亡秦之失"了。

这四场战役成就了中国历史上的两大名将:卫青和霍去病。卫青是前两场的头号将星,霍去病则在后两场风头更劲。

在前127年的河南之战中,两年前以奇袭匈奴圣地龙城成名的卫青率军行千余里,突袭白羊王和楼烦王,以极小的代价歼灭匈奴军队数千人,收复了秦末被匈奴占领的河套平原,将汉帝国的北部防线推移至黄河沿岸,基本解除了匈奴对关中特别是长安的直接威胁,是汉帝国开国以来对匈奴前所未有的大胜。

在三年后的漠南之战中,汉帝国一下子拿出了十余万骑兵，卫青独领三万人疾进六七百里，乘夜奔袭右贤王王庭，将猝不及防的右贤王打得仓皇北逃，卫青俘获其部众1.5万余人，牲畜数十万头。第二年，作为漠南之战的下半场，被汉武帝拜为大将军的卫青率六将军，统领十余万骑兵两出定襄（非山西地名，今内蒙古和林格尔西南），累计斩杀匈奴近两万人。

漠南之战最大的亮点还不是卫青，而是霍去病的横空出世。17岁的霍去病率领八百骑兵，脱离主力孤军追敌数百里，不仅斩杀匈奴军队2028人，还俘虏了匈奴相国和单于叔父，因故战后被封为"冠军侯"。

漠南之战结束后，匈奴单于伊稚斜慑于汉军的兵威，听从了汉军降将赵信的建议，将匈奴的王庭和主力迁至大漠以北。因此，汉武帝也决定将下一步的主战场转移至西北方向的河西地区（今河西走廊）。前121年春，汉武帝封霍去病为骠骑将军，命其独自率领一万骑兵出征匈奴，是为第一次河西之战。霍去病六天转战千余里，扫荡了隶属于匈奴的五个小部落王国，并在正面对决中击败了浑邪、休屠两王，斩首8900余级，连休屠部祭天的金人都被汉军缴获。

前121年夏，大受鼓舞的汉武帝命霍去病与公孙敖领数万骑兵再次进攻河西（第二次河西之战），张骞和李广率万余骑出右北平（郡治在今内蒙古宁城县一带）进击左贤王。在公孙敖所部迷路的情况下，霍去病没有瞻前顾后，而是率领所部骑兵按照原计划进行了"大纵深外线迂回作战"，深入匈奴境内两千余里，突袭了浑邪王、休屠王大军，歼敌三万余人，俘虏了匈奴王族59人，重臣63人。

又数月后，霍去病在浑邪、休屠两王的受降关键时刻，果断率领精锐突入匈奴军中，稳住了趋于失控的匈奴军队，斩杀了欲逃跑的八千多人，监护四万多匈奴降众东渡黄河。

先后两次的河西之战，不仅使汉帝国完全占据了河西走廊地区，从此汉和西域乃得直接交通，在日后与匈奴争夺西域的竞争中占据了战略优势，而且为其赢得了匈奴境内最肥美的牧场之一，匈奴失去这片土地是极重大的损失，所谓"亡我祁连山，使我六畜不蕃息；失我焉支山，使我妇女无颜色。"《中国军事通史·西汉军事史》总结称，两次河西之战"使汉匈双方的力量对比，发生了重大的变化"，"此后匈奴便日趋衰落并渐居下风，而汉朝的优势则日益明显，基本掌握了战争主动权"。

前119年的漠北之战不仅是汉军进行的最远一次对匈远征，也是汉匈双方规模最大的一次决战，更是汉武帝时代对匈奴战争胜利的顶点。为了这一战，汉武帝不仅准备了十万骑兵，"私负从马凡十四万匹"，还调集了数十万步兵负责保护和运送粮草辎重，以解决超远距离作战的远征后勤问题。卫青和霍去病各领骑兵五万，兵分两路，卫青采用了车骑协同车守骑攻的新战术，在正面对决中击溃了匈奴单于亲自率领的主力，歼敌19000余人；霍去病的胜利甚至更为辉煌，率领"敢力战深入之士"在荒漠中北进两千余里，长途追击一路北逃的左贤王,一直追到狼居胥山(有说法在今蒙古国乌兰巴托以东),斩杀匈奴70443人,留下了"封狼居胥"的汉家男儿神迹。

除了"封狼居胥"以外,漠北之战给中国历史留下的另外一个重要典故就是"李广自杀"了。李广在此战中迷路,留下了"岂非天哉"的千古一叹,以"李广难封"的悲剧人设引刀自刎。

骑兵革命

那么,卫青和霍去病为何能在汉匈战争中取得如此辉煌的战绩?

第一,文景之治积蓄了雄厚的国力。从马邑之围到漠北之战,纵然期间损失惨重,但汉武帝对匈奴还是保持了长达15年超强力度的战略进攻,特别是漠北之战,汉帝国光动员的后勤辎重部队就高达几十万人。汉武帝时代的汉匈之战实际上是一场以本伤人的极限消耗战,不存在什么毕其功于一役的战机,汉匈双方就像两个疲惫且伤痕累累的重量级拳王一样,在一场长达几十年的持久战中,看谁先倒下来而已。尽管此时的匈奴帝国也正当其国力鼎盛时期,但武帝却拥有着来自父祖两辈与民休息,用了几十年积累下来的巨额人力、物力、财力。

第二,文景之治的积累具体到战场上,对汉军意义最大的就是战马数量了。西汉初年,汉帝国的马政基本处于崩溃的状况,将相上朝只能乘牛车,连刘邦都找不到四匹颜色一样的马来拉车("天子不能具均驷")。在白登之围中,刘邦的32万大军基本上就是一支步兵军团。而匈奴大军的骑兵军团极尽华丽,甚至可以在战场上像阅兵一样组织出一支"西方尽白马,东方尽青駹马,北方尽乌骊马,南方尽骍马"的队伍,面对这样的军团,战马数量居于绝对劣势的汉军铩羽而归也就没有什么奇怪的了。

在文景之治收获的强大国力的支撑下,汉帝国的马政事业进展很快,汉景帝在陇右建立了36个官方养马场(牧师苑),当汉武帝对匈奴发动帝国反击战之时,汉帝国的养马数量已经达到了空前的40万匹,这还没有计入民间的养马数,以至于《盐铁论》写到了"长城以南,滨塞之郡,马牛放纵,蓄积布野"的盛况。卫青和霍去病之所以可以发动那些动辄几万甚至十几万骑兵同时进击的大战役,背后就是汉帝国马政事业的大跃进。没有马,卫青和霍去病的一切大战略都是空想。

更有趣的是,在汉武帝时代,汉帝国这样一个农耕帝国朝野上下已培育出了游牧帝国一般的爱马风尚。为了得到大宛的"汗血宝马",汉武帝不惜一战;还有一种说法是,汉武帝之所以和乌孙国和亲,将公主刘细君远嫁,动因之一也是看上了乌孙的"天马"。在这两个段子背后,是汉帝国军事文化从崇尚步兵转为骑兵导向的重大转折。

第三，汉武帝时代很可能经历了一场影响深远的"骑兵革命"。对此，李硕在《南北战争三百年》一书中给出了令人信服的阐释。李硕指出，卫青、霍去病率先在汉军中发起了"骑兵战术革新"，不与匈奴人较量他们擅长的远距离骑射，而是把中原步兵擅长的正面集团冲锋战术移植到骑兵身上，用长戟和环首刀取代弓箭，"用肉搏战抵消掉匈奴人的骑射优势"。特别是厚脊薄刃利于劈砍的铁制环首刀，正是在汉武帝时期得到了大发展，是那个时代杀伤力最强且最适合骑兵的近身肉搏兵器。

在卫青和霍去病的数次胜利中，即使有关战斗过程的史料一如既往地"简明扼要"，但仍然可以比较清晰地见到近距离肉搏战的出场，无论是暗夜突袭还是正面决战，匈奴骑兵的骑射战术很有一种"武功高的打不过不怕死的"的意思，相对缺乏骑射训练，可以"批量生产"的汉军骑兵凭借制度化的纪律和坚忍，屡次击败了骑术更为高明，但惧怕肉搏战的匈奴骑兵，以至于这一时段的汉匈对决往往是以"击溃战"居多，匈奴骑兵往往还在尚可相持之时，就被汉军血腥的骑兵新战术弄得失去斗志，先行逃离战场，从而一次次地将战斗演变为"追击战"。

按照《南北战争三百年》的解释框架，汉军的正面集团冲锋战术需要的是高度严明的战场纪律和对高伤亡率的极限容忍，而这恰恰是松散部落制，没有实现中央集权的匈奴人所无法做到的，同时也是治军纪律相对松散，更注重个人勇武的李广所缺乏的。这也可以部分解释李广为何在这一时期的汉匈决战中始终不得志，没有取得可以封侯的战绩。

在卫青和霍去病的时代，单纯从军事技术上说，骑兵并没有什么重大革新，马镫时代的全面到来还有待于两晋南北朝，在没有马镫的情况下，汉帝国骑兵在军事技术上与赵武灵王的赵国骑兵并无本质性差别。当然，此时汉军骑兵已开始普遍装备铁制长戟和铁铠，对尚处于青铜与铁器"混装"时代的匈奴骑兵有一些装备优势。

因此，霍去病和卫青的骑兵变革更是一次"战术革新"而不是"技术革命"。一方面不是出身于行伍的卫霍没有李广那样的"传统包袱"，对似乎天然正确的"骑射"战术并无执念；另一方面，在前马镫时代，骑兵的骑射训练成本和时间更为高昂，汉帝国的军人在这一方面绝无可能与军民合一的匈奴骑兵相比，为了尽可能发挥出汉军的规模优势，在短时间内打造出一支强大的骑兵军团，汉帝国军界必然会寻找一种更适合自身组织架构的新战术，以对抗匈奴骑兵的骑射技术优势。但很可能超出汉武帝预期的是，限于非中央集权的社会组织结构，正面冲击战术恰恰是匈奴人无力对标的。

不过，卫霍主导的这次"骑兵战术革新"也不是空降而来，它有着来自前代的思想资源。比如项羽的三万骑兵在彭城大捷中大概率也采用了某种未经体系化的"类正面冲击战术"，很可能给汉武帝和卫霍提供了战史的案例参考；汉文帝时，晁错曾建言用"突骑"对冲匈奴的骑射优势："若夫平原易地，轻车突骑，则匈奴之众易挠乱也"，这很可能是"突骑"一词首次见于中国史籍中，颜师古在为《汉书·晁错传》作注时说，"突骑，言其骁锐，可用冲突敌人也"，这已很明显地带有"正面冲击"的意思了。

若置于同时代的世界战争史中，卫霍的战术革新可能就没有什么出奇的了。波斯重骑兵和马其顿"伙伴骑兵"的冲击战术比卫霍早了一百多年。

第四，卫青和霍去病的部队具有长途奔袭能力。在有限的史料中，我们很难充分解释，卫霍时代的汉军骑兵为何突然脱胎换骨，成为一支可以脱离步兵支持独立作战，在大漠中动辄纵横千里、迂回包抄的机动部队，要知道，仅仅在几十年前，汉军还是一支完全以步兵为主的传统中原军队。对此，匈奴上层可能也要迟至漠北之战后才能完全接受这个事实：汉军骑兵的长途机动能力已经不下于匈奴骑兵。但匈奴人已为这一后知后觉付出了惨重的代价。

而在此之前，卫霍在各大战役中屡屡完成让匈奴人猝不及防的远程突袭，如卫青生涯首战突袭龙城，卫青在河南之战中千里奔袭白羊、楼烦二王，卫青在漠南之战中突袭右贤王王庭，霍去病在漠南之战中率八百骑兵突袭匈奴大后方，霍去病在河西之战中突袭阵斩匈奴三万人，特别是在漠北之战中，霍去病在大漠中长驱北进两千余里封狼居胥。匈奴人在战争中令人惊异地反复败于汉军突袭这同一战术，归根到底就是因为匈奴人始终无法正视汉军骑兵的长途奔袭能力。

对于汉军骑兵的强大机动力，有一种解释是，卫霍时代的骑兵在强大的马政支持下，很可能部分实现了草原民族骑兵才有能力实现的"一人双马"。比如，漠北之战中，汉武帝除了十万骑兵的坐骑之外，还组织了"私负从马凡十四万匹"，最后光损失的战马就有十几万匹。"一人双马"的优势是，骑兵在远征中可以通过两匹马的轮流休息，既保证行军速度，也在战斗开始时，让战马处于体力充沛的临阵状态。

正因为具备了主动进攻能力，汉军的出击时间往往选在春夏两季。对于匈奴人而言，所谓秋高马肥，秋天是草原骑兵出征的最好时机，春夏两季要么因为刚刚过完冬的马匹比较瘦弱缺乏体能，要么因为此时马匹更适合放牧怀孕临产，是休养生息的季节。而汉军选在此时大举用兵，正是匈奴骑兵一年中实力最虚弱的时刻。但这样做的前提是，有强大骑兵军团的汉军可以主动出击，而不是因为被动防守而无法择时。

后卫霍时代

漠北战役结束后，汉匈之间出现了长达16年的"不战不和"局面，正如汪篯先生在《汉武帝时的战争》一文中所说，"匈奴远徙了，汉因为马少，也不能出击了"，直到前

103年的赵破奴率两万骑兵再度出塞，汉匈双方才重启战端。在此期间，霍去病和卫青先后去世。

与卫霍时代战绩辉煌的"四大战役"相比，汉帝国在"后卫霍时代"的三场重要战役都以惨败收场。前103年，赵破奴的两万骑兵被左贤王的八万骑兵包围，全军覆没；在前99年的浚稽山之战中，李陵的五千步卒遭遇了匈奴单于主力，突围失败后李陵被俘；在前90年燕然山之战中，汉军七万大军全军覆没，统帅李广利投降，是为汉武帝时代对匈作战的最大失败。

四大战役之后，丧师失地的匈奴综合国力从巅峰跌落，和汉帝国已不在一个层级上，但为何汉军的超强战斗力更有每况愈下之感，卫霍时代的那支无敌汉军去哪了？

第一，四大战役之后，汉武帝已将文景之治积累的巨大财力、物力消耗殆尽。四大战役可以看作一场"杀敌一万自损八千"的高强度消耗战，汉帝国后来甚至出现了"天下户口减半""海内虚耗"的"亡秦之迹"。

很多人或许会问，汉帝国不是和匈奴休战了16年吗，这期间难道不可以休养生息吗？问题就在这里，在匈奴靠休战缓慢恢复国力之时，穷兵黩武的汉武帝又将战火烧到了帝国边疆的其他方向，刚刚喘了口气的汉帝国就又陷入了战争的泥沼。漠北之战后，汉帝国连续对南越国、闽越国、西南夷、滇国、西羌、卫氏朝鲜、楼兰、姑师，以及大宛，发动了规模浩大的战争，在长达十年的时间里一场接着一场，有时候甚至在同时打两场战争，其中光征伐大宛就"损五万之师，靡亿万之费，经四年之劳"。虽然最后基本都是开疆拓土，但汉帝国的实力最后就这样慢慢被消耗掉了，如果不是这些战争，汉帝国本有机会休养生息十余年，恢复实力之后给匈奴更大力度的打击。

第二，在国力大幅消耗的同时，对汉军更直接的威胁是，骑兵的战马也快打没了。纵然卫青和霍去病惊才绝世，但动辄上千里长途奔袭的战争模式就决定了汉军的取胜也要付出沉重的代价，兵力或还可在短时间内补充，但军马的损失就不是短时间内可以解决的问题了。在漠南和漠北两次战役中，汉军损失的战马可能都在十万匹以上。几番大战之后，曾高达40万匹的汉帝国军马存量一度跌至20万匹以下。

在战马这个问题上，军民合一的游牧生产方式决定了匈奴无论如何窘迫也不太可能缺马，有一种说法是，某些时候匈奴骑兵甚至可以实现"一人五马"的超豪华配置，在长时间的消耗战争中，匈奴可能遭遇领土大幅缩水、人力资源消耗巨大、财政实力消耗殆尽等窘境，但唯独马匹数量的恢复速度远胜于汉帝国，成本也远低于汉帝国。

可以佐证汉军马匹奇缺的是，当李陵向汉武帝请战出征时，汉武帝在优先照顾了李广利军之后竟已拨不出多余的马匹给李陵，以至于李陵自矜且有些赌气似的表态不用骑兵（"无所事骑"），率领出塞的五千士兵全数是步兵，为之后被围且突围失败的悲剧埋下了伏笔。

李陵的这支纯步兵军队自然是个特例,但在汉武帝后期的对匈战争中,由于马匹严重不足,已经很难像卫霍时代那样编组成一支支从数万到十万的单一骑兵军团,而是代以步骑混合编制。

如此,汉军在战场上再也难以重演当年卫霍式的远距离突袭,机动力和后勤保障能力都大打折扣;撤退时也很难迅速脱离战场,容易被匈奴骑兵依靠机动性优势展开追击甚至包围,而这也正是李陵全军覆没的教训之一。

尤其是,匈奴在连续战败后,已主动避汉军之锋芒,将主力和王庭迁至更远的北方,如此,机动力本已严重下降,还要面对更远战场上的汉军,就更难打出卫霍时代的长途奔袭战了。

第三,汉武帝后期的高级将领素质与卫霍有明显差距。以李广利为例,绝对算不上什么高明的将领,他的上位和汉武帝对外戚将领的"路径依赖"很有关系,军事生涯中的几次"胜利"基本都是用极高的代价换来的惨胜,光进攻大宛就前后损失了五万之众。更要命的是,李广利虽然和卫霍同为外戚,但卷入宫斗的程度却深入得多,当妻儿因为卷入后宫政争被抓后,在前线的李广利冒险进军希望立功赎罪,最后才遭致七万大军被全歼的惨剧。

而李陵呢,从作战能力上讲,他虽然也可以称作一代名将,但他最大的问题并不是军事指挥,而是他的心魔。

当汉武帝不愿拨马匹给他时,他的反应很可能是知其不可为而为之的意气用事。换句话说,他率领五千步兵出征,并非单纯出于军事决策,而是掺杂了政治和情绪的因素,他深感李广家族长期被打压,希望通过决死一战为家族再次赢得声望。

李陵战败与步骑之争

在浚稽山之战中,一开始单于亲率的三万匈奴骑兵也奈何不得李陵的五千精锐步兵("臣所将屯边者,皆荆楚勇士奇材剑客也,力扼虎,射命中"),反而在李陵军的反击中损失了数千人,直到单于又得到了八万骑兵的增援,才开始取得战场上的绝对优势。可即使如此,李陵军在困兽犹斗之时,又至少杀伤了上万匈奴骑兵。

当时,李陵所部"居两山间,以大车为营","前行持戟盾,后行持弓弩",一旦汉军精锐步兵完成了密集结阵,匈奴骑兵如果没有绝对优势兵力,很难在正面对抗中占到便宜。匈奴骑兵的骑射技艺固然精湛,但也只是相对汉军骑兵的,面对着装备了射程更远的强弩、防护更好的汉军结阵步兵,前马镫时代的匈奴骑射型骑兵甚至在弓弩战中也居于下风。

作为一个古代战争的基本定律,在前马镫时代,由于缺乏稳定的射击平台,骑马弓箭手在发射速度、命中率,甚至射程上,都无法与步兵弓箭手相比,这一定律甚至在马镫发明后仍然有效，骑马弓箭手的最大优势永远是其机动性。据《中国古兵二十讲》一书，汉武帝时代的弩也发生了一次技术革新：从发掘出土的实物来看，弩都带有"铜郭"，也就是用铜制机匣取代了木制机匣，从而增强了弩的强度，使弩箭的射程更远且杀伤力更强；改进了弩的瞄准装置，在满城中山靖王墓中出土的铜弩上，用于瞄准的"望山"上被增设了刻度，相当于现代步枪的标尺，提高了命中率。

总的来说，与秦弩相比，汉弩无论在射程、强度还是射击精度上都有着很大的提升，这也可以视作西汉军工业对匈奴骑兵骑射优势的一种极有针对性的回应，射程最远的"弩炮"甚至可以威胁到五六百米外的匈奴骑兵。汉军中最强的单兵弩被称作"大黄"，射程可达三百米，李陵的祖父李广就曾在实战中利用大黄狙杀了匈奴指挥官，方才突出重围。

更何况，李陵的步兵还得到了铁甲和盾牌的掩护，而仅身着皮甲的匈奴骑兵在弓弩战中却相对缺乏遮挡。事实上，李陵军的最后败亡，也是发生在五十万支箭射尽之后。

在白刃战中，匈奴骑兵的劣势可能更为明显。如前所说，尚处于骑射时代的匈奴骑兵还未进化到"正面集团冲锋战术"，这不仅让匈奴骑兵无法与卫霍的冲击型骑兵对抗，也无法在汉军步兵密集结阵的情况下，完成正面冲击的任务。据《冷兵器时代的战争艺术》一书所言，当时汉军步兵装备的钢制长矛和长铍长达四米，而匈奴骑兵作为肉搏兵器的剑和短矛至多不超过两米,在攻击距离上就处于绝对劣势,何况在没有马镫的情况下,骑兵一旦发力,就很有可能一头栽下去,没办法全力在马上拼杀。即使损失惨重的匈奴骑兵冲到了汉军阵中,也有装备着环首刀的汉军刀盾手正严阵以待。在铠甲方面,据《古代兵器通论》一书所言,汉武帝时代的汉军不仅基本普及了铁铠,且生产流程日益标准化和规范化,既适于大规模生产,也易于编缀和修补,从而保证了士卒的持续防护力。

还有一个有趣的细节是,李陵军在此战中"以大车为营",很可能是借助了大车的防御优势,而在前119年的漠北之战中,卫青同样使用了兼具运输能力的武刚车,"于是大将军令武刚车自环为营,而纵五千骑往当匈奴"。这两处细节暗示着,尽管战车在战国时代已经丧失了作为战争主力的角色,在汉匈战争中的地位也不及骑兵和步兵,但仍然没有如我们所想的那样彻底退出历史舞台,而是作为某种变形的大车(辎重车)延续着自己的战场生命。当然,过去的战车是一种进攻性武器,而此时的"新型"战车更是一种针对骑兵的防御性武器。在大车的助力下,李陵军的步兵结阵更加坚固和无懈可击,令匈奴骑兵很难找到薄弱点突破,在且战且退时也有了依托。

事实上,一直到汉武帝即位前,汉军仍是一支批量装备战车的军队。据《中国古兵二十讲》,在1965年咸阳杨家湾出土的汉初大墓(墓主疑似扫平七国之乱的名将周亚夫)中,发现了11个兵马俑坑,战车部队虽然减少了很多,仍然保持着传统的核心部队的位置……"战车"的"半衰期"长得惊人,一直到戚继光和努尔哈赤的时代还有突出的存在感。

晁错曾向汉文帝献计在平原克制匈奴骑兵的战术,"平地通道,则以轻车、材官制之",可见用"战车加强弩"抵消匈奴骑兵的优势在汉初已成为某种朝野共识之一。

在《汉武帝的征伐》一文中,鲁惟一认同李陵此战是"天才的军事行动",因为"李陵展示出,步卒只要组织得当,弓弩充足,可以击败数倍于己的骑射手"。鲁惟一竟还总结了三大"胜利秘诀":保持有纪律的射击,以便有效地集中弩箭;纵使敌方骑兵反复冲击而造成伤亡,我方也要保持阵形不乱;箭支源源不绝。写作时,英国人鲁惟一是不是想起了英国长弓兵在克雷西战役(1346年)中大胜法国重骑兵的狂胜往事?

在李陵出塞的37年之后(前53年),罗马三巨头之一的克拉苏在卡莱战役中率领的四万罗马步兵被不足两万的帕提亚骑兵大败,骑射和冲击战术兼备的帕提亚人体现出了远强于匈奴骑兵的"破阵能力"。

匈奴骑兵对汉军结阵步兵缺乏强攻能力,这个问题也由来已久。在白登之围中,尽管匈奴骑兵包围了32万汉军达七天之久,但始终未能顺势全歼汉军。《南北战争三百年》一书认为,这其中固然有陈平奇计的因素,单于也有其"不得已的原因","对匈奴骑兵来说,以步兵为主力的汉军是看得见、追得上、围得住,但就是咬不动、吃不下"。

事实上,汉军步兵的劣势其实不在于正面作战能力,而在于机动能力。毕竟,步兵与骑兵对阵的最大尴尬就是"风险收益比极其不对等",很容易陷入即使打胜也无法形成歼灭战的局面,对方骑兵可以凭借机动优势从容撤退;而步兵一败,要么因为阵型大溃而全军尽没,要么就是被团团包围直至弹尽粮绝。这也正是李陵所部纵然神勇,但还是在浚稽山之战中遭遇惨败的根本原因。

勒内·格鲁塞在其名著《草原帝国》中总结匈奴骑兵的战法时写道:"他们会出其不意地出现在耕地边缘,侵袭人畜和抢劫财产,然后在任何还击可能来到之前带着战利品溜走。当他们被追赶时,他们的战术是引诱对方深入大戈壁滩或是草原荒凉之地,然后在自己不遭埋伏的情况下,以弓箭拦击追兵,直到他们的敌人被拖垮,被饥渴弄得精疲力竭,他们才一举而消灭之。由于他们的骑兵的机动性以及他们的弓箭技术,这些方法相当有效。"

匈奴骑兵的优势除了骑射之外,一向在于其无与伦比的机动性,而不在于与汉军进行代价高昂的正面决战。即使汉军兵力再雄厚,占据了进攻主动权的匈奴骑兵总是可以集中绝对优势兵力,在汉帝国北方漫长的国境线中选择一个或者几个点进行重点突破,等到汉军步兵集团赶到时,匈奴骑兵早已满载而归;或者,像白登之围那样诱使缺乏后勤辎重补给的汉军步兵深入草原,择机进行打击。

但这一战法的前提是，匈奴人掌握了战略主动权，可以主动择时择地进攻，而汉军则缺乏反制的骑兵军团；当主动权到了编组着强大骑兵集团的汉军手中时，匈奴人就只有招架之功了，尽管不用多久，在长期战争中实力大损的汉帝国也将逐步丧失远征能力。

鲁惟一在《汉武帝的征伐》一文中也说："对汉朝来说，毕其功于一役是不可能的，最多也只是一二十年免受劫掠罢了。"

从匈奴骑兵通过苦战才击败李陵所部也可以看出，此时丧失了进攻主动权的匈奴帝国骑兵其实已很难再对汉帝国造成致命威胁，这也给汉武帝之后颁布对匈全面停战的《轮台诏》提供了部分理论基础：虽然汉帝国已无可能在战场上彻底击败匈奴，但匈奴只有自保之力而无进攻余力。

在此种"汉强匈弱，但汉无法灭匈"的战略僵局下，汉匈问题的最终走向，只能等待彼此地缘政治的"天下有变"了。

从本质上来说，汉武帝希望单纯用武力彻底解决匈奴问题，就注定是一场西西弗斯的幻梦。在中国历史上，中原王朝要彻底消灭游牧帝国，穷兵黩武的远征是无法持续的，往往都是要依靠对方爆发大规模内乱，甚至策划代理人战争，方能克竟全功。

延伸阅读：

《南北战争三百年：中国4—6世纪的军事与政权》，李硕著,上海人民出版社,2018年1月版。

《古代中国的战争之道》,[美]费正清等编著,陈少卿译,民主与建设出版社,2019年8月版。

《匈奴:古代游牧国家的兴亡》,[日]泽田勋著,王庆宪译,内蒙古人民出版社,2010年12月版。

《草原帝国》,[法]勒内·格鲁塞著,蓝琪译,商务印书馆,1998年5月版。

《古代中国与其强邻:东亚历史上游牧力量的兴起》,[美]狄宇宙著,贺严、高书文译,中国社会科学出版社,2010年9月版。

《危险的边疆:游牧帝国与中国》,[美]巴菲尔德著,袁剑译,江苏人民出版社,2011年7月版。

诸葛亮北伐：小国的北方强邻

蜀汉建兴五年（227年）三月，平定了南中之乱的诸葛亮率领大军进驻汉中，向后主刘禅上《出师表》："今南方已定，兵甲已足，当奖率三军，北定中原，庶竭驽钝，攘除奸凶，兴复汉室，还于旧都。"

228年正月，诸葛亮从汉中启动第一次北伐，在此后的七年里，诸葛亮共计五次北伐曹魏，但另有一次是对魏军进攻的反击，因此说六次北伐也不为过，直到234年"出师未捷身先死"在了五丈原。

诸葛亮"兴复汉室，还于旧都"的北伐大计为何没有实现？这实在是一个激动人心的话题。

"不伐贼，王业亦亡"

从国家实力来看，蜀汉是三国中最弱的一个，和魏国甚至不是一个等量级的国家。在诸葛亮北伐前，天下十四州中，魏国一家就独占十州，奄有中原，西至秦陇，北及幽燕；而吴国有扬州、荆州和交州三州，其中荆、扬两州还是与魏国共有；蜀汉在丢掉了荆州的数郡后，只存益州一州之地。在那个时代，人口可能是比领土更为重要的国家实力指标。根据当时的官方资料，蜀汉灭亡时只有28万户、94万人，而孙吴亡时则有52.3万户、230万人，曹魏的人口则有66万户、443万人。尽管这一数据很可能因为统计口径的原因而被缩小了，但在彼此的"相对实力差"这一方面还是很有参考价值的，很明显，吴国人口只有魏国的一半，而蜀汉人口则更是连魏国的四分之一都不到。

人口差距直接反映到军事实力上，三国的人口与军队比例基本一致。蜀汉灭亡时，全国的军队规模也就十万人出头，当然，诸葛亮北伐时国力正值鼎盛，军力应当高于此数万；据《三国志·吴书·孙皓传》记载，吴国灭亡时有"兵二十三万"；而魏国灭蜀前的军队数量已高达50万人，即使考虑到曹魏后期元气的恢复，诸葛亮北伐时曹魏的军队也不会少于40万人。也就是说，即使是吴蜀同盟，两国的军力也不足以灭魏，而指望蜀汉单挑战胜魏国更是难上加难了。

诸葛亮北伐时，蜀汉的最基本国情就是"三国最弱一国"。诸葛亮在当时实际上陷入了一个无法自拔的历史悖论当中，在北伐与不北伐之间进退失据。

如果北伐的话，蜀汉与魏国的即时军事实力不在一个等量级上，本就兵力不足，且在复杂地理条件下的进攻战更是往往需要数倍兵力方有必胜的机会［曹魏重臣孙资曾说过"夫守战之力，力役参（三）倍"］；同时，蜀汉的经济实力，特别是粮草供应也很难支撑长期战争，究其北伐中屡屡因为粮草不足而退兵的原因，受到关注最多的地理条件复杂当然是重要原因之一，但仅凭一州经济实力而导致的"益州疲弊"恐怕才是更根本的原因。在军力与经济实力双重不足的影响下，诸葛亮五次北伐的铩羽而归已经很说明问题，更何况，与比自己强大的敌人开战，蜀汉必然是穷兵黩武，国力将在一次次的战争中逐渐耗散。

但如果不北伐呢？蜀汉和潜力无限的魏国进行和平竞赛是没有任何希望的，如果不在短期内通过北伐扩张领土和人口，长远来说蜀汉必然是死路一条。从总体上而言，时间是站在曹魏那一边的，只要得到足够的时间来休养生息，恢复因战争连年而凋敝的中原经济，有先天体量优势的曹魏与蜀汉的实力差距将越来越大。

史念海先生在写于1945年的名文《论诸葛亮的攻守策略》（收于《河山集》）中也曾指出，蜀汉上下，特别是诸葛亮在《隆中对》中，对益州富庶程度的估计"失之过高"，在中原人士大量涌入之后，所谓"沃野千里，天府之土"的益州甚至也出现了缺粮的新问题，诸葛亮执政未久就出师南中，"最大的原因就是为了解决当时的粮食问题"。从史先生的说法延伸出去，我们甚至可以认为，诸葛亮《隆中对》中的"沃野千里"是纵横家式的政治想象，而《出师表》中的"益州疲弊"才是一个政治家基于现实的冷静陈述。

事实上，曹魏对自身的优势所在也有着非常清醒的认识。宋杰在《三国兵争要地与攻守战略研究》一书中说,曹魏从曹丕称帝到灭蜀的四十余年间只对蜀汉发起过两次进攻,而蜀汉竟有十六次(诸葛亮六次,姜维十次),"双方的进攻次数相差悬殊,且与各自的国力强弱形成反比"。

孙资曾对魏明帝曹叡建言称:"但以今日见兵,分命大将据诸要险,威足以震摄强寇,镇静疆场,将士虎睡,百姓无事。数年之间,中国日盛,吴蜀二虏必自罢弊。"而这一说法之后果然也成为曹魏的基本国策,即在军事上以维持守势为主,注重休养生息和保境安民,以期逐步形成对吴蜀的压倒性优势,毕竟,时间在曹魏这一边。正如王船山在《读通鉴论》里所说:"(孙)资片言定之于前,而拒诸葛,挫姜维,收效于数十年之后,司马懿终始所守者此谋也。"

对此,诸葛亮显然是陷入了痛苦的纠结当中。《后出师表》有云:"王业不偏安","不伐贼,王业亦亡,惟坐而待亡,孰与伐之?"翻译成现在的流行话语就是,打是找死,不打是等死,但打的话至少还有一线生机,因此还不如奋力一搏,"至于成败利钝,非臣之明所能逆睹也"。

更何况,古代战争之所以复杂无常,甚至带有那么点偶然性,就是因为其进程未必完全被实力与大势所决定,一些相对不那么重要的因素,如时机、运气、内乱、对方的惊天昏招都有可能颠覆所谓的"实力决定论"。只是,这些神秘主义的因素会站在诸葛亮这一边吗?

"惟坐而待亡,孰与伐之?"无论是王船山说的"以攻为守",还是"知其不可为而为之",诸葛亮就这样开启了六次北伐。

被迫修改的《隆中对》

即使从历史的后见之明来看,诸葛亮出山时提交的《隆中对》仍然充满了惊人的预判力和洞察性,提前规划了"天下三分"的战略格局,是蜀汉立国的最基本方略。

在论及北伐之时,《隆中对》最有名的那段话就是:"天下有变,则命一上将将荆州之军以向宛、洛,将军身率益州之众出于秦川,百姓孰敢不箪食壶浆以迎将军者乎?诚如是,则霸业可成,汉室可兴矣。"

从军事上而言,这段话包含三点意思:第一,基于蜀汉"跨有荆益"的建国构想,北伐应该是从益州、荆州两路出兵;第二,益州方向的出兵应该是"出于秦川",也就是直指关中,复制当年刘邦从汉中出兵的路径;第三,北伐应该是趁"天下有变",这应该更多地指向曹魏的内乱或边患,由此可以部分消解蜀汉和曹魏的实力差距。

但是,在诸葛亮228年启动北伐时,《隆中对》的这三点都没有得到践行。这就好比德国在一战前制定的施里芬计划,开战时却被小毛奇做出了致命的修改。

先说第一点,诸葛亮北伐前,蜀汉早已随着建安二十四年(219年)年底的关羽败亡而彻底丢掉了荆州,《隆中对》

两路进攻的战略构想由此沦为镜花水月。史念海先生在《论诸葛亮的攻守策略》一文中就指出，由于荆、襄离曹操的大本营许昌很近，因此这两路大军应当是"以荆、襄为主而汉中为辅"，而所谓命一上将将荆州之军以向宛、洛，"实在是指诸葛亮要自己来担当这个重任"，无奈庞统突然战死打破了这一计划，诸葛亮被迫入川辅佐刘备，而把荆州一路留给了刚愎的关羽，"却没有想到意外变化的发生竟是意外的迅速"。

再往深里说，蜀汉"跨有荆益"的构想可能本身就是不成立的。田余庆先生在《〈隆中对〉再认识》一文（收于《秦汉魏晋史探微》一书）中明确写到了"跨有荆益之失"，"历史上并没有割据益州的人长期跨据荆益二州以成稳定局面的先例"。

在田余庆先生看来，"刘备主力入蜀后，孙权不会长久容忍留在荆州的刘备势力，刘备也难于长久维持在荆州的军事存在，这是很清楚的事。关羽攻樊，不过是自启衅端，给孙权以可乘之机，加速了刘备据荆力量的覆灭"。

可以说，诸葛亮在《隆中对》中严重忽视了孙吴占据荆州的战略需求和战略决心，以至于让"跨有荆益"变成了只基于蜀汉需求的自说自话。梁满仓先生在《〈隆中对〉的政略修改与诸葛亮北伐的战略方针》一文中指出："（北伐）两路夹击，必须占有荆州，而占有荆州必然会与孙吴的立国方针发生不可调和的冲突。只要是蜀汉据有荆州，联合孙吴就是一句空话。而联合孙吴恰恰又是蜀汉政略方针中不可分割的外交策略。这样蜀国的政略方针和战略部署之间就陷入了自相矛盾之中。"事实上,《隆中对》就有"外结好孙权"一句,这和同一文本中的"跨有荆益"产生了内在的文本冲突。

在此种情况下,如果蜀汉还是坚持"跨有荆益",不仅无助于北伐曹魏,反而会让蜀汉陷入与魏吴两线作战的窘境之中。刘备在章武二年(222年)发动的夷陵之战,就清晰地表明了此种坚持会让蜀汉陷入何等空前的危机之中。所幸,诸葛亮此时表现出了卓越战略家"及时止损"的现实主义精神,如田余庆先生所说,"诸葛亮既不曾赞同刘备出峡攻荆,也未在他自己执政时继续从事跨荆之战……避免了两面作战的被动局面",以放弃夺回荆州作为与吴交好的先决条件,果断挥别了自己一手规划,但业已严重脱离实际的"跨有荆益"及"两路伐魏"。

第二点是"出于秦川",这一点我想在稍后重点讨论,因此这里暂且略过,我们直接进入第三点,"天下有变"。诸葛亮对这一点也相当重视,《三国志·蜀书·杜微传》记录了诸葛亮一封表达过类似意思的书信,"以待其挫,然后伐之,可使兵不战民不劳而天下定也"。

所谓"天下有变",在实质上就是指望曹魏多线作战,没办法全力与蜀汉作战。而具体表现,要么是曹魏大规模内乱,要么是曹魏与其他外敌爆发战争。

诸葛亮生前从未等到曹魏的大规模内乱,相反,严格遵守程序正义的禅让令汉魏易代异常平稳,诸葛亮北伐时,在曹操的前期经营下，曹魏政权历经曹丕和曹叡两代人的经营，根基已日趋牢固，曹叡也颇有些英主气质，忠实地遵循了休养生息的国策。更重要的是，诸葛亮打出的"兴复汉室"旗帜此时已基本失去了政治感召力和正统光环，从诸葛亮北伐的反馈来看，关陇一带的百姓对蜀汉"王师"与故国重光并无想象中的热情和热烈追随，更不必说《隆中对》中"百姓孰敢不箪食壶浆以迎将军者乎"此种近似狂想的乐观预期了，这与日后北宋军队在联金灭辽挺进燕云时所遭遇的当地百姓之冷淡颇为相同，而与之前关中父老看见刘秀大军时发出的"不图今日复见汉官威仪"之叹相比，已是"世情薄，人情恶"。

那么，"天下有变"就只有曹魏的对外战争了。除了蜀汉之外，曹魏当时在三个战略方向上有敌人：南方的孙权、东北的公孙渊和凉州一带的鲜卑人。

在诸葛亮生前，辽东的公孙渊还未和曹魏彻底翻脸，双方并无发生战争的迹象，期间孙权还试图招抚公孙渊，但公孙渊却斩杀了东吴使者，将首级献给曹叡以示"忠诚"。不过，就是在诸葛亮第一次北伐那一年（228年），有割据大志的公孙渊正好成了辽东之主。当然，你也可以说，曹魏也尽量在避免多线作战，在没有消除诸葛亮北伐这个隐患之前，曹魏也无意于主动招惹公孙渊，而是采取某种听之任之的绥靖政策，尽管双方的最终翻脸很可能只是时间问题。

再就是鲜卑人。在曹操早年攻灭乌桓之后,鲜卑人就成了曹魏在北方的主要威胁。在诸葛亮北伐的时代,鲜卑人在首领轲比能的率领下,频频入寇曹魏边境,期间虽有以三万大军包围魏军这样规模不小的战役,还曾试图在231年诸葛亮第四次北伐时出兵呼应,但终究成不了大气候,不仅未起到牵制曹魏军队主力的作用,离"天下有变"的定义更相差甚远,在多数时候只能算是"边境冲突"。

那么,"天下有变"的唯一可能性就是东吴出兵了,从某种意义上而言,东吴正是替代了《隆中对》中"则命一上将将荆州之军以向宛、洛"的角色,蜀汉的两路大军被替换为吴蜀各出一路大军。在正式放弃争夺荆州之后,蜀汉与东吴的军事同盟再无实质性障碍,双方的确也进入了东西呼应的密切互动期,双方在历次盟约中还特别提到了"勠力一心,同讨魏贼""各守分土,无相侵犯"。诸葛亮的北伐至少有两次和东吴的军事行动形成了呼应,让魏国军队陷入了"两线作战"。比如228年冬,诸葛亮之所以在这年初首次北伐的街亭之败后,未经大的休整就迅速启动第二次北伐,主要就是为了响应东吴在安徽桐城一带击败曹休的"石亭大捷";再如诸葛亮在234年启动规模浩大的最后一次北伐时,东吴也应约出兵,孙权亲自带兵十万进攻合肥新城,是为"第四次合肥之战"。

但是,吴蜀在东西两线的联动仍然没有让曹魏陷入顾此失彼的困境之中。其中自然有配合的原因,要么是因为配合时间点不那么准确，诸葛亮最后一次北伐出兵的三个月后，孙权军才履约进军，其中自然不无主观因素，但这在信息传播缓慢的古代战争中似乎也无法避免；要么是出于保存实力的考虑，总是缺乏那么点默契和绝对信任，诸葛亮五次北伐，孙权只响应了最后一次，并且听闻曹叡亲征后，就匆忙带兵撤回江东了。

但我认为，这其中最关键的原因还是，东吴和蜀汉两家实力相加，与曹魏比不说仍然有差距，最多也就在伯仲之间。既然联合起来硬实力也无法碾压曹魏，双方配合又不那么默契，战果也就可想而知了。

可以说，诸葛亮在北伐中已在尽量利用"天下有变"，诸葛亮没有狂热到认为蜀汉可以单挑曹魏，只是，这个"天下有变"的"烈度"还远远不够，还没有大到可以撼动曹魏的军事优势。

而站在曹魏的角度上，"天下有变"可能也有自己的解读。如之前所说，时间是站在曹魏和司马氏这一边的，一旦休养生息完毕，经济和军事潜力可以得到最大限度地发挥之时，就是三国归晋的大结局。

说到底，诸葛亮事实上是"等不起"的，"天下有变"具有极大的偶然性，但"曹魏的逐步强大"却有着极大的确定性。史念海先生在《论诸葛亮的攻守策略》一文中指出，"直至诸葛亮谢世以前，他所预料的'变'并没有实现"，"他后来的累次出兵，实在不是乘'天下之变'，而是以攻为守，聊尽他的本心。这是诸葛亮的悲哀处"。

诸葛亮去世后四年（238年），公孙渊和曹魏撕破脸，曹魏派大军征伐辽东。如果诸葛亮还健在，如果东吴、蜀汉和公孙渊三家结盟，如果三家配合默契，有可能是一次"天下有变"的良机。

最具爆炸性的"天下有变"发生在诸葛亮去世十五年后（249年），司马懿和曹魏皇室翻脸，爆发了高平陵之变，司马懿除掉了大将军曹爽，篡魏由此进入了历史的日程表，曹魏大将夏侯霸为了预防司马懿下手索性归降了蜀汉。之后几年（251年、255年、257年），忠于曹魏皇室的势力接连在淮南大举起兵反抗司马氏，天下震动，是为著名的"淮南三叛"，东吴还曾发兵救援诸葛诞的"第三叛"，这正是我们一开始所说的"曹魏发生大规模内乱"。

这样的机会如果放在诸葛亮面前，如果曹魏淮南军、孙吴军、蜀汉军队同时发难……这一天诸葛亮竟没有等到。

顾祖禹在《读史方舆纪要》一书中说："孔明有汉高之略，而无汉高之时。"岂非天哉，岂非天哉。

为什么是陇西？

在益州这一路，《隆中对》规划的进攻路线是"出于秦川"，也就是从汉中直插关中。但诸葛亮北伐最出名的一个代称是"六出祁山"，也就是兵出陇西，这和《隆中对》显然是矛盾的。

从军事地理上来看,汉中和关中被秦岭隔开,秦岭东西长800—1000里,南北宽达200—300里,平均海拔在2000米以上。汉中和关中之间的军事通道总共有五条,从西到东分别是:祁山道、陈仓道、褒斜道、傥骆道、子午道。其中,祁山道通陇西,路程最远,相当于往西绕了一个弯,再北上抵达陇西,如果要去关中,还得再走陇关道一路向东,但祁山道也是五条道中路最好走的,行军运输便利;而其他四条道直接通往关中,特别是褒斜道、傥骆道和子午道这三条,基本相当于一条向北穿越秦岭的直线,路程短,目标更为明确,但这四条道都有部分栈道,崎岖难行,不利于大军的行军与补给。

诸葛亮北伐,如果采用五次作为统计口径的话,第一次是在建兴六年(228年)春,诸葛亮走祁山道出兵陇西,在从陇西进军关中途中因马谡街亭兵败,被迫退兵,算是一次大败。第二次是在该年冬天,诸葛亮为呼应东吴石亭大捷上《后出师表》,走陈仓道进攻关中,奈何陈仓守将郝昭以千余守军死守不退,蜀汉围攻二十多天后粮尽退兵,但退兵时干掉了追击的魏将王双。第三次是在建兴七年(229年)春,诸葛亮遣陈式攻武都和阴平二郡,曹魏大将郭淮引兵来就,诸葛亮自率大军出建威(今甘肃和县西)牵制郭淮军,让陈式从容攻取二郡,这成为诸葛亮历次北伐中最有实质收获的一次。第四次是在建兴九年(231年)春,诸葛亮又领兵走祁山道出兵陇西，包围祁山城，因李严谎称无粮而退兵，曹魏大将张郃追击时中伏而死。第五次是在建兴十二年（234年）春，诸葛亮走褒斜道出斜谷，进入关中平原，在渭河以南的五丈原屯田与司马懿相持了一百余天，以诸葛亮病逝而退兵。

如果以"六次北伐"作为口径的话，就还要算上建兴八年（230年），曹魏三路攻蜀，蜀汉在陇西的防守反击。

饶胜文在《大汉帝国在巴蜀》一书中采用的是"六次北伐"的口径，认为六次出兵中大举为三次，分别是第一次和最后两次，"其余几次，或为临时发起，或为偏师出击"；三次大举中，"前两次大举均出陇西，最后一次虽出关中，但意图仍在陇西。两次偏师出击，亦在陇西"，"占领陇西为诸葛亮一以贯之的阶段性目标"。

诸葛亮的北伐方略显然相比《隆中对》中的"出于秦川"发生了不小的变化。当然，《三国演义》中的"六出祁山"又走向了另外一个极端，诸葛亮北伐实际上是游走于祁山（陇西）和关中两条进军路线之间，但出祁山的比重更大一点。

那么，诸葛亮为何要改变"出于秦川"的既有方略，将北伐重心转向陇西呢？毕竟，走陇西的祁山道在地图上看无疑是舍近求远，并且，即使拿下陇西，离诸葛亮在《出师表》中"兴复汉室，还于旧都"的目标也是另外一种意义上的"舍近求远"。史念海也曾指出："（祁山道）这条道路和直越秦岭以向秦川一途比较起来,自然是太迂回了,因为要复兴汉室,必须经略中原,而经略中原,理应出秦川而东行,如今却反出汉中而西上,似乎是背道而驰了。"

我试着探讨几点原因。第一,去往陇西的祁山道虽然长,但因为路好走,因此所需要的行军时间甚至要远少于崎岖的"关中四道",曹操曾感叹说:"南郑直为天狱,中斜古道为五百里石穴耳!"比如诸葛亮最后一次北伐走褒斜道进入关中大约用了两个月,而第一次北伐走祁山道才花了一个月左右,路途耗时少对于经常面临"粮尽退兵"威胁的蜀汉军而言,几乎是无法拒绝的诱惑,尽管祁山道对后勤的"友好度"也仅仅是相对而言。第一次北伐时,诸葛亮曾用"安从坦道,可以平取陇右,十全必克而无虞"为由否决了魏延的"子午谷奇谋",更有趣的是,《英雄的棋局:三国军事地理大势》一书说,"魏延认为走子午道从汉中到关中用不了十天,但后来曹真(走子午道)由关中进入汉中一个月才走了一半"。

第二,诸葛亮第一次北伐为何就选择陇西作为突破口,其中一个很大的原因就是,陇西羌汉杂居,曹魏的统治基础相对薄弱,陇西驻军兵力严重不足,蜀汉可以占据局部的兵力优势。蜀汉在夷陵大战中元气大伤,曹魏不再视其为强敌,自曹丕屡兴征吴大役以来,曹魏的军事重心始终是在东吴方向,据宋杰在《三国兵争要地与攻守战略研究》中的估计,曹魏在雍、凉两州的总兵力不过数万,汉中则集结了蜀军的主力，人数前后略有变化，大体维持在十万左右。而在雍、凉两州中，曹魏的兵力重心也在关中，如宋杰所说，"由于诸葛亮的府营与诸军屯驻汉中，曹魏估计其主攻方向是相邻的关中，所以雍凉都督夏侯楙所率的雍凉军主力就在当地戍守，防备蜀军越过秦岭北侵"。而诸葛亮在首次北伐失利后的总结中也坦承，"大军在祁山、箕谷，皆多于贼"。

正是因为曹魏在陇西兵力的薄弱以及对蜀军主攻方向判断失误，诸葛亮第一次北伐兵出祁山后，达成了相当大的突然性和轰动性，"南安、天水、安定三郡叛魏应亮，关中响震"。如果不是马谡的街亭之败，诸葛亮在首次北伐中就有望在陇西稳住阵脚，以图日后大举。

第三，诸葛亮想先行拿下陇右乃至凉州以增强蜀汉综合实力，再进军关中。如梁满仓所说："诸葛亮北伐的直接战略意图是占据陇右，再图关中，为将来北定中原打好基础。面对曹魏从长安、陇右两个军事据点对付从汉中北上蜀汉军队的形势，蜀汉只有先夺取陇右，切断魏军右臂，巩固汉中至陇右一线，再东进向长安推进方无后顾之忧。"宋时以采石矶大捷而一举成名的虞允文论西北形势时也有言："关中天下之上游，陇右关中之上游，故欲控有关中，宜先控制陇右。"

除了军事地理上的意义之外，陇西和凉州还是一个军事资源相当丰裕的地方。史念海先生在《论诸葛亮的攻守策略》一文中论述称，"若是不取得凉州，则无由获致兵源与马匹，也无由解决军粮的问题。在这些条件未达到以前，就东向而争中原，那无异自取败亡"。先说兵源，自汉武帝时代如李广这样的"六郡良家子"横空出世之后，凉州就是盛产名将悍卒的尚武之地，《汉书·地理志》说，"安定、北地、上郡、西河，皆迫近戎狄，修习战备，高上气力，以射猎为先"，董卓、马腾马超父子和姜维都是三国时代凉州的武人翘楚。如果诸葛亮拿下陇右，就可以控制凉州兵这支天下强兵，别忘了，汉末董卓就是依靠凉州兵横行天下，令关东诸侯联军却步。再说马匹，《史记·货殖列传》中本就有陇右凉州一带"畜牧为天下饶"的说法，以步兵为主的蜀汉军队未来要与曹魏骑兵在关中平原决战，如果得到凉州马和凉州铁骑的助力，将对蜀汉打造一支能与曹军"虎豹骑"对抗的骑兵军团意义甚大，更何况，马匹对于蜀汉孱弱的后勤能力也有着极强的补充作用。还有粮食，西汉以来陇右已成为汉帝国的重要粮仓，如果诸葛亮能拿下陇右并在此进行屯田，蜀汉军队就可以就地取食，得以减少对从汉中甚至益州千里迢迢运来军粮的依赖，大大减轻后勤的压力。

事实上，诸葛亮生前大力提拔姜维，就有借助姜维陇右人士的本地背景，从而攻略陇右之深意。

台湾三军大学编著的《中国历代战争史·三国》总结得最为精当："故诸葛亮北伐之准备战中，屡次出兵祁山者，为争取地形上之优势，为后勤运输上之便利，为利用丰富之资源，为疲惫敌人之兵力，凡此皆兼而有之。"

日落五丈原

以上说了攻略陇西的三点好处，但为何诸葛亮也并没有放弃攻略关中，第二次北伐就选择走陈仓道直击关中，特别是在最后一次北伐中，诸葛亮率大军走褒斜道出斜谷，大有要和曹魏雍凉主力在关中平原决战之势？

我试着说四点原因。第一，攻略陇西的阻碍增加。曹魏逐渐觉察到了诸葛亮北伐的主攻方向是陇西，随即向关中和陇西大举增兵，特别是加强了陇西的守备力量，诸葛亮攻敌之弱及战役突然性的战略考量都不再有效；在将领上，诸葛亮第一次北伐后，魏明帝曹叡就果断撤换了战时表现糟糕、被魏延讽刺为"怯而无谋"的关中都督夏侯楙，派曹真和张郃主持雍凉战事，曹真病故后，明帝又起用司马懿来继任雍凉都督，《三国兵争要地与攻守战略研究》一书写道，"曹真、张郃善攻，司马懿擅守，屡次使诸葛亮的北伐无功而返"。

第二，直击关中和占据陇右这两条方略也并非如看起来那么不相容。诸葛亮第五次北伐时，魏将郭淮判断，诸葛亮屯兵五丈原，并非如司马懿所预计的预备进军长安，而是意在陇西，"若亮跨渭登原，连兵北山，隔绝陇道，摇荡民夷，此非国之利也"，因而建议抢在蜀军之前占据渭河北岸，以免诸葛亮控扼住夹峙渭河两岸的南北原，将曹魏大军阻挡在陇山以东，《魏书·郭淮传》载，"宣王善之，淮遂屯北原"。当然，这也只是郭淮的一家之言，诸葛亮屯兵五丈原，战略意图很可能也是多元的,留给己方见机行事的战略弹性。

第三,在第五次北伐时,蜀汉军队的缺粮问题得到了比较大的缓解。此时,诸葛亮已发明了"木牛流马",尽管这远没有《三国演义》中那么神奇,但木牛是一种适合栈道的独轮车一类的运输工具,而"流马"可能是一种可临时拆卸的运输舟。简而言之,就是木牛为车,流马为舟,这两者对诸葛亮北伐的后勤粮草供给应该是有比较明显的改善,使得蜀汉军队有底气从"关中四道"直趋关中。但可能对于粮草供应意义更大的是,诸葛亮在历次北伐中逐步就"屯田"形成了一套成熟的想法,正是在屯田的助力下,蜀汉十万大军才得以在五丈原与魏军对峙半年之久,而竟未发生缺粮现象。

第四,在街亭惨败之后,蜀汉军队痛定思痛,进行了整顿,战斗力得到了不小的提升。街亭惨败固然有马谡抛弃水源上山,临阵指挥水平低下的原因,但在兵力占优势的情况下,却因马谡之败引发了全军崩溃,"众尽星散""兵将不复相录",与出师之初"戎陈整齐,赏罚肃而号令明"形成了鲜明对比,从而暴露了蜀汉军队打不了硬仗,只能打顺风仗的孱弱本质。另有一个很容易被忽视的细节是,诸葛亮还让赵云、邓芝率疑兵走褒斜道,而这一路也被曹真击败,考虑到赵云是比马谡更优秀的将领,被击败更可见蜀汉军队野战能力的缺乏。

诸葛亮战后立即着手重整军队,"厉兵讲武","戎士简练",提拔在街亭之战中以坚韧见长的王平,在短时间内提升了蜀汉军队的精神面貌和坚韧度。如《大汉帝国在巴蜀》一书所说:"日后蜀军作战,再未出现崩溃的情形。虽然屡以粮尽退兵,但都能作有序的撤退,还以伏击挫败追兵。从陈仓撤军时,射杀魏将王双;从上邽撤军时,射杀魏将张郃;即使是在诸葛亮病逝于前线时,蜀军也未因危疑而慌乱。"

事实上,诸葛亮首次北伐时未听魏延的"子午谷奇谋",不肯直接攻击关中,其重要原因之一就是自知蜀军的战斗力不如对手,缺乏足够的信心和曹魏在关中平原进行更有利于对方骑兵的大规模野战,更何况魏延的进军计划只包含五千战兵(另有五千辎重兵),即使顺利穿越子午谷,靠这点人想攻下长安可能性极低,毕竟,魏将郝昭以千余守军就守住了陈仓城,数万蜀汉大军围攻二十多天无果,那魏延以寥寥五千人,怎么就可以攻破比陈仓更坚固的长安城呢?

而在陇西方向用兵不仅可以避开曹军的重兵集团,以多击少,还能够利用陇山和陇中黄土高原的复杂地形来削弱曹军骑兵的机动性优势,同时最大化作为自身优势兵种的山地步兵之战斗力。毕竟,诸葛亮麾下有一支由南中蛮夷组成的"无当飞军",不仅是蜀汉军队最精锐的部队之一,而且是三国时代顶级的山地步兵军团。

而经过整军备战,到了街亭之败大半年后的二次北伐,不擅野战的蜀汉军队就已奇迹般地实现了"重生",可见诸葛亮的军事组织能力之强，陈寿在《三国志》中称赞诸葛亮练兵的"治戎为长"也所言非虚。如《三国兵争要地与攻守战略研究》一书所说，"自陈仓之役伏斩王双以来，蜀军未曾在野战当中输给过对手，使司马懿'畏蜀如虎'，所以此时敢于在关中平原上与敌人展开决战"，"从作战情况来看，司马懿忌惮孔明之用兵，因而不敢与其会战，仍然采用固守待其粮乏撤军的策略"。

所谓司马懿的"畏蜀如虎"，除了曹叡和他"只守不攻"的共同战略考量以外，也缘于在231年的第四次北伐中，司马懿迫于诸将的压力，违心发动了进攻，诸葛亮令魏延等人率军大破司马懿，"获甲首三千级、玄铠五千领、角弩三千一百张"，而这也是司马懿这一生第一次，也是最后一次在战场上与诸葛亮正面交锋。但不得不说，司马懿的这一"保守"是当时的最佳策略。

在那个时代，诸葛亮已经无疑是野战之王了。

蜀汉军队野战战斗力的提升，除了整军训练之外，可能也与诸葛亮主导的军备技术革新有关。比如，诸葛亮发明了"诸葛连弩"，"又损益连弩，谓之元戎，以铁为矢，矢长八寸，一弩十矢俱发"，虽主要用于守城，但在野战中对曹魏军队骑兵优势可能有一些克制作用，在追击蜀汉军队时被射杀的大将张郃，就有可能死于"诸葛连弩"。再如"神刀"，诸葛亮让蜀汉著名工匠蒲元在斜谷打造了三千口刀，"称绝当世，因曰神刀"，据说秘诀是因为蒲元掌握了刃部淬火技术，这三千口刀极有可能是两汉时代杀伤力最强的近身武器——环首刀。再如八阵图，诸葛亮自称"八阵既成，自今行师庶不覆败"，我们固然不可神秘化中国古代的各类阵法，但步兵密集结阵对骑兵的克制作用也是在实战中得到多次验证的，比如东晋刘裕北伐时以两千步兵的却月阵大败三万北魏骑兵。因此尽管我们没办法具体知道八阵图的情形，但在关中平原上面对曹魏骑兵，如果诸葛亮摆出一种叫"八阵图"的步兵结阵，也不是什么军事神秘主义了。

以上多次提到曹军的骑兵优势，不妨在这里稍稍多说几句。三国时代最有名的骑兵有三支：公孙瓒的"白马义从"、马腾马超父子的"西凉铁骑"、曹操的"虎豹骑"。曹操极其重视虎豹骑，历任统领都出自曹氏亲族，如曹纯、曹休和曹真，选兵则是百里挑一，《三国志·魏书》说，"纯所督虎豹骑，皆天下骁锐，或从百人将补之"。

从史料上看，公孙瓒的骑兵是支由"善射之士"组成的轻骑兵，而虎豹骑可能是一支轻重骑兵兼有，骑射与冲击战术结合的混编骑兵。尽管此时还处于马镫出世的前夜，但三国时代却出现了中国古代文献中第一次对"马铠"的记载。官渡之战时，曹操的《军策令》曾记载，"袁本初马铠三百具，吾不能有十具"，标志着中国骑兵开始有了"甲骑具装"的重骑兵。但作为一个成体系化的兵种而言，重骑兵时代的开启还要等到南北朝时代。虎豹骑参加过曹军很多次关键战役，在南皮之战中斩杀袁谭；随曹操北征乌桓时，击败乌桓骑兵，生俘单于；在长坂坡之战中长途奔袭刘备，"获其二女辎重，收其散卒"；在渭南之战中击败了马超的西凉铁骑，成为当时无可争议的天下第一骑兵。虎豹骑中很可能还有北方游牧民族骑兵的参与，平定乌桓后，曹操将万余户乌桓人迁入中原，征调骑兵参与征伐，"由是三郡乌丸为天下名骑"。

可以说，曹魏不仅控制了当时中国几乎所有的产马地，而且得到了天下第一骑兵虎豹骑的加持，与东吴和蜀汉相比，其骑兵优势几乎是压倒性的，唯一可惜的就是离马镫时代的到来（西晋至南北朝之间），只差几十年了。

诸葛亮与司马懿

陈寿在《三国志》中对诸葛亮的军事指挥能力颇不以为然，称其"治戎为长，奇谋为短"，"然连年动众，未能成功，盖应变将略，非其所长欤"。但正如以上的探讨，诸葛亮在蜀汉的领土、人口、经济、军队人数、后勤能力、战马与骑兵等几乎所有方面的硬实力都远不如曹魏的情况下，在历次北伐中却基本掌握了战争的主动权，曹魏在大多数时候处于被动防守的地位。更值得称道的是，除了初次北伐街亭之战的溃败之外，诸葛亮基本上打赢了所有的野战对决。

这样看的话，诸葛亮的军事能力虽然不如《三国演义》中那样出神入化，但在曹操去世后，也堪称其时代最优秀的军事家了。当然，如果和诸葛亮卓越的政治能力比，他的军事能力的确稍逊一筹，但这也只是超一流和一流的差距罢了。

特别是，司马懿作为曹魏当时最知兵的帅才，且很可能是国中唯一有与诸葛亮对阵能力之人，在实战中通常都是只守不攻，"畏蜀如虎"，如东吴名臣张俨所说，"仲达据天下十倍之地，仗兼并之众，据牢城，拥精锐，无禽敌之意，务自保全而已"。

司马懿的被动防守固然有曹魏整体战略的考虑，但也显示了他与诸葛亮临阵指挥能力的差距，当然，重视敌人、有自知之明也是一位伟大将帅的基本素质之一。毕竟，如果有一战而胜的机会，古往今来没有一位将领会放过吧，而且司马懿也是在一次野战惨败之后，才更加坚定遵循坚守不出战术的。

但从实践上看，司马懿的"坚壁拒守，以逸待劳"的确是当时应对诸葛亮北伐的最佳方略了。

如果说诸葛亮第一次北伐时，蜀汉兵力还占优势的话，曹魏此后已积极往雍凉前线增兵，《晋书》记载称，"每诸葛亮入寇关中，边兵不能制敌，中军奔赴，辄不及事机，宜预选步骑二万，以为二部，为讨贼之备"。

在双方兵力大致相当的情况下，再加上守方给养上占优，又采取持重避战的策略，作为攻方的诸葛亮处境的确异常尴尬，如王船山在《读通鉴论》中所言，司马懿"即见兵据要害，敌即盛而险不可踰，据秦川沃野之粟，坐食而制之"。

这里可以稍微说开出去，司马懿的用兵之道与后世的曾国藩和蒙哥马利有一个鲜明的共同点：在总体实力占优的情况下，不轻用险着，不轻用奇谋，如曾国藩所说的"结硬寨，打呆仗"，堂堂正正之师稳扎稳打即可，以本伤人即可，方不会被李秀成、陈玉成、隆美尔的各种奇谋、各种佯动、各种欺骗战术所惑。不想占便宜，就不会被敌人轻易占到自己的便宜。像苻坚那种在淝水前线占绝对优势的情况下，还抱着"半渡而击"的占便宜想法，放任东晋军从容过河，反而中了晋军奇谋，才导致了兵败如山倒。

只有"结硬寨，打呆仗"，不暴露任何破绽，力求速战的诸葛亮才没有任何可乘之机，才不会发生"以弱胜强"的大翻盘。

因此，我们可以看到，即使诸葛亮在战场上始终占优，一路压着司马懿打，但始终未取得曹魏在街亭之战中的那种大胜。事实上，只要司马懿耐得住，坚持打防守战、消耗战，诸葛亮粮尽之后自会退去。从这个角度而言，司马懿的军事思想核心就是"不败即为胜"。

对司马懿而言，不用奇谋就是最好的奇谋；但对诸葛亮来说，要破局，就必须用奇谋。因为，实力和时间都站在司马懿那一边，一板一眼地打持久战和消耗战是司马懿最乐见的。

但奇谋就意味着高风险,对于蜀汉这样的弱国而言,一次奇谋的失败可能就意味着万劫不复,诸葛亮拒绝魏延的"子午谷奇谋",就有这方面的考虑,强国输得起,弱国输不起。而当曹魏因为拥有骑兵军团而占据着机动性优势时,蜀汉祭出奇谋面临的风险更是成倍增加,试想,魏延如果孤军深入关中平原,曹魏即使一开始猝不及防,但很快就可以利用虎豹骑的机动性优势对魏延来一次歼灭战。

但如果一定要给诸葛亮找点茬的话,如《中国历代战争史·三国》所说,诸葛亮拒绝魏延"子午谷奇谋"自有其合理考虑,但始终不重用作战经验丰富的魏延,而喜欢用自己身边的亲信如马谡、杨仪等人,显示了诸葛亮对"负才不驯者"有着特别的恶感,汉高祖能用韩信、彭越和英布这样的"负才不驯者",卒以成功,"而诸葛亮之抑魏延,殊堪浩叹"。

在战略上,诸葛亮面临着"不北伐等死,北伐找死"的两难;在战术上,诸葛亮也同样有着相似的困局:"不用奇谋等死,用奇谋找死"。

这可能就是一个小国和弱国的终极悲哀吧。还是田余庆先生那句话读了令人痛彻心扉:"历史只给了诸葛亮一个小国寡民的政治舞台。"

延伸阅读:

《三国兵争要地与攻守战略研究》,宋杰著,中华书局,

2019年1月版。

《河山集》,史念海著,三联书店,1963年9月版。

《秦汉魏晋史探微》,田余庆著,中华书局,2011年6月版。

《中国历代战争史·三国》,台湾三军大学编著,中信出版社,2013年1月版。

《大汉帝国在巴蜀:蜀汉天命的振扬与沉坠》,饶胜文著,中国文史出版社,2016年12月版。

《英雄的棋局:三国军事地理大势》,赵春阳著,台海出版社,2017年9月版。

《三国史》,何兹全著,北京师范大学出版社,1994年10月版。

淝水之战：百万大军的诅咒

东晋太元八年（383年）十一月，东晋在淝水之战中完败前秦，按照流行的说法是，谢石、谢玄仅以八万北府兵击垮国力正值巅峰的苻坚87万大军，创造了中国战争史上的奇迹。

但除了以少胜多之外，淝水之战其实是一场相当乏味的战役，严格来说都算不上一场像样的决战，双方甚至还没有开始你来我往的厮杀，前秦大军抱着半渡而击的想法刚刚主动放晋军过河，就在晋军降将朱序一声"秦军败矣"中，"自相蹈藉而死者，蔽野塞川"，整场会战可能在几小时内即告结束。前秦的精锐骑兵，苻坚的百万大军，对战局几乎没有起到什么作用就一触即溃，唯一的贡献可能就是发明了成语"风声鹤唳"；而前秦帝国也在淝水战败后一蹶不振，一代天骄苻坚两年后也兵败身亡于帝国的土崩瓦解中。

淝水之战及战前究竟发生了什么？战前号称"投鞭于江，足断其流"的百万大军不经一战就溃不成军，这即使在素以"以少胜多"战例众多而著称的中国古代战争史中，也是相当吊诡的，如田余庆先生所说，淝水之战的胜利甚至给人"得之偶然、取之甚易之感"。

淝水之战前史

从狭义上而言,爆发于太元八年(383年)十一月的淝水之战是一场"未经决战的决战",但从广义上的苻坚攻晋乃至更广义的秦晋战争来看,双方为了淝水之战这场决战已鏖战数年。

太元元年(376年)八月,前秦攻灭前凉,最后完成了北方统一。在此之前一年,苻坚身边的第一功臣王猛去世。

而在淝水之战前夕,东晋已经存在了60余年,曾与司马家"共天下"的两大门阀:琅邪王氏和颍川庾氏,已淡出历史舞台。而随着373年桓温的病死,谯国桓氏也开始走下坡路,桓温之弟桓冲尚控制着长江中游的荆襄地区,与建康的东晋中央朝廷分庭抗礼,延续着这一时代著名的"荆扬之争";淝水之战时,陈郡谢氏正崛起为一个与司马氏"共天下"的新顶级世家,谢安也成为东晋的战时总指挥。

尽管王猛死前留下了"臣没之后,愿不以晋为图。鲜卑、羌虏,我之仇也,终为人患,宜渐除之,以便社稷"的"不攻晋"遗言,但志在一统的苻坚还是在378年开始发动了对东晋的战争。

在太元三至四年(378—379年)秦晋战争的第一阶段中,前秦并未起倾国之兵,战争性质也不是"灭国之战",某种意义上算是大决战的前奏。双方在这一阶段中总体上算是打成了平手,至多是前秦略占上风而已。前秦付出了重大代价之后，在荆襄一线攻占了襄阳，生俘了日后在淝水之战中以一人搅动全局的朱序；在淮南一线，秦军先是攻取了彭城、淮阴和盱眙，但在三阿（今江苏扬州西北）之围中大败，而后又一路丢掉了淮阴和盱眙，除了保住彭城之外，事实上输掉了淮南之战，更重要的是，此战是重建后的北府兵初露锋芒，以五万人大败十余万前秦军。

四年后，也就是383年，苻坚终于决定进行总动员，展开对东晋的最后决战，这一阶段的战争也可以看作"广义上"的淝水之战。

淝水之战前，秦晋两军事实上进行过一次真正意义上的对决——洛涧之战，而且时间甚至也与淝水之战同月（十一月）。这次晋军的主角仍然是北府兵，勇将刘牢之率五千精兵强渡洛涧，在野战中击败了秦军名将梁成率领的五万大军（也有一说是两万），这一战秦军阵亡和被俘的人数高达1.5万，基本属于被打残的状态。如果按照五万人的口径计算，北府军此战等于击败了十倍于己的敌人，兵力之悬殊甚至超过了淝水之战的一比四（具体数据稍后会说到）。

从淮南之战到洛涧之战，北府兵在兵力处于劣势的情况下，已连续两次在正面对决中大败秦军。然后，还有淝水之战的第三次。

在中国古代战史上，可能没有一支军队有着比北府兵更辉煌的以少胜多战绩了，事实上，从谢安重建到刘裕北伐，北府兵在重大战事中基本都是以劣势兵力接敌。

北府兵并非横空出世，甚至不是一支典型意义上的"正规军"。田余庆先生在《北府兵始末》（收于《秦汉魏晋史探微》）一文中说："谢氏北府兵并非新军，而是由若干流民帅分领的久在江淮间活动的老军，其历史渊源可追溯到永嘉、建兴之际。这些流民军名义上附晋，一般用晋名号，但却是自力图存，对江左政权的关系时松时紧，若即若离，具有相当的独立性质。"

因此，北府兵在组织上也与中国战争史上那些强军截然不同，无须经历各朝常见的征、募、训练新军之事。田余庆在《东晋门阀政治》一书中指出："北府兵的组成主要在募将，与后世常有的募兵者不同；应募的北府将可能自有兵众，只需授予军号或刺守名义，或者略做兵员补充，就能用于战争"，"北府兵各支既无特别训练，又无严密组织，但官长、士卒都有与北敌作战的经验。他们一旦纳入同一系统，有恰当的指挥，就成为拱卫建康、抵御北敌的重要武装"。在这些募将之中，最有代表性的就是大名鼎鼎的刘牢之，北府兵日后的灵魂人物。

值得玩味的是，北府兵的重建甚至不是单纯为了对付前秦。谢氏执政，最大的弱点就是缺乏一支可以直接控制的军事力量，对内与荆襄的桓氏军事集团实现战略均衡，对外应付北方的军事压力，谢安重建北府兵即为了补谢氏集团的这一弱点。《东晋门阀政治》总结称："此时重建的北府兵，主要是南北矛盾加剧的产物，同时也是桓、谢矛盾的产物。从以后的事态发展看来，北府兵既用于淝水之战，又用于解决桓玄问题。"

而正因为谢氏缺乏军事方面的资源与经验，凭空打造一支需要全流程的新军难度过高，重建由半武装流民组成的北府兵显然是一条捷径，无须募兵练兵，成军极快，即建即用。

在淝水之战前，除了北府兵之外，东晋手中另一支战斗力较强的军队就是桓冲在荆襄的军队，人数在十余万。这支军队由桓温一手打造，曾跟随他平定巴蜀，三次北伐，在北府兵重建之前，这支军队就是东晋王朝的"基本武力"。桓冲之军与北府兵关系微妙，正如田余庆先生在《北府兵始末》一文中所说："南北战争存在荆襄和江淮两个战场。战争初起阶段，主战场在荆襄；决战阶段，主战场在淮淝。两个战场，两个阶段，都可以看到桓谢关系中相互制约又相互支援的作用。"

在淝水之战前两个月，桓冲还主动提出"以精兵三千援建康"，但被谢安所拒，一方面可以说明谢安未被前秦的优势兵力所吓倒，对北府兵的实力其实相当有自信，一方面也可看出桓、谢在大战前夕仍有心结。

百万大军罗生门

关于淝水之战中前秦军队的人数，历来争议很大。出现最多的是笼统的"百万",但史书里的确也多次出现过87万的说法,比如《资治通鉴》就明确说:"坚发长安,戎卒六十余万,骑二十七万,旗鼓相望,前后千里。"但由于苻坚在此次大举出师伐晋前还让苻融和慕容垂等人率步骑兵25万作为前锋,因此这25万人是否在87万人之内存在不小的争议,比如有学者就持112万人的说法。

也有比87万人更少的说法。当然,这主要是个统计口径的问题,87万人是前秦军队动员的总兵力,淮淝一带虽然重要但也只是两大主战场之一,淝水之战参战的前秦军很大程度上只有前锋部队。身在秦营心在晋的朱序曾劝告晋军统帅谢石,趁前秦主力还未集结完毕从速开战,"若秦百万之众尽至,诚难与为敌。今诸军未集,宜速击之;若败其前锋,则彼已夺气,可遂破也"。可见淝水之战其实对晋军而言是一个相对最有利的战机。

那么,在寿春淝水前线(今安徽省寿县东南方),前秦军究竟有多少人呢?比较持平的依据是《晋书·朱序传》中的"苻融以三十万众先至",认为前秦的参战兵力大约在25万—30万人;但也有更激进的说法认为,前秦直接参加淝水之战的部队只有十余万人,按照这种说法,相对晋军的八万人,淝水之战"以少胜多"的基本定义都要被颠覆了。

如果我们以比较持平的说法作为统计基准的话,大约可以得出以下几组数字:前秦的"总兵力"在百万左右(苻坚曾自称有97万),但要有部分兵力在国内留守,淝水之战数月前（太元八年正月），还派吕光率军七万出征西域；前秦为进攻东晋的"总动员兵力"为87万，但淝水之战时各地兵力还在陆续到位中；前秦在"淝水前线的兵力"为25万—30万人。

而在东晋那边，根据舒朋在《淝水之战双方兵力问题综释》一文中的估算，晋军"总兵力"为20余万；"总动员兵力"为18万，其中淮淝一线、掌握在谢氏子弟手中的为八万北府兵，荆襄一线，掌握在桓冲手中的有十万人；而在"淝水前线的兵力"，就只有八万人。

可见，在淝水之战前，前秦各个统计口径的兵力对东晋都占据了很大的优势，只是远不如"87万对8万"如此悬殊、如此充满数据张力罢了。在淝水前线，前秦（25万—30万）对东晋（8万）的兵力优势大致在三至四倍。

从以少胜多而言，淝水之战并不具备什么特殊性，在中国古代战史中，如果仔细做一个统计的话，以少胜多的战例之多已经到了让人费解，几乎成为一条定律的地步。根据苏小华在《北镇势力与北朝政治文化》一书中的统计，从西晋到隋，323年间交战单方投入军队十万人以上的战役约有69次，"甚至可以说，动用人力越多的一方，取胜的可能性就越小"，"西晋在和前赵的所有交战记录中，前赵军队很少超过十万，但是几乎每次都是人数更多的西晋失败。北魏孝文帝攻击南朝，每次动用的军队都在十万，乃至二十万以上，但是北魏只有一次胜利的记录"。

并且，与西方式的以少胜多战例相比，如汉尼拔在坎尼会战中以四万多兵力近乎全歼了古罗马的八万多人，双方兵力差距不过一倍，中国式的以少胜多战例双方兵力通常都极其悬殊，比如在可能是最早以少胜多战例的牧野之战中，就是号称数万周军击败了70万商军。

那么，个中原因究竟是什么呢？我试着说五点。

第一，在中国历史上，很多"以少胜多"战役中的"多方"兵力数字都被严重夸大了。古代战史上的兵力数字本就不能与之较真，史书中的"十万""百万"这样的数字很大程度是"虚数"，比如《史记》中说秦楚两国都"带甲百万"，其他五国也各有数十万兵力，七国合计四五百万的兵力，就显然是"虚数"；昆阳之战中新莽大军号称42万，实则也就十余万人；土木堡之战中明军自称有50万，很可能不超过25万；萨尔浒之战中明军号称有47万，其实也就8万—10万……例子太多，无法历数。

但是，在具体战争中，这些有水分的数字就没有人来戳穿吗？在我看来，夸大"多方"兵力是一种双方的"共谋"。对于人数多的一方而言，战前夸大自己的人数优势可以起到振奋己方士气，恫吓对方的作用，比如：吴三桂在起兵反清时竟自称"总统三百六十万水陆官兵"，其实真实兵力也就不足20万人；曹操在赤壁之战前写信给孙权自称"今治水军八十万众，方与将军会猎于吴"，周瑜估计曹军真实兵力也就20余万人；前秦出兵时，国中就有大臣认为"若一举百万，必有征无战"，也就是觉得东晋会被所谓的百万大军吓得不战而降。

而对于人数少的一方而言，如果打赢了，可能也就顺水推舟地延续战败一方战前的吹嘘，甚至还有继续加码的可能性，对方人数吹得越多，不就更加显得自己"以少胜多"的伟大光荣和用兵如神吗？比如史书为了突出汉光武帝刘秀在昆阳之战中的神勇，就号称王莽大军有"百万"，"发迹于昆阳，以数千屠百万，非胆智之主，孰能堪之"。从这个意义上来说，参战双方算是一拍即合，共同"编造"了"百万大军"此类同时满足双方诉求的神话。

第二，还有统计口径的问题。在古代战争中，作战部队的动辄数十万上百万很可能是夸张甚至是大幅夸张了，但是，如果将后勤补给随军民夫的人数纳入"百万大军"中来，那么很多看似荒谬的兵力数据也就变得合理起来，在古代的战争条件下，对于缺乏机动性的汉人王朝军队来说，后勤运输的人数为一线作战部队的两倍左右是很正常的，而且越是远征，对后勤运输的要求越高，并且所能承载的人数还有极限。沈括在《梦溪笔谈》中就测算称："三人饷一卒，极矣，若兴师十万，辎重三之一，止得驻战之卒七万人，已用三十万人运粮，此外难复加矣。"为了七万人的作战部队，竟总动员了40万人。

比如，汉武帝征伐匈奴的漠北之战中，卫青和霍去病各带五万骑兵出击，但还调集了数十万步兵负责保护和运送粮草辎重（《汉书·卫青霍去病传》："上令大将军青、骠骑将军去病各五万骑，步兵转者踵军数十万"），漠北之战是十万大军参战还是几十万大军那就看你的统计口径了。隋炀帝征伐高句丽时，《隋书》就说运输人数是作战部队的两倍（"其馈运者倍之"），《资治通鉴》说征发民夫60余万，仅长期来往在路上的就有数十万人（"往还在道常数十万人，填咽于道，昼夜不绝"）。再比如，在金蒙野狐岭之战中，金军曾动用70万民夫修长城，金军所谓的45万大军中可能就有很大一批人是民夫。

第三，在古代战争中，兵多有时候仅有理论上的数据优势，在实战中数十万大军往往要兵分多路，到发生具体战役的那一路人数就要少多了。比如在采石之战中，虽然完颜亮号称发动了60万军队南侵，但兵分四路，完颜亮亲率的东路军事实上只有17万人，只要完颜亮这一路一败，其他三路就不战自溃；在淝水之战中更是如此，前秦在淝水前线的军队只有25万—30万，对比晋军的8万并无压倒性优势，和采石之战一样，同样是此路一败，满盘皆输。

除了兵分多路之外，大帝国的动员速率也影响了一线兵力的集结。还是以淝水之战为例，《晋书·苻坚载记》是这样说的："坚发长安，戎卒六十余万，骑二十余万，前后千里，旗鼓相望。坚至项城，凉州之兵始达咸阳，蜀汉之军顺流而下，幽冀之众至于彭城，东西万里，水陆齐进……"当相当一部分军队尚在最后集结或在奔赴一线战场时，淝水之战已然打响，因此朱序对谢石也有"今诸军未集，宜速击之"的速战劝告。另外，昆阳之战前，有新莽大将估计，动员三十万军队就至少需要一年时间；隋炀帝第三次征伐高句丽之战时，则更是出现了前方在作战，后方征发士卒在行军途中大量逃亡的状况，理论上的"复征天下兵"根本没有实际意义。

在古代的生产力条件下，一次性动员数十万大军并不如现在这么简单：交通条件的不一（远近、地形）决定了分布在各地的"百万大军"很难短时间集结在一起；而后勤运输条件又决定了军队一次性投入单一战场是极其"不经济的"，会对后勤体系施加灾难性的压力，兵分多路很多时候也是无奈之举，未必是因为主帅连集中兵力这个并不高深的军事常识都不知道。

很多时候，百万大军对后勤造成的毁灭性压力和引发的中央指挥系统紊乱，其负面效应要远高于单纯兵多带来的作战效能提高，从战斗力而言绝对属于得不偿失之举。

第四，举倾国之兵往往意味着后方空虚，并且极易引发民怨沸腾，从而被国内的"野心家"利用。在采石之战前，完颜雍（即后来的金世宗）事实上已经在辽阳拥兵称帝，前线金军知道后院起火后军心不稳，干脆发动兵变干掉了完颜亮；辽金的护步达冈之战更是典型，兵力占绝对优势的辽军之所以溃败，直接原因就是耶律章奴在上京发动内乱，天祚帝和辽军无心再战，后撤途中被金军抓住机会突袭而大败；

隋炀帝伐高句丽时，不仅遭遇了"十八家反王，六十四处烟尘"这样的民变起义，与隋炀帝同为关陇集团成员的野心家杨玄感也发动兵变，还自称"我身为上柱国……今不顾灭族者，但为天下解倒悬之急耳"，隋军在即将攻陷高句丽战略重地辽东城时，听闻杨玄感造反被迫紧急撤军回援，《资治通鉴》称，隋军撤军时"军资、器械、攻具，积如丘山"，"众心汹惧，无复部分，诸道分散"。

淝水之战的情况稍有不同，淝水战败其实与军队中的鲜卑慕容氏和羌人姚氏没有直接关系，慕容垂在战争中尚属兢兢业业，连保存实力都很难找到充足证据，更别说已经在实质推动举兵造反，且淝水之战时他和姚苌都不在淝水战场，如《东晋门阀政治》做出的结论，"不能说淝战之败是由他们（慕容垂、姚苌）促成"。

慕容垂和姚苌的叛秦，都是发生在前秦淝水战败后，如果战事顺利，他们或许还会像之前那样长期隐忍下去。

以前秦雄厚的国力军力而言，即使在淝水战败后也完全可以整军再战，击败东晋的反攻问题不大，更没有灭国之危。前秦的覆亡，完全是慕容垂和姚苌两人的叛秦所致。

第五，在中古时代，动员数十万大军对很多政权而言往往意味着"七拼八凑"，真正能左右战局的精锐部队其实要少得多，所谓百万大军更像是乌合之众。比如，赤壁之战时曹军的人数中计入了刚刚投降的荆州军；昆阳之战时，刘秀率三千敢死队打垮了一万多人的新莽中军精锐，其他十万新莽军队基本是在一旁看完了全场,然后跟着败军溃不成军;淝水之战前的前秦军则是一支民族成分过于复杂,未经充分整合的问题军队,作为前秦基本武力的氐族军队占比可能只有几分之一,而大部分新征发的军队都未经军事训练,田余庆先生在《东晋门阀政治》中认为,前秦的百万大军如果不是夸张的话,"也不过是一批被驱迫的新发之卒,散处道途,并没有形成战斗能力","前秦军既然不过是乌合之众,欲对之作周密部署自然是不可能的。这就是强大的前秦军须臾间顿成土崩之势的根本原因";南明时,左良玉"清君侧"时号称带了80万大军,一半以上是降军,"然良玉自朱仙镇之败,精锐略尽,其后归者多乌合,军容虽壮,法令不复相慑";明末农民军的构成则更水,一路跟来吃饭的饥民也被纳入军队中,打起仗来只有炮灰价值,因此即使在明末那种危局中,也常见几万官军击败几十万农民军的战例。

苏小华在《北镇势力与北朝政治文化》一书中甚至认为,随着骑兵进入马镫时代,"由于作战效能的提高,兵员的多少不再是决定战争胜负的关键因素,这样战争的规模相对来说是小了","西晋之后,统治者如果动辄调动十万以上的大军,那么有理由怀疑这位统治者并没有深刻领会他的时代的军事规律"。在此,"这位统治者"很可能也包括苻坚吧,他对马镫时代的战争规律缺乏与时俱进的认知。

马镫时代的淝水之战

淝水之战时,骑兵已进入了"马镫时代"。按照科技史界的某种共识,马镫产生于西晋时代,到十六国和南北朝时,马镫已普遍应用。1965年,中国考古工作者在辽宁省北票县发现的北燕宰相冯素弗墓(415年)中,出土了一对铜鎏金木芯马镫,是世界现存的时代最早的马镫实物。

装备了马镫的骑兵在马背上更加稳定,对轻骑兵和骑射战术而言,马镫能够帮助骑兵形成相对稳定的射击平台,提高射击的精度,大幅降低"且驰且射"的难度。

但马镫对骑兵冲击战术的意义更为重大,如《重骑兵千年战史》所说,马镫给了骑兵更大的平衡性,让骑兵更不易在冲击与近身肉搏中从马背上跌落,并能更为充分利用马匹冲锋所产生的巨大动能带动马槊(重型长骑矛)发动冲击,且更不易被冲击的反作用力困扰。

正是马镫,让骑兵冲击这个在项羽时代萌芽,汉武帝时代由卫青、霍去病定型开创的战术,迈入了臻于极致的巅峰时代。李硕在《南北战争三百年》中指出,正是在十六国时期,马镫发展为形制完备的双镫造型,为冲击战术提供了必要的技术保障,并成为这种战术完全成熟的象征。

在技术与战术的互相激发下,如《中国古兵二十讲》所说,"这一时期骑兵最突出的变化,就是骑手和战马都披护铠甲的重装骑兵——'甲骑具装'大量出现",除了弓箭之外,这些"甲骑具装"装备了当时最新型的重型长柄兵器——马槊,更利于骑兵的集团式直向冲锋,而逐步淘汰了更强调劈砍的戟,戟前部横向的戈刃会妨碍骑兵刺杀的破甲效果。

马镫与"甲骑具装"的结合迸发出了杀伤力更为惊人的效果,中国骑兵由此开始正式进入了重骑兵时代,尽管三国时已经出现了重骑兵的零星身影,但需要厘清的是,出现了马镫之后,中国才进入了重骑兵时代,尽管欧洲和中亚早已在没有马镫的情况下发展出了重骑兵。所谓重骑兵和轻骑兵,一个并不严密但比较清晰的界定是,轻骑兵的战马不披甲,而重骑兵的战马披甲,至于骑兵穿重甲还是轻甲倒是其次了。据杨泓先生在《古代兵器通论》一书中所说,为了适应重骑兵的发展,这个时代北朝骑兵主要装备"两当铠","前有胸甲,后有背甲,在两肩用革带扣联在一起,甲长仅及腰部,适于骑马作战"。与欧洲中世纪重骑兵那种连眼睛都完全防护的全身板甲相比,中国早期重骑兵显然要略"轻"一些。

《中国古兵二十讲》认为,马镫的发明,让身披重甲的骑兵,得以很好地控御同样身披马铠的战马,使得人马合一成为可能,"并能完成各种战术协同动作,充分发挥重装骑兵冲锋的威力"。

相对而言,轻骑兵的主打战术是远距离骑射,兼顾近战的冲击战术。而重骑兵尽管在实战中骑射和冲击战术兼备,但相对来说，冲击战术，或者界定得再清晰一点，对步兵集团的冲击战术，更能体现重骑兵人马带甲的防护优势。

不过，所谓重骑兵时代，绝不意味着骑兵中都是重骑兵，而是说重骑兵成为战场胜负手和攻坚主力，但骑兵军团的编组还是按照不同的比例轻重骑兵混编。甚至，重骑兵和轻骑兵在同一个骑手身上也可以自由切换，在一人双马的背景下，马铠在远征中既可以放在辎重队中，也可以让披马铠的那匹马独立行军，骑兵坐在不披马铠的备用马上，到了战斗中再换马。

李硕在《南北战争三百年》中给出过一个洞见："骑兵的冲击战术革新发生在农业社会面临草原威胁，寻求解决之道的过程中（汉匈战争）；而这种战术的完善和臻于极致，则发生在草原民族学习农耕社会、建立政权组织的过程中（两晋南北朝时期）。"

在淝水之战前五年，也就是公元378年，哥特重骑兵在阿德里安堡战役中大败罗马帝国重步兵，罗马不仅四万大军全军覆灭，就连帝国皇帝也当场阵亡，而哥特骑兵此时很可能已经装备了由东方传入的马镫，阿德里安堡战役成为欧洲战争进入马镫时代和重骑兵时代的双重开幕战。美国学者杜普伊（T.N.Dupuy）在《武器和战争的演变》一书中认为，"阿德里安堡一战的失败意味着军团步兵作为进攻性作战体制的时代已告结束，从此由弓箭骑兵和长矛骑兵组成的重骑兵取代了军团步兵，成为罗马军的主力。骑兵在欧洲战场上称雄了约1000年的时间",在后来的这十个世纪里,"机动性、突然性、翼侧突袭和长矛兵冲锋的猛烈性"这四项因素构成了骑兵战术的基础。

重骑兵在欧洲战场尚且威风八面,那么,在淝水之战中,我们为何没有看到太多前秦骑兵,尤其是前秦"甲骑具装"的身影呢?如上所说,作为新兴兵种的重骑兵最适合的阵仗就是和晋军这样以步兵为主的军队作战,淝水之战难道不应该是前秦骑兵军团力挽狂澜的封神之战吗?

在淝水之战的相关史料中,骑兵的出场并不算多,有三次节点尤其值得注意。

第一次,就是苻坚出兵时集结的所谓"戎卒六十余万,骑二十七万"。且不论这个数据在多大程度上是苻坚的吹嘘,但这很可能是有史以来,中原政权继汉武帝之后,第二次集结如此大规模的骑兵,事实上,在汉武帝时代规模最为浩大的漠北之战中,一次性出塞也只有十万骑兵。另外一个信息是,前秦军队也是一支以步兵为主,步骑混编的军队。

第二次,就是秦晋在淝水之战正式交战时,苻坚那个断送了前秦帝国的决策,"但引兵少却,使之半渡,我以铁骑蹙而杀之"。这句话的信息点有两个:第一是苻坚打算用骑兵作为主力,半渡而击突袭晋军;第二是"铁骑",你完全可以从字面理解为"甲骑具装",这其中自然有古人谈兵好用大词的因素,但这也部分说明了苻坚很倚重他的"铁骑",即重骑兵。

第三次，就是前秦军队在"秦军败矣"的传谣中即将全面崩溃时，皇弟苻融准备带领骑兵对晋军发动反冲锋，以阻止晋军的攻势，"融驰骑略陈，欲以帅退者，马倒，为晋兵所杀，秦兵遂溃"，前秦军事精英最后一次挽救淝水之战的努力就此告吹。

在这三次骑兵的出场中，第一次体现的是兵力规模，前秦军队中骑兵和步兵的规模大致在一比二左右，骑兵数量极其庞大，超过了东晋全国的总兵力；第二次体现的是骑兵的大致功能，即快速冲击（"蹙而杀之"），尤其强调了对"铁骑"的使用；第三次是实战亮相，但一出场就因为主帅被杀而反击失败。

那么，既然前秦骑兵在淝水之战以及此次攻晋之战中有大规模参战记录，为何存在感如此之低，对战局没有大的影响呢？有一个可能性要率先排除，即便淮南地区不如华北平原那样最适合骑兵发挥，但相对还是利于骑兵展示兵种优势的，因此地理因素至少不会成为短板。

我试着从三个角度进行探讨。

第一，北府兵有着与骑兵对阵必不可少的经验和纪律性。北府兵由北方半武装流民组成，与南方出生的士兵相比，对北方胡族的骑兵战术并不陌生，且有相对丰富的交手经验，不太可能发生当对方骑兵冲锋时士气瞬间崩溃的状况。事实上，即使到了"甲骑具装"的重骑兵时代，重骑兵开始有能力从正前方硬性撕开步兵阵型，但硬打的话毕竟战损比过高，重骑兵冲击战术最具杀伤力之处还是在对方阵型破散后的跟踪追击。这也正如《南北战争三百年》一书中写到的，"当集群骑兵高速冲向步兵军阵时，对站在前列的步兵造成的心理压力非常大，缺乏战斗经验、纪律松弛的步兵会四散逃命，造成军阵在瞬间溃败"，而北府兵显然轻易不会给前秦骑兵打此种追击战的机会。

那么，北府兵不缺与骑兵的对阵经验，但"流民武装"在组织力和纪律性上难道不是远逊于正规军吗？答案是否定的，甚至恰恰相反。从组织上看，北府兵具有某种"私兵"和"部曲"的性质，和刘牢之这些流民帅有着长期的共同利益纽带，实质上算是休戚与共的武装利益集团。而从中国古代兵制来看，"私兵""部曲"在大多数时候的战斗力要比"正规军"强得多，相对而言，后者才更像乌合之众。

对于正规军的崇拜更像是一个现代观念。事实上，除了开国之初等特例以外，历代所谓"正规军"甚至就是"收入低"和"混饭吃"的集合体，宋代更陷入了城市无赖参军，"兵不知将，将不知兵"的窘境。在缺乏国家观念的中古时代，"正规军"往往意味着"不知为何而战"，与上级将领和同袍缺乏情感利益纽带，在迎击骑兵冲锋这种高风险的战斗中，大概率的行为模式就是溃散保命。

而如北府兵这样的"私兵""部曲"，与东晋朝廷并无什么虚无的情感联系，打仗的纪律和士气依靠利益绑定的主帅（流民帅）来维系，前期捆绑刘牢之及背后的谢氏，后期捆绑刘裕，而此种"私人关系"的黏性和忠诚度远比"国家—个人"要强得多，后者的感召力在近现代才得到了迸发。

在古代战史上，各种"家军"几乎就是战斗力高和精锐部队的代名词。在明末明军和农民军的战争中，明军的核心战力往往都来自将领的"武装家丁"，在正规军一触即溃之后，"家丁"才是将领保命的最后依靠。当然，家丁的高工资来自将领私人掏腰包，而国家发薪的"正规军"不仅收入低，还是将领盘剥的对象。在晚清的历次战争，特别是平定太平天国的战争中，八旗和绿营这样的正规军早就成了吃闲饭的乌合之众，基于个人忠诚和乡党纽带的湘军、淮军才是清廷的擎天之柱。

克劳塞维茨在《战争论》中也提出过相似的看法："团结一致、充满兄弟情谊、经过千锤百炼、打上战斗烙印的老兵与那些自负虚荣、只靠军队细则和操练拼凑起来的正规军不可同日而语，这一点我们必须非常注意。"

这可能才是北府兵战斗力强的终极奥秘，也是前秦骑兵无法奈何北府兵的关键所在。当对面的铁骑带着死亡的气息高速冲击而来，你这边的军队能够不溃散、稳得住，在伤亡率达到10%以上时仍然以正常的士气和纪律作战，这样的军队就可以称得上强军，军队的将领就可以称得上名将。

第二，尽管苻坚开口闭口"铁骑"，但前秦骑兵并不以"甲骑具装"著称。前秦骑兵的确不乏骄人的战绩，如354

年桓温北伐前秦时,皇子苻生率领少数骑兵冲入桓温的步兵军阵中,前后斩将夺旗十余次,晋军为之胆裂,从此丧失了和前秦军大规模野战的勇气。但淝水之战后,东晋豫州刺史桓伊所部曾俘获了秦军丢弃的大量"人马器铠",多数都已经残损破坏,经过数年修补,却仅拼凑出马铠一百具,如《南北战争三百年》所说,桓伊所部只能收集到如此少的马铠,"说明秦军中具装骑兵所占的数量也不多"。

事实上,在东晋十六国时代,最以"甲骑具装"重骑兵闻名的是鲜卑人。如《中国古兵二十讲》所说,在记述当时战争史的文献中,常可查到鲜卑重装骑兵的踪影,后秦第二位皇帝姚兴曾在一次击败鲜卑骑兵后"收铠马六万匹",可见重装骑兵已是鲜卑人作战的主要兵种。我们熟悉的"甲骑具装"战例也大多和鲜卑人有关,这一趋势在北魏时代更是走向了巅峰,北魏孝文帝亲征南方时曾有"铁骑为群,前后相接"的盛大景象。

第三,针对北方政权的骑兵优势,特别是重骑兵的冲击战术,东晋政权在马匹、骑兵不足的情况下,也开始研发一些针对性的"以步制骑"战术。这在"未经决战"的淝水之战中尚不明显,但在淝水之战前后东晋的一些战例中,已较为突出。

重骑兵创建的直接目的就是对付轻骑兵难以穿透的步兵密集结阵,所谓"披坚执锐冲坚阵",而对于北方民族的重骑兵,东晋"以步制骑"最直接且最有效的应对就是:进一步强化军阵的强度,强化到让重骑兵不得不付出重大伤亡才有可能突破的地步,而这样的战场交换比对组建训练成本更低的步兵显然是更为划算的。

怎么强化?东晋的答案是"车阵"。这个车和春秋时代的"战车"并不同,战车是进攻型武器,需要马匹拉动,而"车阵"用的是步兵后勤运输用的"大车",是防御型武器,说白了,就是防御骑兵冲击用的。东晋"车阵"的集大成者是刘裕,他在北伐时曾用两千步兵组成的却月阵大败三万北魏重骑兵,这成为他军事生涯惊才绝艳的封神之战。而却月阵的精髓有三点:其一,阵型,两端临河,中间距河百步,总体呈弯月状的弧形,有效防止了北魏重骑兵从背后的迂回冲击,万一不支,还可以撤到接应的战船上;其二,大车,百辆大车连接呈弧形排列,每车配属二十七名士兵、强弩一张,并在车辕上树立大盾牌,防止北魏重骑兵冲入阵中;其三,车载强弩,在战斗后期,刘裕军甚至用上了截短的矟,用大锤锤击,一根断矟便能洞穿三四名北魏骑兵,由于弧形的迎击面小,所以北魏重骑越向前冲击,所受到的杀伤也就越惨烈,"一时奔溃,死者相积"。

事实上,尽管战车在战国中后期就丧失了战争主力军的地位,但广义上的战车始终没有完全淡出中国战争史,在某些历史时段还有相当夺目的表现。在刘裕的却月阵之前,还有卫青在漠北之战中为防御匈奴骑兵冲击而"令武刚车自环为营",以及李陵率领五千步兵被数万匈奴骑兵包围后的"以大车为营";如果说却月阵算是战车的一个小插曲的话,战车在明代中后期则又迎来一次新的高潮，戚继光为了防御蒙古骑兵的冲击力，用战车升级了抗倭战争中的鸳鸯阵；甚至努尔哈赤为了对付明军的火器，也创设了一种叫"楯车"的战车。

最后，想以两支军队的历史命运作为本文的结束。第一支是重骑兵。中国重骑兵的"巅峰"是隋炀帝时代，隋炀帝远征高句丽时据称带了96000名甲骑具装，且每一支单独建制的团队，骑兵所披的铠甲，以及马铠，颜色一致且质料相同，流光溢彩的铺张之中，是甲骑具装的鼎盛军容，是大隋帝国国力的极致展示。隋炀帝还曾赋诗称："白马金具装，横行辽水傍。问是谁家子？宿卫羽林郎。"但这支可能是人类历史上最庞大的重骑兵军团，却在隋炀帝手中沦为了帝国的超巨型仪仗队，在辽河边的轻于一掷中全军尽没，而如《古代兵器通论》所说，"军败名裂，重装骑兵——甲骑具装在中国军事史的黄金时代也随之结束"。再一次唤醒，就要等到五百年后女真人的"铁浮屠"了。

还有一支是北府兵。北府兵在淝水之战中击碎了苻坚的帝国迷梦，挽救了东晋的命运；一年半后，刘牢之率领的北府兵又试图挽救前秦的命运，北上救援被慕容垂包围在邺城的苻坚之子苻登，遭慕容垂伏击后大败，刘牢之单骑逃走，苻坚大帝则在数月后被俘身亡；三十年后，有北府兵背景的刘裕代晋立宋，成也北府，败也北府。

延伸阅读：

《东晋门阀政治》，田余庆著，北京大学出版社，2012年4月版。

《北镇势力与北朝政治文化》，苏小华著，中国社会科学出版社，2012年10月版。

《中国军事通史·两晋南北朝军事史》，军事科学院主编，军事科学出版社，1998年10月版。

《古代兵器通论》，杨泓著，紫禁城出版社，2005年12月版。

唐灭东突厥：师夷骑兵以制夷

唐贞观四年（630年）三月，东突厥颉利可汗在定襄与阴山连续战败之后，在逃亡途中被唐军俘虏，至此，在隋末唐初不可一世的东突厥汗国彻底灭亡。

一共只用了四个月，唐军就毕其功于一役，灭掉了东北亚第一军事强权东突厥，相比汉武帝与匈奴长达44年却未竟全功的生死缠斗，明成祖劳而无功的五次北征蒙古，唐灭东突厥一役可谓是震古烁今的军事奇迹。

那么，唐军是靠什么做到的？

重骑兵的衰落

按照军史界的共识，马镫产生于西晋时代，到十六国和南北朝时，马镫已普遍应用。在马镫的加持下，中国骑兵进入了"甲骑具装"的重骑兵时代，重骑兵成为战争中的核心兵种（并非指人数）。所谓重骑兵，就是在装备上骑手和战马都披护铠甲，在战术上相较骑射更偏重骑兵正面冲击，当然，在某些特殊的语境下，骑兵穿重甲而马不披甲，也可以勉强称作重骑兵。

重骑兵的优势是什么？如苏小华在《北镇势力与北朝政治文化》一书中所说，重骑兵相对于轻骑兵有两个优点，"一是防护好；二是自身重量远远大于轻骑兵和步兵，所以一旦冲锋起来，其突防能力显然是要优于轻骑和步兵"。

尽管军事技术与战术的发展存在着某种全球性和共振性，但在重骑兵这个问题上，中国却呈现出了"与世界不同步"的鲜明独特性。在欧洲，重骑兵崛起于378年的阿德里安堡战役，哥特重骑兵首次大败古罗马步兵；在蒙古两次西征（1219—1242年）中，重骑兵遭到了蒙古轻骑兵的羞辱；1346年，法国重骑兵惨败于英国长弓兵的克雷西战役之后，欧洲重骑兵开始走向衰落，在欧洲战场上称雄了约一千年之久。这还只是保守的口径，事实上，在古代欧洲及西亚，重骑兵的出现远早于马镫的发明，早在亚历山大大帝时代，"马其顿伙伴骑兵"已可以被定义为重骑兵。如此甚至会将欧洲重骑兵的兴盛期延长到一千七百年。前马镫时代的重骑兵，很可能只是骑兵穿重甲而马不穿马铠，但在战术中崇尚正面冲击这一点上和马镫时代完全一致。

而在中国，重骑兵是一个马镫被发明后才崛起的兵种，之前即使存在也不是战争的决定性力量。如果我们以晋室南迁（316年）作为重骑兵崛起的大致起点，将隋炀帝第一次征高句丽时（612年）近十万"白马金具装，横行辽水傍"的重骑兵覆灭作为由盛转衰点，中国重骑兵的兴盛期才不到300年。

那么,为何唐朝骑兵没有延续南北朝和隋朝的重骑兵导向呢?

首先,自然是重骑兵自身的兵种弱点,除了装备价格昂贵之外,重骑兵最大的问题就是机动性的缺失,而机动性几乎可以视作骑兵的灵魂。王援朝在《唐初甲骑具装衰落与轻骑兵兴起之原因》一文中说,"沉重的具装铠甲虽然带来了防护力的增强,却减弱了机动性。据考古发现,一件完整的铁具装,约重40至50公斤,特制的重铠可达100公斤","骑兵是进攻型的兵种,机动性是骑兵作战的基本特点,失去了快速机动能力,就等于改变了这一兵种的性质,就难以体现其优势"。

第二,在隋唐之际,长枪和弓弩的杀伤力提高,让重骑兵的防护性优势变得甚为可疑。正如《唐初甲骑具装衰落与轻骑兵兴起之原因》一文所说:"在军事史上,当杀伤兵器的威力显著超过防护装备时,有两种可能的反应,一种是设法加强防护装备,另一种则是取消防护装备,以减轻负重,提高机动性。"当面临此种威胁时,欧洲人选择了第一种,即继续加强防护装备的做法,用更重的板甲代替锁子甲,但效果也并不算特别好,因为在防护力提高的同时,行动相对迟缓会让重骑兵成为更容易被瞄准和冲刺的活靶子,这很可能抵消了防护力提升带来的效益提升;而唐朝军队则选择了第二种,"采取了部分取消防护装备,即取消战马具装的做法,改甲骑具装为人披铠甲,马不披具装的轻骑兵,以高速机动来规避并进而压倒对方的杀伤兵器"。将这一逻辑推向极致，就是18世纪以后甲骑具装在全球范围内的彻底消亡，因为既然无论骑士和战马穿不穿铠甲、穿啥铠甲，都挡不住一颗子弹的直射，那还不如直接都丢掉，至少提高了速度，降低了中弹的概率。

第三，一个时代的骑兵风格选择往哪个方向发展，与面对的敌人和作战地域高度相关。北朝重骑兵的大行于世，除了马镫的发明以外，一个同样重要的原因是，相对轻骑兵，北朝的重骑兵是对付南朝步兵的最佳兵种，作为一个军事常识，面对步兵结阵，更擅长骑射战术的轻骑兵严重缺乏攻坚破阵的能力和防护力。而到了唐朝初年，帝国最危险的敌人是以轻骑兵为主的突厥骑兵，更擅长正面冲击步兵军阵的重骑兵不仅失去了用武之地，并且还会在对阵来去如飞的突厥轻骑兵时将自身速度慢等机动性缺失放大，从战场上的"强点"沦为"软肋"。

在作战地域上更是如此，如果中原王朝需要出塞对草原帝国展开大规模骑兵反击战，机动性更强的轻骑兵显然更适合动辄数千里的长途奔袭和大纵深穿插。在马匹不足的情况下更是如此，因为如果你有从马的话，还得让从马专门背负铠甲等辎重，战斗时再让人和马穿上，但大概率是，中原王朝军队往往都很缺马，做不到一人双马，更别提蒙古骑兵的一人三至五马。

以突厥为师

李渊在617年起兵之时,东突厥是当之无愧的东北亚霸主,史谓"势凌中夏……控弦百万,戎狄之盛,近代未有"。和所有游牧帝国一样,东突厥赖以称雄天下的是它的骑兵,更准确地说,是轻骑兵。《隋书》中形容突厥骑兵"来如激矢,去如绝弦,若欲追蹑,良为难及",这是典型的轻骑兵特征。《唐初甲骑具装衰落与轻骑兵兴起之原因》一文也说,"从现有考古发现和文献记载来看,突厥骑兵是以轻骑兵为主的",甚至突厥的重骑兵也没"那么重","突厥军队中披有马衣的战马只是极少数,而且据国外学者推测,突厥的马衣并非金属具装,而是皮革所制"。

从唐朝骑兵建军的第一天开始,师法对象就是突厥轻骑兵。由于早在太原就接触过突厥,李渊很早就在有意识地研究突厥骑兵,认为"突厥所长,惟恃骑射。见利即前,知难便走,风驰电卷,不恒其阵。以弓矢为爪牙,以甲胄为常服……中国兵行,皆反于是。与之角战,罕能立功。今若同其所为,习其所好,彼知无利,自然不来"。唐军不仅以突厥的作战方式训练兵士,而且在生活方式上,也一如突厥,逐水草而居,驰骋射猎,使士兵脱胎换骨,从根本上改变中原骑兵的面貌。

在此前隋与突厥的战争中,隋军的甲骑具装甚至已很难单独对抗突厥轻骑兵机动灵活的进攻,需要与步兵战车配合作战，方能与之抗衡。

为了"同其所为，习其所好"，李渊专门建立了一支2000多人的突厥化骑兵，"简使能骑射者二千余人，饮食居止，一同突厥"。汪篯先生在《唐初之骑兵——唐室之扫荡北方群雄与精骑之运用》（收于《汪篯汉唐史论稿》）一文中指出，"高祖在马邑简选其军中约占半数之士卒加以特殊训练，使之突厥化，此足与战国时赵武灵王胡服骑射之事先后辉映"。所谓突厥化，核心之一就是"轻骑兵化"。

太原起兵前夕，李渊派刘文静出使突厥，购得突厥良马2000余匹。再加上西突厥贵族史大奈率麾下骑兵归附，进一步增添了唐军骑兵的实力和"含突量"。又据《古代兵器通论》一书，从昭陵六骏的雕像可以看出，唐初的马具和马饰都深受突厥的影响。

当然，起兵之后，李渊还不敢去考虑什么师夷长技以制夷，此时谈"制夷"只是自不量力，李渊将唐朝骑兵打造成一支突厥化的轻骑兵，主要就是因为突厥骑兵威震宇内，其轻骑兵战术是当时新的时代风潮，可以助力唐军扫平群雄、统一中原。事实上，在号称唐朝开国的第一次大战霍邑之战中，唐军就借助轻骑兵击败了隋军名将宋老生率领的"甲骑具装"，如《唐初之骑兵——唐室之扫荡北方群雄与精骑之运用》一文所说，"及建成、太宗等以精骑奋击，宋老生之众遂不支而退，而建成、太宗所领之骑速度甚高，威力极大，故能迂回或直突先达霍邑城下，以出宋老生之阵后"。

在唐军统一天下的过程中，李世民成为李渊轻骑兵革新的接力者。李锦绣在《方阵、精骑与陌刀——隋唐与突厥战术研究》一文中写道："李世民用兵，常出其不意，率领骑兵或突然出现在敌人阵后，或在侧面迂回奋击，或正面直接冲击。面对这种迅捷的奇兵，敌人措手不及，惊慌失措，自乱阵脚。"

在武德四年（621年）的虎牢关之战中，李世民编组了一支被后世称之为"玄甲骑"的精锐骑兵，"选精锐千余骑，皆皂衣玄甲，分为左右队，使秦叔宝、程知节、尉迟敬德、翟长孙分将之。每战，世民亲被玄甲帅之为前锋，乘机进击，所向无不摧破，敌人畏之"。李世民亲率玄甲骑在虎牢关打了两场酣畅淋漓的胜仗。第一次是对王世充，李世民以1000玄甲精兵大败王世充亲率的骑兵，歼灭了6000多人，俘获王世充的骑兵将领葛彦璋，王世充逃回洛阳城内。

第二次是对窦建德，夏王窦建德率十余万大军来救援王世充，李世民亲率2500骑兵（其中含1000玄甲骑）和1000步兵，共3500人去狙击窦建德。在双方的决战中，唐军骑兵率先对窦建德军发起突击，当双方战事陷入僵局时，李世民亲率1000玄甲骑兵，与秦叔宝、程咬金和史大奈等骁将一起对窦建德的军阵发动总攻，骑兵冲锋穿透了整个夏军军阵后随即展开唐军军旗（"出其陈后，张唐旗帜"），夏军看到后方出现唐军军旗后大溃，连窦建德都被唐军俘虏。

玄甲骑是支什么样的骑兵？重骑兵还是轻骑兵？在我看

来,玄甲骑是轻骑兵。《资治通鉴》中记录了很多隐藏的证据,无论从战前的"时正昼出兵,历北邙,抵河阳,趋巩而去","建德游兵遇之,以为斥候也",还是战中的"进退之间,唐兵已至","淮阳王道玄挺身陷陈,直出其后,复突陈而归,再入再出",还是战后的"追奔三十里,斩首三千余级",都可以看出这是一支极其强调机动性,可以反复胜任冲击敌阵、迂回攻击和长途追击的轻骑兵。在某种程度上,这支骑兵还可以被定义为"重装轻骑兵",也就是"人穿玄甲,马匹不披甲",这样可以在保持机动性的同时,兼顾冲击战术所需的防护力。在长途奔袭中,唐军轻骑兵还可以选择将重甲拆卸放在从马的辎重中。

《方阵、精骑与陌刀——隋唐与突厥战术研究》一文认为,"灵活机动地运用精锐骑兵,是李世民的战略战术,也是唐平定隋末割据势力,直至横扫塞北的基础。追根溯源……突厥的作战方法,直接影响了唐帝国的建立"。

但是,在"突厥化"的过程中,唐朝骑兵很可能还超越了突厥骑兵。苏小华先生在《北镇势力与北朝政治文化》一书中就曾质疑"突厥化"一说称,李世民率领的唐军骑兵很擅长正面冲击、中央突破,这在虎牢关之战中就体现得很明显,但突厥轻骑兵擅长的主要还是骑射和佯败反击等这些传统游牧骑兵的招牌战术,"翻检中国史籍,突厥人的战术也没有中央突破的战例","轻骑中央突破战术,并不是学自突厥,而是十六国北魏在长期的战争中总结出来的经验"。

苏小华的说法非常有价值，但仍然有扩展空间。如果长时段看历史的话，唐军骑兵的战术可能有三大思想资源：第一，突厥轻骑兵的骑射战术。相比战术风格高度一致的匈奴骑兵，突厥骑兵由于有了马镫，实现了一次大的升级，弓箭的射程和命中率都得到了提高。

第二，鲜卑骑兵的强攻能力。这也正是苏小华所想强调的，但一个小的逻辑缺失在于，鲜卑骑兵的核心竞争力其实在于它的重骑兵优势，因为是重骑兵才具备了正面强攻能力，事实上，鲜卑重骑兵就是中国"甲骑具装"风潮的引领者。所谓唐军骑兵的"鲜卑思想资源"，更准确地说有两方面：一是唐军骑兵虽以轻骑兵为主，但仍然编制有鲜卑式的重骑兵，以应付多元化的战争场景；二是唐军轻骑兵仍然可以部分借鉴鲜卑重骑兵的作战风格，这也正如苏小华所说，"（唐军）轻骑正面突击大败步卒，说明了轻骑可以达到重装骑兵那样的突击效果的"。更何况，从王朝谱系来看，李渊家族本就是鲜卑统治集团的一员，祖父李虎是西魏"八柱国"之一，本就不存在学习不学习鲜卑的概念，鲜卑就是唐军的历史烙印。

第三，卫青、霍去病的骑兵战术创新。在我看来，如果说鲜卑骑兵是匈奴骑兵的升级版，那么，唐军骑兵就是卫霍汉军骑兵的升级版。在汉武帝时代，尽管中国骑兵还没有装备马镫，也没有"甲骑具装"，但除了传统的骑射战术以外，刚刚发明出了正面冲击战术，证明了轻骑兵同样可以使用这个后来被重骑兵发扬光大的王牌战术。与汉军轻骑相比，由于装备了马镫，唐军轻骑在正面冲击与近身肉搏中更不易从马背上跌落。

因此，我们可以说，唐朝骑兵在战术风格上是以效仿突厥轻骑兵为主，以效仿鲜卑重骑兵和汉朝轻骑兵为辅的一支新型骑兵：马镫时代的轻骑兵。在战术上，这支骑兵骑射与冲击战术兼备，但其冲击战术相对突厥骑兵有比较优势，从李世民对尉迟敬德说过的那句名言（"吾执弓矢，公执槊相随，虽百万众若我何！"）中，"弓矢"与"槊"恰好构成了唐军具有意象性的战术组合；在装备上，唐军轻骑兵更倾向于"人穿重甲，马匹不披甲"，从而令"轻骑可以达到重装骑兵那样的突击效果"，且可以胜任长途奔袭和长距离追击作战。

唐军的轻骑兵化也得到了考古的支持，据《古代兵器通论》一书，在昭陵六骏中，都没有发现马铠的存在，有的只是披铠甲的战将，"雄辩地表明马不披铠仅人披铠的轻装骑兵，此时已在军中占有重要位置"。

先师夷，再制夷

李渊617年起兵时，为了防止突厥干扰唐军统一中原的进程，刻意交好突厥，所谓"吾所以欲得之者，恐刘武周引之共为边患"，甚至有李渊是否称臣于突厥的争议。陈寅恪先生撰文《论唐高祖称臣于突厥事》称："独唐高祖起兵太原时，实称臣于突厥，而太宗又为此事谋主，后来史臣颇讳饰之，以至其事之本末不明显于后世。"

从武德四年（621年）开始，即位不久的东突厥颉利可汗便频频入寇唐朝北方边关，忙于中原战事的唐朝此时完全处于守势。其中最大规模的有两次：一次是武德七年（624年），此时唐朝已基本完成统一中原的大业，颉利可汗和东突厥第二大实权人物突利可汗大举入侵唐朝，唐中央朝廷甚至一度有迁都避让的说法，可见东突厥兵势之盛，在五陇阪之战中，李世民用反间计挑拨颉利和突利关系，才令突厥退军；一次是武德九年（626年），李世民刚刚通过玄武门之变夺权成功，想趁唐朝内乱趁火打劫的颉利可汗就领兵近20万，在这年八月攻至离长安仅有40里的泾阳，李世民亲率高士廉和房玄龄等六骑"径诣渭水上，与颉利隔水而语，责以负约"，又设疑兵之计"俄而诸军继至，旌甲蔽野"，才让颉利与李世民签下了著名的"渭水之盟"后退军。对于突厥的不战而退，尽管唐代史书中极力彰显李世民个人的英明神武与临危不惧，这自然也没错，但"渭水之盟"无疑也是一个城下之盟，李世民称"啖以金帛，彼既得所欲，理当自退"，甚至有说法是"空府库以安突厥"，才说动自觉没有必胜把握的颉利退兵。

在突厥退兵后，李世民曾对臣下说："贿以金帛，施以小惠，其必得意忘形，战备松弛，骄横自恣于内，倾轧瓦解,其破亡之渐,必自此始。"无论这是极具战略前瞻性的高明预言,还是史官事后粉饰出来的"后见之明",有一点确实是发生了,"渭水之盟"签约后没多久,原臣服突厥的薛延陀、回纥和拔野古等部落就在贞观元年(627年)均起而叛突厥,颉利可汗派突利可汗前去讨伐,反而遭到惨败,突利单骑逃回。颉利大怒,将他监禁,"突利由是怨望"。

当东突厥因内乱而实力大损,"雪上加霜"的是:贞观元年冬天,东突厥"大雪,羊马多冻死,人饥";贞观二年(628年),唐军出兵朔方,灭掉了依附于东突厥而割据朔方十余年的梁师都,不仅让东突厥少了一支"仆从军",还占据了便于反击东突厥的军事要地;也是在这一年,突利密信与唐朝联络,表示长期受到颉利的压制排挤,愿意归附大唐共抗颉利;贞观三年(629年)薛延陀自称可汗,派使者来告唐朝,双方在实质上结成了南北夹攻东突厥的松散军事同盟……东突厥已是一派众叛亲离的亡国气象,唐军大举反击东突厥的时机成熟了。

事实上,自贞观元年东突厥接连陷入内乱与雪灾,唐朝内部关于对突厥用兵的声音就此起彼伏,尽管唐太宗多次以"道义"和"盟约"为由驳回了出兵的动议,但有理由相信,唐太宗是在积蓄力量,等待一剑封喉的机会。

唐贞观三年十一月,唐太宗下诏分六路进攻东突厥,突厥的外围部落基本都在这一阶段或降或灭,最关键的是,早就有附唐之意的突利可汗率五万部众自缚请降,身在定襄

(非山西省定襄县，今内蒙古和林格尔县）的颉利可汗羽翼全失。李世民下敕给前线的李靖和李世勣两位统帅："卿等宜乘胜追击，克复定襄，擒颉利收北地归朝奏捷，天下自此长安！"

也就是从此刻开始，唐军轻骑兵自建军以来的最高光时刻到来了，贡献了中国战史上最精彩的长途奔袭和连续打击战例。

贞观四年（630年）元月，李靖亲率3000轻骑，自马邑（今山西朔州市朔城区）出发向北，绕过了突厥军主力，乘夜突袭颉利可汗的王庭——定襄。颉利完全没想到唐军骑兵行动如此之神速，更没想到唐军敢孤军深入，大呼"唐不倾国而来，靖何敢孤军至此！"以至于在"一日数惊"中一路北逃。此后，李靖又离间招降其部众，颉利心腹大将康苏密居然趁机裹挟了隋炀帝皇后萧氏及其孙杨政道前往定襄降唐。这是第一次打击。

颉利见康苏密降唐，绝望之下继续率部向阴山北撤，但途中又连续遭到柴绍和李世勣所部的截击，损失惨重，等撤到铁山（今内蒙古包头市白云鄂博矿区一带）时只剩下几万部众，其他失去统一指挥的东突厥部众被唐军分割包围、各个击破。这是第二次打击。

颉利此时使出缓兵之计，派使节向唐太宗求和，试图撤往漠北再图后计。唐太宗一边也派使节安抚颉利，一边密令李靖继续打击。

贞观四年二月，李靖引兵至白道（今内蒙古呼和浩特西北）与李世勣会合，商量下一步的作战方针。现在的问题是，随着颉利一路的北撤，唐朝大军的补给与后勤辎重问题愈加凸显出来，如果还要继续追击的话只能冒险以部分轻骑兵先行。李世勣建言称，"颉利虽败，其众犹盛"，若放任他逃往漠北，得到当地部落的庇护，"道阻且远，追之难及"。李靖深以为然，当即决定由李世勣统大军继后，自己亲率精骑万名，各备20天口粮，连夜出发向铁山疾进。

李靖军冒雪至阴山，遇突厥营帐千余，尽俘之以随军。当颉利见唐使前来抚慰，以为天下无事时，李靖为加快追击速度，进一步组建了更为快速的机动轻骑兵，派苏定方率200骑兵为前锋，在浓雾掩护下衔枚疾进，至颉利牙帐七里才被发现。苏定方率轻骑长驱直入攻下颉利牙帐，颉利乘千里马西逃。李靖率大军跟进，猝不及防的突厥军全面溃散，"靖斩首万余级，俘男女十余万，获杂畜数十万"，连颉利的妻子隋义宁公主也被乱军所杀。是为第三次打击，也是致命一击。

颉利率万余残部准备北逃碛口（今内蒙古二连浩特附近），但李世勣军已抢先占据了碛口，切断了颉利北逃之路，"颉利至，不得度"，而附近乱成一团的突厥部落反倒降唐，唐军再次俘获五万余人。这是第四次打击。

此时，在唐军轻骑兵不间断的四番快速打击之后，堂堂东突厥颉利可汗身边只剩下数十骑兵，又见逃往漠北无望，便去依附东突厥贵族苏尼失。但颉利还未安顿好,此时唐军又来了,大同道行军总管李道宗迅速领兵进逼,逼迫苏尼失交出颉利。颉利再次选择了逃跑,但却被担心唐军追究的苏尼失出兵抓回,一来二去,颉利最后被唐军俘虏。是为唐军第五次,也是最后一次打击。东突厥就此亡国。

在彻底击败东突厥后,四夷君长上表请求称李世民为"天可汗",李世民说:"我为大唐天子,又下行可汗事乎?"群臣及四夷皆称万岁,"是后以玺书赐西北君长,皆称天可汗"。

东突厥被灭甚至惊动了太上皇李渊。李渊心情复杂地说:"汉高祖困白登,不能报;今我子能灭突厥,吾托付得人,复何忧哉!"太上皇召李世民与重臣贵戚到凌烟阁参加庆功酒宴,"酒酣,上皇自弹琵琶,上起舞,公卿迭起为寿,逮夜而罢"。

这可能是玄武门之变后,李渊和李世民第一次有如此洋溢着亲情的交集,也可以从侧面看出,击败东突厥在当时是何等一件伟业,超越了帝王家的龌龊事。

闪电战之王李靖

既然唐军轻骑兵是以突厥轻骑兵为蓝本组建,那为何在战场上体现出了远超突厥骑兵的战力?如果以李靖率轻骑兵夜袭定襄为始,唐军轻骑兵一共用了两个半月就灭掉了东突厥，战绩远超汉武帝经年累月的北伐匈奴。

且不说内乱这些大问题，就事论事地试着说三点原因。

第一，唐军充分发挥了轻骑兵的超强机动性，对颉利所部进行了五次以上的不间断打击，穷追猛打没有给其任何喘息时机，从而杜绝了历史上多次草原民族大败后出现的卷土重来戏码。

在与中原王朝的战争中，草原民族的最大优势其实就在于其"败而不亡"，凭借着骑兵的机动性优势，中原王朝的优势军队即使战胜，也很难彻底歼灭草原骑兵；即使给予其重创，草原民族也可通过不断后撤，特别是撤退到中原大军无法长时间驻留的漠北地区，休养生息，联络周边部落，没几年便可恢复元气。而在唐灭东突厥之战中，无论是庙堂之上的李世民，还是身在一线的李靖和李世勣，都没有打算给颉利这个喘息机会，用轻骑兵的高速度对颉利发动了不间断的五次打击，颉利只能一次次弃军北逃，找不到任何可以稳住阵脚，聚集离散部众从而重整旗鼓的机会，以至于部队越打越少，最后身边只剩下了寥寥几十人。在《唐代前期军事史略论稿》一书中，王永兴先生将李靖这一穷追猛打战术称为"不停顿连续作战"。

做个未必恰当的对比，李靖的"不停顿连续作战"战术和二战时古德里安的装甲部队闪电战理论很有相似之处。古德里安主张不顾敌人的阻挠，不用去关心什么侧翼安全，一直向前进攻，使对方无法建立一个新的防线，不给对方喘息之机，最后把攻势深入敌人的后方。

唐军之所以可以做到"不停顿连续作战"，其中一个秘诀是，他们为了机动性和进攻的突然性，常常以相对小规模的轻骑先行进击，从而在速度上没有被一路北逃的东突厥骑兵甩开。无论是李靖第一次亲率一万轻骑突袭定襄，还是李靖冒雪率一万骑兵进击铁山，特别是苏定方率两百轻骑就敢夜袭颉利可汗牙帐，无不体现了唐军轻骑兵单兵突进的冒险精神。在实战中，分兵奇袭对唐军这样相对缺马的军队意义尤其重大（唐太宗高度重视马政，重用刘武周麾下降将张万岁主管养马，但贞观初年相对东突厥仍然处于缺马状态），可以集合军中马匹重点配给参与奇袭之军，让其不仅不被辎重所累，更可以具备一人双马以上的机动性优势，从而屡屡能打东突厥骑兵一个猝不及防。按照《大唐卫公李靖兵法》，在一支两万人的唐军中，骑兵约占四千人，辎重兵六千人，步兵一万人。为了确保进军速度，让骑兵先行，甚至在骑兵中再挑选更小规模的先锋骑兵，对一支战马并不充裕的军队而言也是必然的选择了。

说白了，按照颉利对唐军作战风格和马匹数量的了解，他根本不认为唐军有能力在行军速度上赶上自己的东突厥精锐，毕竟，无论东突厥军队如何落魄，也不太可能出现缺马的状况。

第二，东突厥的主力一开始集结在定襄一带，后来即使撤退到阴山一带，给了唐军就近打击的机会，没有进行真正意义上的劳师远征,说到底也和唐军反击东突厥的突然性和密集性有关。当颉利可汗还处于军事优势,用进攻态势与唐军对峙之时,唐军就通过不间断的闪电打击。开战后仅四个月,连颉利可汗都成了阶下囚,东突厥根本没有时间去重新调整战略部署,甚至都没有给颉利撤回漠北的机会。试想,如果颉利回到漠北,唐军再想进行大规模奇袭就难上加难,数千里的长途奔袭足以令这场战事的不确定性丛生。

而在汉武帝北征匈奴的时代,匈奴就在屡次战败后将王庭撤回漠北,从而获得了战略新生的机会,卫青、霍去病纵然天下无敌,但始终无法伤及匈奴根本,反而最后将汉帝国拖到崩溃的境地;后世的明成祖朱棣五征蒙古时,蒙古骑兵更是长期隐藏在漠北,朱棣的后三次远征连蒙古骑兵主力都没有抓到,更别提歼灭了。

第三,同为轻骑兵,唐军轻骑兵的肉搏战能力强于突厥轻骑兵,这和匈奴骑兵在汉武帝时期不敌卫霍骑兵的正面冲击战术倒是有共通之处。突厥人靠打铁起家,在柔然人称雄草原时成为以铁为贡品的依附部落,被蔑称为"锻奴",所以倒是不存在突厥人的铁制近战兵器多么比不上唐军的问题,传说中的明光铠也给不了唐军太多的优势。突厥轻骑兵不善于肉搏战除了战术偏好之外,即所谓"突厥所长,惟恃骑射",可能还是要归因于李硕在《南北战争三百年》中所说的游牧帝国的组织结构上。按照李硕的解释框架,与匈奴作战时,汉军的正面集团冲锋战术需要的是高度严明的战场纪律和对高伤亡率的极限容忍，而这恰恰是松散部落制，没有实现中央集权的匈奴人所无法做到的。而突厥也是如此，只满足于对中原的敲诈或劫掠，没有入主中原的打算，因此也没有如拓跋鲜卑一样建立中原式的中央集权政权，连可汗都有两个（颉利和突利），打起仗来各个外围部落投降起唐朝来可谓争先恐后，其部落结构的松散程度相较匈奴有过之而无不及，因此更加无法指望突厥能够建立起一支令行禁止，能够容忍高伤亡率的冲击型骑兵，这和是否有马镫倒是关系没那么大了。

在此岔开几句，李靖不仅是中国历史上的轻骑兵闪电战之王，据《方阵、精骑与陌刀》一文，为了对付突厥骑兵，李靖还"吸收了长刀的战术，创造了新型武器陌刀，并创立了完善的陌刀使用法"。如果说轻骑兵是唐代最强兵种，那么陌刀就是唐代最有名的兵器。当唐朝骑兵数量不足时，装备陌刀的唐军重步兵成为对抗游牧民族骑兵的首选神兵利器，有"人马俱碎"的威名。不过，提到陌刀，世人皆知唐玄宗时代安西军的李嗣业，流传着他与陌刀军在香积寺之战中四个时辰斩首六万安史叛军的战争神话，却淡忘了李靖这位陌刀的开创者。

在灭掉东突厥之后，马背上的唐军轻骑兵北征西讨，成为当时内亚大陆第一强军。贞观九年（635年），64岁的李靖再度挂帅出征吐谷浑，再次运用"速战速决"及"不停顿连续作战"的轻骑兵两大战术，仅用了两个月的时间就攻灭了吐谷浑。贞观十四年（640年）夏，唐军名将侯君集率军奔袭七千里以外的高昌国，高昌国王麴文泰被唐军的迅猛进军惊惧而死，新王见抵抗无望后便开城投降，高昌亡国。贞观十八年（644年），唐军名将郭孝恪率三千军队夜袭焉耆，生擒归附西突厥的焉耆王。贞观二十二年（648年），唐军及各族集合十万骑兵，攻灭龟兹，设安西四镇，迁安西都护府于龟兹。

最后是算总账，唐显庆二年（657年），唐高宗派苏定方出征西突厥，没错，就是27年前一路追随李靖攻灭东突厥，率二百轻骑攻破颉利可汗大营的苏定方。苏定方此战继续贯彻了李靖穷追猛打和不停顿连续作战的作战方针，冒大雪追击西突厥可汗沙钵罗，最后在沙钵罗毫无觉察的情况下，一战消灭了西突厥主力，斩俘数万人。有理由认为，苏定方此战给唐宪宗时"李愬雪夜下蔡州"提供了最直接的思想资源。

一个有趣的观察是，唐高宗时代是唐代武功的巅峰，就在唐高宗大破西突厥数年后，唐朝中央控制的监牧马匹达到了70.6万匹，创造了中国历史上中原王朝养马之最，而汉武帝和唐玄宗时代的养马巅峰都不过刚刚超过40万匹。

李锦绣在《方阵、精骑与陌刀——隋唐与突厥战术研究》一文中总结得很到位："唐朝师法突厥的战术，丰富了唐代军事文化，改变了隋代方阵作战的不利局面，完善了唐朝的战略战术。也正因为在与突厥的战争中师法突厥长技，唐才能统一全国，称雄亚洲，声势远播西域，成为真正的大唐帝国。"

延伸阅读：

《唐代前期军事史略论稿》，王永兴著，昆仑出版社，2003年4月版。

《汪籛汉唐史论稿》，汪籛著，北京大学出版社，2017年1月版。

《唐太宗传》，赵克尧、许道勋著，人民出版社，2015年3月版。

岳飞战兀术:铁浮屠之踵

宋绍兴十年（1140年，金天眷三年）五月，金帝国主战派撕毁了前一年刚刚签订的宋金和约，分东西两路大举侵宋。

来势汹汹的金军没有想到的是，就在这一年，岳飞迎来了他军事生涯的最高光时刻，先后在郾城和颍昌两次大战中正面击败了金军统帅完颜宗弼（金兀术），让"女真满万不能敌"的战争神话过期作废。

靖康年间金帝国对宋朝确立的压倒性军事优势，在绍兴十年的岳家军军旗的飘扬中，尽化为乌有。尽管岳飞的北伐大业被高宗君臣毁于一旦，但宋金由此也进入了战略相持阶段，一直到近百年后的蒙古灭金，再也无人可以打破此种战略均势。

"甲骑具装"的复兴

在宋靖康二年（1127年，金天会五年）的靖康之变前，有"满万不能敌"之称的金军正处于巅峰，战力不下于中国战争史上的任何一支强军。此时的金军，无论是碰到辽军还是宋军都所向披靡，就连北宋时代最为精锐的，在宋夏战争中出尽风头的西军，在金军面前也几无一战之力，姚平仲惨败于东京城下，种师中败亡于太原解围。事实上，从宋金开战到靖康之变，金军仅用了两年就打得宋朝几至亡国。

但在靖康之变后，金军的战斗力似乎就开始从巅峰逐步滑落，与南宋作战中，尽管总体优势尚存，却开始频繁地出现败绩。在西线的川陕战场，宋军分别在和尚原之战（1131年，今陕西宝鸡西南）和仙人关之战（1134年，今甘肃徽县东南），两次大败金军。

在东线，金兀术于宋建炎三年（1129年，金天会七年）七月发动了第三次大规模南征，目标直指宋高宗本人，金军在进攻阶段无往不利，但在北撤时却十分狼狈，遭到了包括岳飞在内的多支宋军跟踪追击，宋建炎四年（1130年，金天会八年）三月在黄天荡（今江苏南京栖霞山一带），更是险些被韩世忠的水军全歼，以至于金兀术"自江南回，初至江北，每遇亲识，必相持泣下，诉以过江艰危，几不免"，留下了心理阴影。

但如果细究这一阶段的战事，可以看出，宋军的胜绩要么是发生在险要地形的筑垒防御作战中，如和尚原之战和仙人关之战，金军的骑兵优势在山地战中很难发挥，要么是利用水军优势，如长江口的黄天荡之战。而在大规模野战中，特别是有女真骑兵担纲的正面野战中，宋军仍然处于绝对劣势，比如在建炎四年的富平之战中，20万宋军（号称40万）

被数万金军打得溃不成军,女真骑兵在此战中起到了决定性的作用。

在此期间,宋军的攻势作战或野战的胜利,要么是如岳飞收复襄阳六郡之役,对阵的是以伪齐军为主的敌军,并未遭遇金军主力,要么是如韩世忠在大仪镇之战中,采用伏击的方式击败了金军骑兵,而且也仅仅是数百骑兵,远算不上是大规模野战。

即使在金军整体战斗力开始有所下降之时,金军相对宋军的骑兵优势仍然是相当明显的,给宋人留下了恐怖的战争记忆,"骑兵驰突,四通八达,步人不能抗",甚至还有17名女真骑兵对两千宋军主动发动突击并将其彻底击溃的惊人战例。

那么,金军究竟强在何处呢?

曾在和尚原与仙人关两败金军的宋军名将吴璘认为,"金人有四长……曰骑兵,曰坚忍,曰重甲,曰弓矢"。除了第一点以外,另外三点其实也都与金军骑兵密切相关。

所谓"坚忍",《金史》中说金军"能寒暑""惯苦战"。吴璘曾评论金军"胜不追,败不乱,整军在后,更进迭却,坚忍持久,令酷而下必死,每战非累日不决,盖自昔用兵所未尝见"(《宋史·吴璘传》),与仅具备"一波流"攻击能力,"一进却之间,胜负决矣"的西夏重骑兵"铁鹞子"相比,女真骑兵在体能和耐力上已经达到了中国战争史上前无古人的高度。《战场决胜者:重骑兵千年战史》一书说,金军即使在第一个回合的交锋中落于下风,或是还未冲溃敌军阵型,也会重整冲击队形,连续不断地发动冲锋,甚至可以反复进攻一整天,直至敌军的锐气、士气和体力耗尽为止。宋人曾在笔记《云麓漫钞》中提及"虏用兵多用锐阵,一阵退,复一阵来,每一阵重如一阵",金军骑兵的这一战术特点和西方中世纪重骑兵颇为相像,即所谓"冲击—撤离—再次冲击"的马镫时代重骑兵经典战术。

无怪乎《三朝北盟会编》曾记录了一段金军骑兵充满优越感的自我总结,"不能打一百余个回合,何以谓马军"。金军骑兵正是凭借"一阵重如一阵"的优势,用现代军事语言说就是"连续作战能力",才得以在野战中频频击败更崇尚骑射战术的辽军骑兵,在金辽一次战役中,女真骑兵"冲其中坚,凡九陷阵,皆力战而出"。王曾瑜先生在《辽金军制》一书中也说,"在著名的仙人关、郾城、颍昌等战役中,宋金两军都是打了数十回合,才分出胜负"。当然,在金军骑兵这种高强度作战的背后,很可能已全面实现了一人双马的标准配置,以确保战马在连续作战中的体力。

所谓重甲,女真骑兵"复兴"了南北朝重骑兵的"甲骑具装"传统,即骑兵和战马都披护铠甲,而马是否披马铠正是轻重骑兵的核心区别。特别是金军骑兵中最精锐的"铁浮屠",堪称中国战争史上最著名的一支重骑兵军团,其重装程度超越了北朝和隋代重骑兵,即《三朝北盟会编》所说的"金贼兜鍪极坚,止露两目,枪箭所不能入",以同时代西方的标准来看，已经可以定义为拜占庭重骑兵一类的超重装骑兵了。"铁浮屠"的得名，就是因为金军重骑兵在宋军看来像"铁塔兵"一样，当然在实战中，"铁浮屠"的有时也会执行"下马重步兵"一类的作战任务，在仙人关之战就曾有铁浮屠下马后"人被两铠，铁钩相连，鱼贯而上"的作战记录。

无论叫什么名字，金军重骑兵给宋人留下的印象无疑是极其深刻的，曾被金人俘虏的宋朝官员范仲熊在《北记》中写到了"硬军"，"黏罕寨有兵五万人，娄宿孛堇寨有兵万人，皆枪为前行，号曰'硬军'。人马皆全副甲，腰垂八棱棍棒一条或刀一口，枪长一丈二尺，刀如中国屠刀。""硬军"一词也算很形象了，事实上，身着重甲更加考验金军骑兵的体能和耐力，铁浮屠一般是身着双层铁甲，更可见金军"坚忍"之难能可贵，而正是坚忍让金军重骑兵可以在比前代铠甲更重的情况下，依然保证连续作战能力。

所谓弓矢，金军骑兵在战术上虽高度依赖重骑兵的正面冲击，但这并不代表他们就忽视了"骑射"技艺。事实上，金军骑兵是一支将白刃肉搏战和中远距离的骑射战结合得相当好的一支军队，上述所说的17名金军骑兵大败两千宋军，依靠的就是"且驰且射"。正如李硕在《南北战争三百年》中所说的，"骑兵冲击战术出现之后，弓箭仍是骑兵的重要的辅助武器，游牧族骑士尤其重视骑射"。金军骑兵很少使用强弓劲弩，但因为惯于抵近射击，非百步内甚至五十步内不射，故杀伤力也很强，再加上箭镞极长，一旦射入便很难拔出（"箭镞至六七寸，形如凿，入辄不可出"）。按照金军的军制，所有骑兵均配备弓箭，但如铁浮屠这样的超重装骑兵还是以白刃战为主，骑射会另交给机动性更强的轻骑兵（没那么"轻"的金军轻骑兵可能也是"甲骑具装"，只是马铠相对轻，骑兵"甲止半身"），所谓"每五十人为一队，前二十人全装重甲，持棍枪，后三十人轻甲操弓矢"，"百步之内，弓矢齐发，中者常多"。

可能性更大的是，金军骑兵固然是一支冲击型重骑兵和骑射型轻骑兵的混编部队（四六开），但在实战中，全体骑兵需要视战场需要随时切换"冲击"和"骑射"两大技能。不过，就整体作战风格而言，金军还是一支以"甲骑具装"重骑兵正面冲击为核心竞争力的军队。

宋金军力消长

岳飞在宋绍兴十年即将遭遇的那支金军，还发生了两点对战事走向影响很大的变化。

第一，金军在起兵之初本是一支纯粹的骑兵军团，但随着战争规模的扩大，战争形态的日趋复杂化（从野战到攻城守城），女真人的猛安谋克军已不敷使用，金军不可避免地开始大量引入步兵编制。按照金军军制，这些步兵主要由汉人的"签军"构成，打打顺风仗还可以，一旦陷入苦战，就随时有可能崩盘。与入关后清军中以吴三桂为代表的汉军部队相比，金军中的汉军步兵战斗力要差得多，很难如吴三桂们一样承担起独当一面的责任。南宋人张棣在《金虏图经》中写道："虏人用兵专尚骑，间有步者，乃签差汉儿，悉非正军虏人。取胜全不责于签军，惟运薪水，掘壕堑，张虚势，搬粮草而已。"更重要的是，大量步兵的加入将金军从一支纯骑兵军团逐步变为步骑混编部队，丧失了开国之初"骑兵驰突"的快速机动优势。

第二，宋政和四年（1114年）金太祖完颜阿骨打起兵后，在连年征战和残酷的内部政争的双重影响之下，1140年再度南下时金军的开国将帅已几乎凋零殆尽，或病死，或退休，或死于内斗，如完颜银术可、完颜娄室、完颜宗翰和完颜阇母这些追随阿骨打刮起女真旋风，横扫辽宋的一代名将都已逝世，更重要的是，堪称金国第一开国功臣的完颜宗望也于1127年去世。在1140年的金帝国军界中，硕果仅存的开国将领也只有完颜宗弼（金兀术）了。从战绩来看，完颜宗弼与之前的开国名将很难相提并论，宗弼打仗给人最大的印象就是喜欢用蛮力打硬仗，用悍勇和骑兵正面冲锋压倒宋军，舍此别无所长。宋军降将曾评价完颜宗弼说："亲临阵督战，矢石交集，而王免胄，指挥三军，意气自若，用兵制胜，皆与孙、吴合，可谓命世雄材矣。至于亲冒锋镝，进不避难，将士视之，孰敢爱死乎？""皆与孙、吴合"这句明显是吹捧的话可以忽略掉，但与宋军大部分高级将领的"身在数百里外，谓之持重"，即所谓的"远距离军事家"相比，亲临一线的完颜宗弼无疑是当世勇将中的佼佼者。

而跟着完颜宗弼南下的将领们都是哪些人呢，在顺昌、郾城和颍昌这几次大战中最有存在感的金军将领都是如李成、孔彦舟和郦琼这样战绩惨淡的宋军降将了，像韩常这样燕云汉人背景的将领已经几乎算是宗弼身边的顶级名将了。看到女真良将此刻的青黄不接，再回想起金人开国之初那种人才济济的盛况，"原其成功之速，俗本鸷劲，人多沉雄，兄弟子姓，才皆良将，部落保伍，技皆锐兵"（《金史·兵志》），不免有恍若隔世之感。

此时的宋军呢？或者更具体地说，岳家军的战力如何呢？

先说宋军。在金军战力从巅峰下滑的同时，丢掉半壁江山的南宋军力相对靖康前后却有所提升，可见在农业帝国时代，军队战斗力和综合国力并不能画上等号。还有一种解释是，如王安石所说，北宋"募兵皆天下落魄无赖之人"，其目的是"每募一人，朝廷即多一兵，而山野则少一贼"，在这种基于国内维稳优先的建军思想下，北宋军队的纪律性和训练状况自然不容乐观；但到了南宋，痛定思痛之下，募兵标准走向正常化，对军队战斗力的提升是立竿见影的。就北宋募兵的"城市游民无赖"导向，后世的戚继光和曾国藩在募兵时都反其道行之，明确募兵只要朴实的农民而杜绝油滑的市井之徒，他们的募兵原则很可能借鉴了北宋的教训。

在绍兴十年左右，南宋仅正规军数量就达到了30万人左右,形成了岳飞、刘光世、吴玠吴璘兄弟、韩世忠、张俊等五大主力,无论在精锐部队的数量还是质量上,已不逊于北宋时代的"西军"。

在长年的战争中,南宋军队开始走出"恐金症",即使战败,以往那种一触即溃、一溃千里的惨势也大为减少,对女真骑兵也开始有了一些"以步制骑"的切实办法,在神臂弓、床弩这些射程超远的"神器"加持下,南宋军队的防御及守城能力已是独步天下。但与北宋时代一样的是,因为严重缺马,骑兵仍然是南宋军队最弱的一环,这与金军的重骑兵强点恰好形成了强弱分明的状态。

再说岳家军。在承继了北宋崇文抑武制度的南宋,以武将的姓氏命名军队可以说是战争时代的一种特殊现象。根据《岳家军研究》一书,检索收录中国历代一万种古籍的《中国基本古籍库》,出现"岳家军"的次数有284次,远远超过其他"家军"的频次,可见"岳家军"在南宋历史上,乃至中国战争史上的特殊性。

宋代整体的军事文化固然笼罩在"兵不知将,将不知兵"之下,但正因为此种"祖宗之法"也成为北宋末年军事溃败的原因之一,在政权危亡的时刻,南宋初年的军事文化才出现了某种"应激式"的大幅转向,这可能就是岳家军等各种"家军"能够出现的历史背景。作为一种应付外患的权宜之计,但凡外患的风险有所减弱,南宋朝廷对"家军"的容忍度就会逐步减小,当然,这是后话了。

绍兴十年时，岳家军已经从一支万余人的队伍扩编到"十二军"，共计十万余人，无论从战斗力，还是兵员数量而言，岳家军都已是当时南宋军队中的头号主力了。

与宋军其他部队相似的是，岳家军也不是一支以骑兵为主的部队，但骑兵在岳家军中地位和存在感也相当高，从伪齐手中俘获了大量战马之后，岳家军的骑兵数量很可能达到了一万余人，占比超过10%，骑兵综合战力在宋军五大野战军中首屈一指。岳家军骑兵主要分布在踏白、游奕和背嵬三支精锐部队中。特别是岳云手中掌握了一支规模不大但相当精干的骑兵，从平日"皆重铠习之"的训练来看，岳云统领的背嵬军骑兵应编组有相当数量的重装骑兵，但战马很可能并不披马铠，因此也不算严格意义上的重骑兵。

在郾城和颍昌两次大战中，均有岳家军精锐骑兵的亮眼表现，特别是郾城大战后，杨再兴率领三百骑兵在小商河血战金军，全军覆没前杀敌高达两千余人，足以显示岳家军骑兵的精锐本色。

稍微说开出去，杨再兴此次决死出击正是岳家军野战基因和进攻主义的最壮烈代表，很容易让人想起《亮剑》中高喊着"骑兵连，冲锋"，向日军骑兵发动死亡冲锋的独立团骑兵连，只是，杨再兴这个是史实，而后者很大程度上是戏剧虚构罢了。

但与金军精锐重骑兵的正面对阵中，限于骑兵数量，岳家军的主要手段还是"以步制骑"，远程依靠神臂弓等强弓劲弩克制金军的重甲，近距离就只能依靠肉搏战了。至于岳家军具体的"以步制骑"，稍后谈及郾城和颍昌两次大捷时再说。不过，有一点是明确的，"以步制骑"对步兵的坚忍和纪律性有着非常高的要求，特别是必须能够容忍"兑子"式的高伤亡率。在古代战争中，骑兵对步兵的大多数压倒性胜利，多是因为步兵特别是前排步兵，在骑兵气势骇人的决死冲锋下出现士气和阵型的双重崩溃，随之将比拼消耗的阵地战演化为追击战，步兵的大多数伤亡都是发生在大规模溃散阶段，骑兵在此阶段可以极低的伤亡率取得惊人的战果，楚汉彭城之战和金蒙三峰山之战无不如此。而反过来说，只要步兵能够以其纪律性维持军阵，在骑兵的高速冲击下仍然可以保持秩序，则战斗模式将是对双方都极其惨烈的消耗战，而这对人数更为精贵的骑兵部队而言是无法承受的代价，即使打赢也是古罗马时代所谓"皮洛士式的胜利"（伊庇鲁斯国王皮洛士曾率军与罗马交战，最终打败罗马军队，但付出了惨重代价）。

而岳家军在那个时代正是以军纪严明闻名于世。曾有不止一位南宋大臣以"纪律"盛赞岳家军："惟其有纪律，所以能破贼。若号令不明，士卒不整，方自治不暇，缓急安能成功"；"昔年岳飞一军，纪律最严，隐然若长城"。就连宋高宗在襄汉战役之后也表达了相似的情感与观点："朕素闻岳飞行军极有纪律，未知能破敌如此。"

对于岳家军的战斗力，没有比岳飞本人的"自夸"更为有力的了,"某之士卒真可用矣!"

但如果单说纪律性,韩世忠的"韩家军"和吴玠、吴璘兄弟的"吴家军"也有,岳家军真正有别于这个时代其他所有宋军的就是其一往无前的进攻主义和野战能力。

尽管仍以步兵为主,但此时的岳家军,是宋军五大主力中唯一一支以攻势为主,敢于脱离城池防御,在平原上和金军主力骑兵展开对攻并战而胜之的野战军,而这一点,韩世忠与吴玠这两支宋军精锐都无法企及。岳家军从成军伊始就自带"野战基因",十分器重岳飞的宗泽很早就评价他"好野战,非古法",因此授予阵图让岳飞学习,其中不无隐含着认为岳飞用兵过于冒险,应该回归作为宋代军事思想主流的"防守与阵法"之意。但岳飞似乎天生就是这个时代的离经叛道者,将兵法看完后就扔到一边,并对宗泽说,"留守所赐阵图,飞熟观之,乃定局耳。古今异宜,夷险异地,岂可按一定之图?兵家之要,在于出奇,不可测识,始能取胜","阵而后战,兵之常法,然势有不可拘者,且运用之妙,存乎一心"。

可以说,岳飞是中国历史上最早几位明确对阵法表示"不以为然"的名将之一,下一位有类似认识的名将就要晚至明代中期的戚继光了。充满神秘主义意象的花里胡哨阵法与传统武术中五行八卦一类的花拳绣腿一样,几乎都没有什么实战价值。

王曾瑜先生在《尽忠报国——岳飞新传》一书中说,在南宋初年的诸军中,只有岳飞一人是"进攻型"将帅,当时具备直捣黄龙、光复故土的决心和能力的统帅,唯有岳飞。

岳飞和岳家军的野战基因虽然超越了同时代的所有将领,但也并不是无源之水。根据曾瑞龙先生在《经略幽燕》一书中梳理的脉络,宋军在开国之初承继了五代时期尚武的军事文化,本是有强烈的进攻主义和野战取向的,崇尚奇袭、速决战、纵深突破和大会战。但随着宋太宗时代几次速战速决的北伐幽燕失败,特别是在高梁河一役中,如五代君王那样亲临一线指挥的宋太宗乘驴车逃走,宋朝由此开始正视自身实力不足情况下进攻主义和野战取向的高风险,逐步挥别五代野战文化,而高梁河之战也成为"最后一场'五代式'的战役"。既然北宋初期几次对辽作战的失利都与宋军尚野战和速战速决的战争文化相关,此后,宋军在对辽和对西夏战争中就转而开始流行一种带有部分野战取向的"弹性防御",也可以理解为克劳塞维茨所说的"攻势防御",作为对五代军事文化和惨淡军事现实之间的一种"中和"与"妥协"。

如果接着曾瑞龙的精彩逻辑继续分析的话,可以发现,随着北宋末年宋金战争的数次惨败,特别是随着当时北宋第一野战精锐"西军"的溃败,宋军由此不仅视野战为畏途,连降一格的"弹性防御"也在实战中被形同放弃了,逐步走向过度崇尚野战的另外一个极端,即消极防守的城池防御战,而后遭受了更惨烈的军事失利,连东京汴梁也守不住。

那么,当极度保守被证明不是救国救军的良方之后,宋军究竟该往何处去?

岳飞的横空出世,可以看作开国初年宋军野战取向的一次文艺复兴,是军事惨败之后的南宋军事精英对消极防守战略的一次深刻反思,以及在国史中寻找思想资源"救国"的一种具体表现。这是一次南宋军事精英的集体反思和回转,韩世忠、吴玠和刘锜等人复兴了"弹性防御",而岳飞则步子更大地复兴了五代式的进攻主义和野战取向。从这个角度来说,岳飞其实更像宋太祖、宋太宗时代的一个"五代式军人",他的"进化"方式是从传统军事资源中寻找答案。

当宋军"进化"到连战略文化都开始转向之时,可以说,在宋金1140年再次开战之前,金军除了骑兵的兵种优势之外,对宋军早已经丧失了靖康及建炎年间那种"降维打击"式的优势,而当像刘锜和岳飞这样的人找到破解金军重骑兵的法门之后,金军在局部战场上出现大规模溃败也就不奇怪了。

据《大金国志》载,金将韩常在金军此次南下前甚至表示:"今昔事异,昔我强彼弱,今我弱彼强,所幸者,南人未知北间事耳。"这一说法在很大程度上是带有某种特殊指向的夸张,金宋实力对比此时远未到"我弱彼强"的地步,但"我强彼弱"的时代的确已经走向尾声。

岳飞即将通过惊天两战最后确认这一事实。

砍马腿战术

绍兴十年五月,金军大举南下,在由西至东的广阔战线上分三路进攻。在西路的川陕战场和东路的淮东战场上,吴璘和韩世忠都多次挫败金军进攻,宋金双方在这两个战场上都进入了短时间内难分胜负的胶着状态。

对全局有决定性意义的是中路战场。但在岳家军出场之前,宋军在中路战场已意外地取得了第一次大捷,这就是中国战争史上著名的顺昌之战。

中路金军由此时的金军头号人物完颜宗弼亲自指挥,计有十余万大军。出兵之初,金军在中路的河南战场上所向披靡,宋军在东京开封和应天府(今河南商丘)竟不战而降。

五月中旬,南宋新任东京副留守刘锜本打算率两万"八字军"驻守东京,行军路途上才知道金军已攻陷东京,刘锜当即决定就地驻防顺昌(今安徽阜阳),顺昌保卫战由此爆发。

顺昌保卫战中有两大亮点。其一,刘锜以两万人的劣势兵力,在城防并不算很坚固的情况下挫败了完颜宗弼十余万大军的数次进攻。如果是一味死守也就罢了,但刘锜在守城战中还多次遣兵出城,打出了漂亮的反击战,以攻为守,也就是曾瑞龙所说的"弹性防御",最后竟让十余万金军在伤亡惨重的溃败中放弃了对顺昌的围城。

其二,刘锜在此战中击败了完颜宗弼最精锐的部队"铁浮屠"和"拐子马",并且是在人数占劣势的情况下,在野战中以纯步兵取得了这一惊人的胜利。尽管岳飞之孙岳珂在《鄂王行实编年》中认为,岳飞指挥的郾城大战是宋军首次在野战中击败金军的精锐重骑兵(兀术大恸曰:"自海上起兵,皆以此胜,今已矣!"),但事实上,这一"首胜"的光荣属于刘锜和顺昌之战,甚至这两战连"砍马腿"的战法都一样。

顺昌之战还暴露了此前曾提到的金军军制严重缺陷。在高强度的作战中,金军中的汉人步兵"签军",将战斗力低下,特别是士气斗志严重不足的弱点显露无遗。在刘锜派五千人出城的那次反击战中,金军中的汉人签军临阵服软,竟对宋军说出了"我辈元是左护军,本无斗志。所可杀者,两翼拐子马尔"这样的千古奇谈。签军的一触即溃,不仅让完颜宗弼在顺昌之战中的兵力优势大打折扣,更是严重拖累了金军的整体战斗力和战场纪律,让刘锜军自出击伊始便打得很顺利。

在宋金于顺昌鏖战的同时,岳飞正带兵从驻防地鄂州(今湖北武昌)北上进击河南,宋高宗此时对岳飞出兵的态度实际上是颇为支持的,连发六封亲笔御札要求岳飞迅速出兵,"此乃中兴大计,卿必已有所处,唯是机会,不可不乘"。

岳家军虽总兵力超过十万人,但岳飞此次北上未带水兵,还要留下部分防守兵力,因此据《中国军事通史·南宋金军事史》一书的估计,岳飞此次反攻中原的总兵力有七八万人,与即将交手,麾下有十余万人的完颜宗弼仍有差距。

由于金军主力正顿足于顺昌城下，岳家军出兵之初一路告捷，截至绍兴十年七月初，岳家军已接连收复了西京河南府、颍昌府、淮宁府、郑州、蔡州、汝州、陕州、虢州等地，兵锋直指开封。

而完颜宗弼此刻在干吗呢？兵败顺昌之后，完颜宗弼带兵撤回开封，舔舐伤口，等待预备队以补充在顺昌之战中损失惨重的金军主力，之后即使看到岳家军在河南攻城略地，也颇为明智地没有即刻做出反应，而是静静地在开封恢复元气，等待着给岳飞致命一击的机会。

完颜宗弼很快也等到了他期待已久的战机。岳家军连战连捷之后，兵力一度比较分散，七月初，金军骑兵在侦查中发现，此时在郾城县境内，岳飞身边只有亲军背嵬军和一部分游奕军。尽管史料并未明确给出具体人数，但根据岳家军的军制，背嵬军人数当在八千左右，也就是说，此时岳飞身边的兵力也就一万出头的样子，最多也不会超过一万五千人。

闻讯后，完颜宗弼立即亲自带领一万五千精骑直扑郾城，企图一举端掉岳飞的指挥部，打一场漂亮的"斩首战"。尽管此时金军还有十万步兵作为第二梯队正扑向郾城，但并未参加郾城之战。

可以说，郾城之战是完颜宗弼以全军最精锐的一万五千骑兵，对阵以背嵬军为主的一万余岳家军。岳家军不仅在人数上略占劣势，并且是以一支以步兵为主的步骑混编部队对阵一支最精锐的女真纯骑兵军团,岳家军此战的胜机只有赖于两点:第一是看岳家军第一主力背嵬军究竟有多么精锐,特别是精锐骑兵的战力是否可以对抗女真重骑兵,尤其是最强大的"铁浮屠";第二是看"以步制骑"的战法能否奏效,特别是要看岳家军重装步兵的成色如何。

岳飞对宋军传统的据城死守,或是密集结阵防守反击等所谓以静制动的防守主义战法根本没什么兴趣,野战本就深刻写入岳家军的基因之内,郾城之战对这支崇尚进攻主义的军队而言更是一次绝佳的怒放时机。大战一开始,岳飞就安排岳云率领人数不详的精锐骑兵作为突击集团,在人数占劣势的情况下与金军骑兵进行对攻,这甚至被《战场决胜者:重骑兵千年战史》一书称为"远东重装骑兵巅峰对决"。

但从岳家军骑兵左冲右突,机动性极强的战术特点来看,岳云这支骑兵不太可能主要是由重骑兵组成,轻骑兵在军中应该占有相当大的比重。更有力的证据是,岳家军骑兵的主要作战对象都是金军骑兵,鲜少看到与金军步兵作战的记录,而作为一个骑兵通用定理,防御性强的重骑兵更适合正面冲击步兵军阵,反而因受限于机动性而一般不擅长和轻骑兵作战。因此,有理由相信,岳家军骑兵很可能是一支轻重骑兵并重,甚至相对更偏重轻骑兵的骑兵军团,而即使所谓重骑兵,很可能也没有披金军的那种全具装马铠。

如前所述,金军骑兵此时仍然保有开国之初那种"一阵重如一阵"的坚忍战力,所谓"不能打一百余个回合,何以谓马军",但岳云的骑兵在连续作战能力上毫不逊色于金军,双方"鏖战数十合",竟然打到反倒让金军渐显不支的地步,正是"以彼之道,还施彼身"的典范。据《宋史·杨再兴传》记载,杨再兴当天是战场上最为耀眼的杀神,竟然单骑冲入金军,准备活捉完颜宗弼,没有抓到后,杀死金军数百人,带着一身伤口返回。尽管我们对史书此类的数据类记载要照例打个折扣,但也足见杨再兴当天的威风八面,和宋军精骑一起掌控了战场的主动权。

当金宋骑兵展开对攻之际,岳家军的重装步兵也杀入敌阵,与金军最精锐的重骑兵"铁浮屠"展开肉搏,"将士各持麻扎刀、提刀、大斧与敌手拽厮劈"。麻扎刀(亦称麻札刀),是宋军当时装备的一种长柄刀,长度达3.8米。麻扎刀最适用的战法就是砍马腿,"以麻札刀入阵,勿仰视,第斫马足",对于"人马皆全副甲"的金军"铁浮屠"而言,马腿可以说是阿喀琉斯之踵,金军铁浮屠看似刀枪不入的决死冲锋由此一败涂地。如前所说,用"砍马腿"来对付金军重骑兵这一超级损招并不是岳飞在郾城之战发明的,据邓广铭先生在《岳飞传》中的考证,不仅刘锜在一个月前的顺昌之战中使用过,而且韩世忠更是在1134年的大仪镇之战中就已率先祭出这一大杀器。

当然,严格说来麻扎刀也并非什么重大创新。在宋神宗时代的开疆拓土中,为了对付西夏骑兵,宋朝军工业连续贡献了两大军备技术革新,除了神臂弓以外,"斩马刀"在北宋军队中开始大量装备，《宋史》中曾称"遇（西夏）铁鹞子冲突，或掠我阵脚，或践踏我步人，则用斩马刀以进，是取胜之一奇也"。再往前追溯的话，麻扎刀可能也取法了唐代的百战利器陌刀，在唐代名将李嗣业收复长安的香积寺之战中，其麾下的重装步兵正是运用陌刀大败安史叛军。

不过，麻扎刀（斩马刀）固然古已有之，但的确在南宋之前并没有关于斩马刀专门用于"砍马腿"的明确记录。我个人的推论是，正因为金军骑兵主打"铁浮屠"，相对而言速度较慢，且喜欢近身肉搏，才给了岳家军步兵从容"砍马腿"的战机，否则换作快速机动，以骑射战术为主的轻骑兵，电光石火间的"砍马腿"又谈何容易。

但铁浮屠这样的金军顶级精锐又岂是可以仅凭一招鲜完全克制的？在战场上，当金兵的铁浮屠进行排山倒海的冲锋之时，岳家军步兵除了战场纪律和砍马腿的麻扎刀之外，还有什么可以降低伤亡的针对性战术吗？《八千里路云和月》一文（收录于《战争事典.022》）给出了一些可供参考的解释，认为岳飞很可能采用了化整为零的战术，将百人的骑兵单位分散为战队（30—50人），乃至更小规模，"这种小型战术组／群组成各种小的作战单位，迫使敌人无法冲突起来，从而形成数人对一骑的贴身作战状态，才有了'手拽厮劈'的细节描绘"。当铁浮屠丧失了高速冲击的势能，被迫慢下来之时，其战力自然会大打折扣。

类似这种战术组／群的应用，在此时的南宋军队中应该不算一种独创，但只有岳飞有机会大规模在野战中使用罢了。比如《宋史·张威传》就曾提及，"分合不常，闻鼓则聚，闻金则散。骑兵至则声金，一军分为数十簇……"；吴璘在那段著名的"金人有四长"的语录中，谈及对付金军骑兵时，也言简意赅地说到七个字，"以分队制其骑兵"。

在郾城之战中，史料中出现最多的金军战争元素除了"铁浮屠"，就是"拐子马"了。在以往的以讹传讹中，特别是经由岳珂在《鄂王行实编年》中的"官方发布"和《说岳全传》的广而告之，"拐子马"被刻画为一种"贯以韦索，三人为联"的骑兵墙神秘战术，也就是民间所谓的"连环马"。后来经由乾隆的亲自辟谣，"北人使马，惟以控纵便捷为主，若三马联络，马力既有参差，势必此前彼却；而三人相连，或勇怯不齐，勇者且为怯者所累，此理之易明者"，特别是邓广铭先生在《岳飞传》里的详细考证，"三人为联"一说才最终被推翻，以邓广铭先生的"'拐子马'即左右翼骑兵"为定论。

这儿多说几句，在军事常识的逻辑中，"拐子马"的以讹传讹是一件极其不可思议的事情，但竟然可以从南宋一直流传到清代中期，最后竟要劳烦乾隆他老人家亲自来订正，足见中国古代"文人化战史"之粗疏。不仅如此，在有关岳飞的史实中，中国人的历史记忆基本都是被《说岳全传》所统治的，除了拐子马以外，像比武被岳飞枪挑的小梁王，挑铁滑车的岳飞麾下第一猛将高宠，身为金兀术义子，后弃暗投明的双枪将陆文龙这些人都是纯粹的虚构人物；牛皋将金兀术骑于胯下大笑而死，岳雷扫北直捣黄龙，乃至朱仙镇大捷这些都是杜撰或夸大出来的情节，而如拐子马这样的案例也说明，传说甚至侵入历史当中，将军事史降低到神话和传说的层次。

撇去传说，针对郾城之战中的金军骑兵战术，仍有一些未明之处。比如，拐子马究竟单纯是一种泛泛的左右翼骑兵战术，还是说，金军是以行动相对缓慢的"铁浮屠"重骑兵作为居中冲击军团，轻骑兵作为两翼机动力量执行拐子马战术？这就涉及金军轻重骑兵的编排组织问题，如果弄清楚，对我们进一步解读郾城之战将很有助益。

针对金军的拐子马战术，宋军如何应对呢？毕竟，砍马腿只是一种战法，严格说来不是一种战术。《八千里路云和月》一文认为，岳飞战前曾嘱咐岳云所部骑兵"必胜而后返"，"就是要岳云谨记，击溃敌人一部之后不能追击离开战场，而是要返回战场继续作战"，"岳飞部骑兵较少，必然是要集中使用，先打垮敌军一翼之后，再去打垮敌军另外一翼，而不能把本来就很少的兵力分散成两个集团来使用"。对于此前并没有太多骑兵指挥经验的岳飞而言，能迅速总结出"不追击，集中使用骑兵"的战术，也只能用不世出的战争天才来解释了。

王曾瑜先生在《岳飞新传》一书中重点谈及岳家军骑兵对郾城之战的关键作用："岳家军在最有利于女真骑兵发挥

威力的地形，进行骑兵会战，这在宋金战争中尚属首次，也是郾城之战不同于和尚原、仙人关、顺昌等战的特点。"

如果说在顺昌之战中，宋军的防守反击开了步兵在大规模野战中击败金军精锐重骑兵先河的话，郾城之战则在保留了顺昌之战"以步制骑"精彩元素的同时，还开了宋金战争中"骑兵会战"的先河。从这一点而言，郾城之战在战史上的价值是略高于顺昌之战的。

宋高宗闻讯，也在御札中给了郾城之战很高的历史定位："自羯胡入寇，今十五年，我师临阵，何啻百战。曾未闻远以孤军，当兹巨孽，抗犬羊并集之众，于平原旷野之中，如今日之用命者也。"

可见，岳家军"于平原旷野之中"击败金军，在那个时代造成了何等的震动。

岳飞，新时代的野战之王。放眼当时的金宋两国，横刀立马，唯我岳帅一人。

必须说，完颜宗弼也不是等闲之辈，郾城之战后，他只用了一两天就整顿好军队，眼见奈何不了岳飞亲军，就转向颍昌府方向，集中了十余万人的兵力，企图歼灭王贵所部，这就是战史上著名的"颍昌之战"。

颍昌之战前，有一个甚至更为著名的小插曲。杨再兴率领三百骑兵为前哨，行至小商桥时与完颜宗弼大军猝然相遇，杨再兴再度发挥了他在郾城之战的孤胆英雄本色，所率三百骑兵全部战死，但杀伤金军达两千余人。

颖昌之战的规模要大于郾城之战。完颜宗弼集中了三万余骑兵，还有十万步兵的庞大战力，不过，金军步兵在郾城和颖昌两战中的行踪一贯很诡秘，全数参战的可能性并不大，岳家军需要重点考虑的也就是那三万余骑兵。而宋军这边则有"五个军"，按照岳家军的军制，一个军的人数在八千左右，但因为五个军都不是全军，因此岳家军此战的人数应当在两三万人。

不过，颖昌之战的戏剧性和画面感要逊于郾城之战，一开始仍然是岳云带领八百背嵬军骑兵出场，与金军骑苦战数十回合，全军"人为血人，马为血马"，岳云前后十余次杀入敌阵，身受百余处创伤，活脱脱的杨再兴第二。此战的唯一戏剧性是，岳家军的守城部队眼见形势不妙，便"擅自"从城中杀出支援，绕到金军背后，打了金军一个措手不及，顿时扭转了战场形势。这一战中，宋军共计杀死金军五千多人，俘虏两千多人，光各级军官就俘获了七十余人。

郾城和颖昌两战之后，宋军彻底掌握了中路战场的战略主动权，宋人心心念念的恢复中原从未变得像此刻这般切实。

就郾城和颖昌两战的历史地位，王曾瑜先生曾指出："自宋金开战以来，宋军主要有和尚原、仙人关、顺昌、郾城和颖昌五次大捷。"这五次大捷在战绩上或是难分轩轾，但与其他三战相比，只有郾城和颖昌两战才是真正意义上的野战对决。

直捣黄龙再评估

颍昌之战后，流行的说法是还有所谓最后一战的"朱仙镇大捷"，宋军以五百骑兵便大败十万金军，源自岳珂并经由《说岳全传》发扬光大的这一说法在史学界已基本被驳倒，"朱仙镇大捷"被视作子虚乌有之战。但更为稳妥的说法可能是，岳家军有可能曾经到过朱仙镇，也不排除发生过小规模前哨战的可能，但"大败十万金军"这样大规模战役的可能性可以说是微乎其微。

颍昌之战也好，朱仙镇大捷也好，有没有"十二道金牌"也好，有一点是明确的，岳飞此后确实被迫奉诏班师，岳飞在悲愤中发出了"十年之功，毁于一旦"的名言。

既然这是一本军事视角的书，我就暂且不从政治和道义上讨论宋高宗秦桧君臣的无耻，以及岳飞的千古奇冤，但我们不妨试问一下，如果岳飞不班师，继续北伐的话，有无可能实现"直捣黄龙"，从而彻底消灭金帝国的最终战略构想呢？或者说，可以将这个构想实现到哪个程度，是收复中原，还是收复燕云之地，还是可以直捣黄龙（今吉林省农安县）？

先看下当时的局势，宋金在东西两线处于战略僵持状态，岳家军在中线战场一枝独秀，两次大败后的完颜宗弼在短时间内很难再有可能和岳家军进行新一次主力决战，大概率是继续北撤，将包括开封在内的河南之地让给岳飞。

除了锐气正盛的岳家军之外，宋军此时还有一个极大的战略优势。岳飞在此次出兵之前，就提出了"连接河朔"的方略，简单说就是，与"敌占区"的反金义军积极联络，给予各种支援，最大限度地搅乱金军的后方。为了配合此次大军北上，岳飞在战前就派遣河北地区很有声望的数位将领分别率领小股精兵潜入金军后方，配合在河朔地区业已如火如荼的反金义军，趁金军主力和宋军展开大决战时，多路敌后义军几乎同时发难，在金军后方展开大规模破袭战，收复了大量城池，在后方留守的金军的败况甚至比前线还要惨，一时间，金帝国在河朔的统治已是风雨飘摇。

反金义军甚至写信给岳飞说："河北忠义四十余万，皆以岳字号旗帜，愿公早渡河。"

当时完颜宗弼还准备在河北签军，但惊恐地发现，金国号令已不出幽州以南，"河北诸郡无一人从者"。当然，"无一人"的绝对化说法可能也是夸张了，但很多金国的汉人官员的确已经留好后路，只待岳家军军旗一至，随时准备反正。

在这种腹背受敌的情况下，完颜宗弼相对理性的选择就是即刻北撤，有不少史料显示，他的确也做好了放弃开封的准备。

在此种大好局面之下，我们可以说，如果不是宋高宗的紧急叫停，在其他战场的宋军配合的情况下，当时岳飞凭借锐气一举收复包括开封在内的河南之地可能性极大，毕竟，岳家军离开封仅百里之遥。

但如果宋军其他部队都奉旨停止北上，仅凭岳家军一支孤军，别说收复燕云甚至直捣黄龙了，颖昌之战后是否还有余力继续北进攻取开封都在两可之间，并且还要冒着完颜宗弼大举反攻的风险。

为何如此"悲观"？

岳家军此次北上，一共也就七八万人，两次大战、无数次小战之后，再去掉留守收复城池的，能拿出来继续北上的野战部队恐怕还不到六万人，这与岳飞当年提出的"以精兵二十万直捣中原，恢复故疆"的军力规划显然差距很大。并且，还有学者曾提出，岳家军在颖昌一战中遭受了金军的猛烈反击，"折将损兵，几陷失败"，尽管这一说法可能夸大了岳家军的损失，但这也提醒我们不可过分低估岳家军的战斗减员。

而对面的金军呢？颖昌和郾城两战尽管重创金军，但毕竟没有打成歼灭战，两战对金军的杀伤都在数千人，完颜宗弼主力尚存，尽管一时间丧失了主动进攻能力，但在北撤退出河南之后，稍加喘息和补充后备兵员，仍可以重整出一支十万人以上的大军。徐规先生在《朱仙镇之役与岳飞班师考辨》一文中也指出：东路的张俊主力部队先于岳飞班师，使得"金兀术能够集中兵力来对付正在开封附近地区孤军奋战的岳家军，岳飞被迫班师显然与此有关"；而完颜宗弼新败后也在河北、河东与少数民族地区大举征兵，并准备再度南侵。

也就是说,如果是岳飞单军突进的话,一举拿下开封的可能性自然有,但能否在完颜宗弼之后的大举反攻下凭借孤军守住开封,就是核心问题了。对于岳飞这样的一代名将,他自然不可能复制汉武帝时代李广利那种以全军性命为筹码的赌博式进攻,理性选择也就是"被迫班师"。

那么,如果宋高宗改变决定,继续大力支持宋军特别是岳家军的北伐呢?

如前所述,我认为岳家军收复包括开封在内的河南之地悬念不大,事实上,完颜宗弼基本上也会不战而退,将空城开封留给岳飞。相应的,如果宋军趁此发动全面进攻,东西两线同时发难,韩世忠在东线挺进山东,吴璘在西线恢复关中,都是可能性很大的事情。

那么,再进一步的话,收复燕云以及直捣黄龙呢?

对此,在这里我就不说太多了,因为涉及太多的推理与"what if"。但我想明确地表达自己的意见:在短期内,收复燕云难度极大,直捣黄龙绝无可能。邓广铭先生在《"黄龙痛饮"考释》一文中提供了另外一个观察视角:岳飞所说的"黄龙府"实指的很可能就是燕京城,直捣黄龙也就是收复燕云之地的意思,并非是挺进吉林省的那个辽金重镇。

简单说几点直捣"黄龙"绝无可能的理由。

第一,在真实历史上,完颜宗弼在宋军从中原撤军后不到半年,就统兵九万对淮西发动主动进攻,可见金军远没有到元气大伤的地步，军队战力恢复的速度也极快。金军的骑兵优势尽管在顺昌、郾城和颍昌三战中光环消散，但只要金军认真总结被宋军以步制骑的教训，骑兵克制步兵作为一个古代战争史上的基本规律，是不会长期"失灵"的，特别是，宋金此时的交锋战场都在适合骑兵长驱直入的华北平原，更有利于金军骑兵的战力发挥。

第二，从联金灭辽时的历史经验来看，宋人一贯有高估燕云汉人"心怀故国"的情怀误区。范仲淹就曾说过"幽燕数州，人本汉俗，思汉之意，子孙不忘"，但当宋军联金灭辽进军燕云地区时，却远没有得到当地汉人"箪食壶浆"和"当以香花楼子，界首迎接"的"王师"待遇。同样，沿袭了辽帝国统治基础的金帝国在北方也没有那么不得民心，如陆游"遗民泪尽胡尘里，南望王师又一年"的叹息也只是一种南宋人的燕云想象罢了。即使以最低限度来看，宋军在北方就地得到充足补给的可能性都不大，后勤供应仍然有赖于后方的江淮地区，一路北进时的补给线将会暴露出很大问题，特别考虑到宋军的后勤补给系统一贯效率低下；反观金军，在家门口作战反而获得了补给优势，更有利于放大骑兵的机动优势。而如果战争真的进入东北地区，由于离开了传统农业区，离江淮补给中心路途遥远，宋军的补给劣势将成倍放大，对岳家军的战斗力将形成极大的牵制。要知道，强如明初的徐达，在中原对蒙古骑兵的作战几乎无往不利，深入草原之后就曾惨败于业已严重衰落的蒙古骑兵，丧师数万,岳家军再强也无法脱离战争的基本规律。

第三,对河朔义军的作用也不能过于高估。在真实历史上,一旦宋军主力从前线撤军,号称40万的义军很快就土崩瓦解。从中国战争史的一般经验来看,对于此类民间武装的战斗力,以及动辄数十万的数量,都不能太当真,很多时候他们仅仅有打顺风仗的能力,一旦金军在前线稳住,义军的作用也就仅限于在后方牵制金军部分兵力而已,很难造成"心腹之患"式的破坏。

第四,宋金在绍兴和议之后进入战略相持阶段,固然有宋高宗君臣妥协苟且的一面,但根本上还是宋金双方的实力对比趋于均衡使然,这不是哪个天才将领可以改变的。正如虞云国先生在《南宋行暮》一书中曾写道:"从绍兴末年金主完颜亮南侵,中经隆兴北伐,直至开禧北伐,不论率先发动战争的是宋还是金,从来都没能如愿以偿过,其间地缘政治的综合因素似在冥冥之中起着决定性的作用。"

作为旷世名将,岳飞对以上谈到的北伐问题不可能没有认真考量。尽管本文近乎无条件地褒扬岳家军的野战基因和进攻主义,但在客观条件没有具备的情况下,岳飞绝无可能兵行险着,冒着全军覆没的风险一路北上。进攻主义绝不意味着冒进,谨慎也是一种"运用之妙,存乎一心"。

事实上,在我看来,"直捣黄龙"很大程度上只是岳飞为振奋全国人心军心所用的宣传话语,无论在具体军事部署上,还是在和宋高宗的沟通中,岳飞的中长期战略目标都是聚焦于"恢复中原",而这正是一代名将对当时战争局势的最冷静评估。

尽可能地还原岳飞北伐的一些军事部署,撇去后世施加在岳飞身上的那些夸张与神话,才是对岳飞这样一位千古名帅的最大尊重。毕竟,岳飞就是一个在战场上实事求是的人。

最后,将克劳塞维茨在《战争论》中的一段话献给伟大的岳帅和岳家军:"如果有这样一支军队:在尸横遍野的战火中保持凝聚力,不会被虚幻的恐惧吓倒,能够强有力地抵抗现实的恐惧;会为取得的胜利感到自豪,即使在失败中也能服从命令,不会丧失对上级的尊敬和信赖;这种军队的体能就像运动员的肌肉,在艰难困苦中得到过锤炼;他们把艰难困苦视为走向胜利的必要手段,而不是前进道路上的厄运;这样的军队有极强的荣誉感,恪守职责、不忘美德——这就是一支充满尚武精神的部队。"

延伸阅读:

《岳飞传》,邓广铭著,生活·读书·新知三联书店,2007年3月版。

《尽忠报国——岳飞新传》,王曾瑜著,河北人民出版社,2007年10月版。

《岳家军研究》,史泠歌著,河北大学出版社,2016年8月版。

《细说岳飞》,顾宏义著,华中科技大学出版社,2017年

9月版。

《天裂：十二世纪宋金和战实录》，顾宏义著，上海书店出版社，2012年3月版。

《辽金军制》，王曾瑜著，河北大学出版社，2011年1月版。

《经略幽燕：宋辽战争军事灾难的战略分析》，曾瑞龙著，浙江大学出版社，2019年7月版。

《拓边西北：北宋中后期对夏战争研究》，曾瑞龙著，浙江大学出版社，2019年7月版。

《中国军事通史·南宋金军事史》，军事科学院主编，军事科学出版社，1998年10月版。

蒙古灭金：骑兵的终极版本

野狐岭：一战定兴亡

以历史的后见之明来看，历时24年的蒙金战争（1211—1234年），其实在第一个回合就已决定性地分出了胜负。

金大安三年（1211年）二月，成吉思汗亲自率军大举伐金。此前，蒙古为了伐金时剪其羽翼，自泰和五年（1205年）始三次进攻西夏，大安元年（1209年）时更是包围了西夏都城中兴府，逼得西夏签下臣服纳贡的城下之盟。对蒙古人而言一个意外的"收获"是，西夏战事不利时曾求援于金，却遭致金国幸灾乐祸的拒绝，金章宗甚至说"敌人相攻，中国之福，吾何患焉"，由此金夏同盟走向破裂，双方在强敌在侧的情况下展开了长达十余年的自相残杀。

面对蒙古骑兵的长驱直入，女真人的第一反应是完全中原王朝式的消极防守——"修长城"，进一步加固前些年开始修建的金界壕，打算依托界壕边堡在中都西北和蒙古军打一场筑垒防御战，全无当年金军吞辽灭宋时"骑兵驰突，四通八达"的野战主义风采。

而讽刺的是，就在金军统帅独吉思忠"用工七十五万"

加固西北路约三百公里长的金界壕时,大安三年七月,蒙古骑兵打来了,一举拿下了乌沙堡和乌月营,金军西北长城防线由此全面崩溃。

一个最简单的军事逻辑是,无论金军处于何等的兵力优势,耗散在三百公里长的防线上就等于处处薄弱,只要成吉思汗集中数万兵力攻其一点,防线焉有不破之理。更何况,金军的金界壕防线还是临时抱佛脚,几十万民工暴露在蒙古军的刀锋下,一打起仗来就是雪崩式的溃逃,又如何组织有秩序的防御呢?

这也正如金平章政事徒单镒所说:"自国家与蒙古交兵以来,彼聚而行,我散而守;以聚攻散,其败必然。"在蒙古军集中一点的攻势面前,金军分散兵力的消极防守战法屡屡受挫,而这只是第一次罢了。

西北防线瓦解之后,金帝国当时的统治者完颜永济(卫绍王)解除了独吉思忠的兵权,改任在金宋战场上有突出表现的完颜承裕为统帅。但完颜承裕干脆连据城打防御战的勇气都没有,将桓、昌、抚三州拱手相让于蒙古军(另一说为野狐岭之战后),径直退往野狐岭(今河北省张家口市万全区)一线,似乎只有依靠险要的山势才能让金军有一战的信心。

三个坚城的失守让蒙古军在进行野狐岭之战时没了后顾之忧,更重要的是,桓州(今内蒙古正蓝旗西北)是金帝国养马的牧监重地,失守对业已衰落的金军骑兵造成了致命一击,不过这是后话,稍后再作讨论。

大安三年八月的野狐岭之战前，完颜承裕手中号称有45万大军（一说40万），对阵成吉思汗的数万骑兵。但有理由相信，金军的这一数字有不小的水分，不仅说是45万人可能涉及夸大，并且金军中很可能有相当一部分是此前修筑金界壕的民夫，无论如何，金军中有野战能力的"战兵"不太可能有40万人。事实上，按照金朝的军制，此时金军正规军的总数都没有40万人，还要兼顾辽东、金夏边境、金宋边境（两淮和川陕）等多个战略方向，又哪里可以拿出40万"战兵"放在野狐岭一隅之地呢？即使真有40万人，其中相当一部分也是临时抽来的汉人"签军"，甚至是民夫了。

对于金军而言，野狐岭虽然是利于防守的险要之地，但与金界壕之战异曲同工的是，野狐岭也不是一个很狭窄的地理概念，金军在此仍然陷入了"分兵防守"的误区，山地作战还影响了金军各部的联络呼应，因此被木华黎一击即破。

事实上，"野狐岭之战"是由狭义上的"野狐岭之战"和距离不远的"浍河川之战"两战组成，甚至有说法认为，金军在野狐岭上只放了七千人，之后浍河川之战的规模更大，怯战的完颜承裕原就无心在野狐岭决战，短暂对阵后就迅速撤离到浍河川（今河北怀安东），但最终还是被跟踪追击至此的蒙古军打到全军覆没。

无论是"野狐岭"还是"浍河川"，有一点是明确的，金军的确在广义上的"野狐岭之战"中遭到了致命一击，"死者蔽野塞川"，"金人精锐尽没于此"。

在野狐岭之战中，金帝国很可能是丧失了唯一一支可以机动使用的野战军大兵团，但如之前所说，40万人是一个很有争议性的"虚数"，金军野战兵团的损失从数万人到二三十万人之间都有可能。

除了争议颇大的军力损失之外，此战对金帝国的伤害甚至是远超战役本身的。野狐岭之战后，金军在中都一带的兵力极度空虚，紧急从各个战场调兵回来"勤王"，特别是从作为龙兴之地的辽东也撤回来两万人。第二年（1212年），耶律留哥就在辽东发起了契丹遗民之乱，复辟了辽国；连锁反应随即而来，参加了野狐岭之战的金帝国大将蒲鲜万奴，攻伐耶律留哥失利之后，对金国前途彻底失望，于金贞祐二年（1214年）叛金，自立为天王，国号"大真"；成吉思汗自然不会错过耶律留哥和蒲鲜万奴起兵的大乱时机，也在贞祐二年派木华黎进军辽东，仅用了一年多时间就平定了辽东，金帝国自此彻底丧失了龙兴之地，上百万猛安谋克随之离散，导致了金国"基本武力"的进一步衰落。

野狐岭之战对金帝国的"国家威信"打击也是巨大的，让其陷入了四面起火的绝地。本就和金人撕破脸了的西夏由此坚定了对金作倾国一战的决心；山东河北一带的反金义军"红袄军"趁乱起事，短时内即成燎原之势，规模最大时竟至数十万；还有内乱，至宁元年（1213年），曾在野狐岭之战中惨败的胡沙虎发动政变，杀掉了卫绍王完颜永济，拥立金宣宗完颜珣为新帝，而正是这位金宣宗，日后做出了抛弃中都南逃的昏招。

当然，野狐岭之战对金帝国最直接的影响是，黄河以北至此成为蒙古铁骑任意驰骋之地，包括河北和山西在内的华北从此再无片刻安宁，金国的人口、农业，特别是财政陷入了持续失血的绝境。

作为金国都城的中都（今北京）也概莫能外。尽管金军在中都的防守异常坚固，蒙古军几次围城都未果，但动辄被围的危局还是彻底击垮了金宣宗的斗志和勇气，顶着百官和太学生的反对于1214年强行宣布迁都，南迁至南京开封。此举自然让金帝国的中枢得到了一定的缓冲之地，让蒙古军队的"斩首"行动变得不再那么轻而易举，但更大的危害是，迁都让金国包括中都在内的黄河以北守军军心沦丧。第二年（1215年）五月，蒙古军终于拿下了中都，金中都主帅完颜承晖服毒自杀，这也是蒙金开战以来擅长野战的蒙古军攻克的第一座有标志性意义的超大城池。

失去了中都和辽东之后，曾经人口高达5000万人的金帝国有效控制区实际上已经大幅缩小至当年北宋的北方地区，如果再考虑到红袄军此时在山东的如火如荼，金帝国政令真正可以通达的地区就只剩河南和陕西了。试问，仅凭这一小块地方，金帝国又如何展开复兴大计，更重要的是，拿什么去养活将要和蒙古人血战的几十万大军呢？

以上说的这几点，都是野狐岭之战后非常直接的连锁反应，从这一点上来说，《金史》评论野狐岭之战说"识者谓金之亡,决于是役",绝非夸大之语。

在蒙金战争的第一年,双方主力军团的第一次正面决战中,此前看似庞然大物的金帝国不仅彻底丧失了战略主动权,从此片刻都没有脱离被动挨打的态势,更是提前注定了亡国的终局。

但野狐岭之战又不是"淝水之战"一类的灭国之战,毕竟,金国在战后还坚持了23年之久。因此,更有意义的设问是,在一战定兴亡的野狐岭之战后,金帝国何以苟延残喘到1234年,而不是"旋踵而亡",其间甚至还出现过似是而非的"中兴"?

速决战打成了持久战

很遗憾,上述这个问题的答案甚至与金国的"迷途知返"没什么大的关系。相反,金国还昏招迭出,在与西夏鏖战的同时,金宣宗还于1217年发动了侵宋战争,而理由居然是荒谬至极的"北失南补",不仅空耗了国力,还损失了本可用于金蒙战场的宝贵生力军。金末汉族文人刘祁在《归潜志》中叹息称:"南渡后,屡兴师伐宋,盖其意以河南、陕西狭隘,将取地南中。夫己所有不能保,而夺人所有,岂有是理?……嗟乎!避强欺弱,望其复振,难哉。"

此时,金国已是危如累卵,有效控制区仅剩下陕西和河南。以蒙古军前几年的进军速度而言,且面对的还是一支已被严重削弱的金军,如果全力灭金,至多也就是三五年的事情。

而金帝国之所以没有在野狐岭之战数年后就亡国,最重要的原因,或者说唯一原因就是:蒙古军的主力突然从蒙金前线撤了。

元太祖十二年(1217年,金贞祐五年)八月,成吉思汗封木华黎为太师、国王,全权指挥攻金。而成吉思汗亲率的蒙古军主力则在灭西辽后,发动了世界史上著名的蒙古西征,以十万以上的兵力,历时七年,一路打到了阿富汗、伊朗、格鲁吉亚和阿塞拜疆腹地,征服了中亚最强大的国家花剌子模,连带消灭了对方的40万大军。

成吉思汗为何在本有希望再加把劲就可以一举灭金的当口突然西征呢?最直接的原因当然是所谓花剌子模国王摩诃末杀掉了蒙古使节,但更根本的原因可能是,成吉思汗认为此时的金帝国是只待宰的羔羊,被灭掉只是早晚而已。除了眼前苟延残喘的金国之外,还有远方,而正是这更远的远方定义了这位有史以来最伟大的征服者。也就是说,灭金这样一个"小目标"对于此时的成吉思汗而言有些无关紧要了,他的野心和壮志远不是一个金国可以容纳的。

那么,西征的成吉思汗留给木华黎多少人用来对付金国呢?乍一看也不少,有十万人,但再一端详,这十万人中正牌的蒙古军只有寥寥1.3万人,而其他都来自汪古部、契丹和汉人。

但也就是木华黎这点人,依然一派全面进攻的气吞万里如虎之势，一度打得金国只有招架之功，更别提什么夺回战略主动权了。当然，正如前所说，金军趁着铁木真不在的确也干了件大事：进攻南宋。

但气势归气势，仅凭木华黎这点蒙古军，继续掌控战争主动权或许是足够的，但想要灭金就难度过高了，事实上成吉思汗很可能也只打算让木华黎牵制金军就足够了。木华黎一直到元光二年（1223年）去世前，都未能彻底摧毁金军的潼关防线和黄河防线，在攻陕西凤翔失败后病死。

土地越占越多，木华黎却又兵力有限怎么办？木华黎想出了一个天才的办法：分封汉人世侯。金宣宗南渡之后，山东河北一带原本心向金国的很多汉人地主武装眼见金国大势已去，纷纷转投蒙古，而在木华黎那里也得到了相当高的礼遇和自主权，他们中的很多人日后都成为元帝国赫赫有名的"汉人世侯"，甚至被赋予藩镇和诸侯一般的权力——管理某一地区的军事、民事、财政，以及设置僚属的世袭权力，其中最有名的就是张柔（日后在崖山之战中灭宋的元将张弘范之父）和史天倪、史天泽兄弟了。

为了对付"汉人世侯"的威胁，金人推出了一项对标模式："九公封建"。所谓九公封建，就是分封九个地主武装首领，由此，金帝国得到了汉人地主武装的鼎力支持，这可是帝国末期的最主要军力之一。如果没有九公封建，金国会在河北、山东一带彻底丧失存在感，亡国的时间也可能会提前数年。当然，这依然是蒙古西征的派生品，如果蒙古军主力在，很可能"九公封建"还未来得及推出，金国已然亡国。

"汉人世侯"VS"九公封建"，在蒙古西征及之后的几年中，蒙金战争从某种意义上来说就是一种"代理人战争"，蒙金双方都用世袭诸侯的权位吸引汉人地主武装作为主力参战。一方是因主力去国万里，兵力不足；一方是因作为帝国基本武力的猛安谋克日渐衰落，不得不另辟蹊径。

至于再之后的大昌原之战、倒回谷之战、卫州之战这三次金军的标志性胜利，是否延续了以及延续了多久金国的寿命都很难说，即使有，也都是成吉思汗死后窝阔台时代的事情了，如果不是蒙古西征，成吉思汗在1227年去世前就已完成了灭金大业。

当然，同样很合理的说法是，当蒙古大军主动放弃了一鼓作气灭金的时机之后，获得了喘息时机的金军从起初的巨大陌生感中走出，逐渐熟悉了蒙古军的划时代战法，稳住了阵脚。当蒙古大军再次大举进攻时，势必要付出比一开始更大的代价和时间，但因为实力过于悬殊，所谓"更大"也只是一个相对概念，更重要的是，蒙古人本可以不给金军这个喘息续命的机会。

因此，可以断言，金国之所以能续命至1234年，将一场大概率在10年内解决的战争拖长至24年，快慢节奏始终都操控在率性而为的蒙古人手中，套用《三体》中那句流行的话来说，就是"我何时毁灭你，与你无关"。

更残酷的事实在于，如果金军的战场表现比历史上更高一个层次的话,那么很可能激发起成吉思汗更强烈的征服欲,有可能就推迟西征倾力灭金了,如此,金国的亡国时间反而会提前。夸张点说,就是金军表现得差,反而"有助于"多活几年。

这对于身为东亚第一强国,曾号称"满万不能敌"的金帝国而言,可能是比亡国更为屈辱的事情吧。

失踪的女真铁骑

当蒙金战争爆发时,金军的孱弱程度可能让自信满满的蒙古人也大吃一惊,特别是金军完全放弃机动性的被动防守,以及严重缺乏韧性的一触即溃,完全颠覆了开国之初那支金军"坚忍"的历史人设。

这时候,一个非常合理的疑问是:那支曾经纵横天下的女真铁骑去哪了?

在我看来,这个问题可以分两个层面探讨。第一,作为金帝国基本武力的女真猛安谋克在短短几十年为何衰落如斯?第二,当年那支无坚不摧的金军骑兵,特别是冠绝天下的重骑兵去哪了,为何在蒙金战争中几乎看不到"铁浮屠"们的身影?

先说第一点。

《金史·兵志》说:"金兴,用兵如神,战胜攻取,无敌当世,曾未十年,遂定大业。原其成功之速,俗本鸷劲,人多沉雄，兄弟子姓才皆良将，部落保伍技皆锐兵。"1114年，完颜阿骨打定制以"三百户为谋克，十谋克为猛安"，如同后世清帝国的八旗制一样，猛安谋克制度由此成为金帝国的基本军事制度。

然后，从金熙宗开始，女真人从上到下就开始了急速的汉化，海陵王完颜亮更是确立了汉地本位政策。女真社会的汉化在政治和文化上有诸多正面作用，但在军事上，对女真人传统的尚武精神可谓一次毁灭性打击。正如刘浦江先生在名文《女真的汉化道路与大金帝国的覆亡》中所说，"仅仅三四十年之后，女真人就尽失其昔日的勇锐"。

王曾瑜先生在《辽金军制》中也写道，"金朝女真人的汉化程度高于辽朝契丹人，而金朝武运由盛转衰的时限也比辽朝短促"。

甚至，如刘浦江所说，"女真人的汉化，从根本上改变了他们昔日的好战精神和勇敢无畏的性格"。海陵王末年，宋人曾讽刺金军称，"当其出军，其金人与亲戚泣别，自谓极边，有往而不返之虑。其军畏怯如此"；到了金世宗时代，女真人私下对宋使抱怨说，"旧时见说厮杀都欢喜，而今只怕签起去"。

尚武精神的丧失直接导致了女真人战斗力的急速下滑。刘浦江先生以金宋外交场合的"射弓宴"为例分析了金宋军人战斗力的消长，"双方在宴会上射箭以决胜负。金朝前期，金人在这种场合往往是胜多负少，然而从世宗以后，胜负就颠倒过来了","这种情况屡屡发生,令金人感到很失面子",有一次,金国派出了殿前右卫将军完颜守荣这样的高级职业将领"参赛",竟然还是输给了南宋使者。

据日本学者三上次男在《金代女真研究》中的估算,到了金世宗大定年间,金国可以动员的猛安谋克军已到了20万人左右,比开国之初有了不小的增长。但此时这支猛安谋克军却再也不是国初那支"精兵",金大定八年(1168年),金廷从猛安谋克中遴选侍卫亲军,"其中多不能弓矢",可见猛安谋克战斗力的日趋下降已经是一个相当普遍的现象,以至于连侍卫亲军这样金军最精锐的部队都难以遴选。正如刘浦江先生所说:"金源一朝的盛衰,在很大程度上取决于猛安谋克的盛衰,金朝后期的猛安谋克完全丧失了战斗力,这对金的败亡有着举足轻重的影响。"

就如同清代中期之后清帝对八旗汉化的忧虑一样,猛安谋克的腐化也引起了金帝国上层的警醒。金廷重臣曾向金世宗指出:"军政不修几三十年矣,阙额不补者过半,其见存者皆溃散之余,不习战阵。"金世宗也深知女真人"不习骑射,不任军旅",甚至破天荒地开始担心金军连宋军都打不过,"朕闻宋军自来教习不辍,今我军专务游惰,卿等勿谓天下既安而无豫防之心,一旦有警,军不可用,顾不败事耶?其令以时训练"。

而金世宗的盛世危言也被证明不是杞人忧天。正是在金国最鼎盛的世宗年间,南宋川陕一带的边将曾很不屑地嘲讽猛安谋克称,"敌兵易与,十不敌部落一二",而金军还真就"从善如流"地"招西蕃部落为军",以对付宋军。

为此,金世宗掀开了一场轰轰烈烈的改革,这被陶晋生在《女真史论》中称为"女真本土化运动",希望借此唤醒同胞的尚武精神,"祖宗以武定天下,岂以承平遽忘之邪?皇统尝罢此事,当时之人皆以为非,朕所亲见,故示天下以习武耳"。这一幕很难不让人想起康乾时代的"木兰秋狝"。

但金世宗的"国语骑射"式的努力最终被证明是徒劳。到了金章宗时代,不仅迁居汉地的猛安谋克日趋文弱化,连黑龙江下游地区的"新女真",素以勇悍著称的胡里改人也加入了汉化大潮,金军也等同于丧失了最后的原教旨意义上的"兵源地"。

既然作为帝国基本武力的女真猛安谋克不行了,金国还能依靠谁?

契丹人肯定靠不上。不是说契丹人不能打,讽刺的是,金代末期的契丹人因为汉化程度不如女真人,战斗力反而比女真人更强。但问题是,有灭国之恨的契丹人对金帝国能有几分忠诚?金世宗就曾有言,"异时或有边衅,契丹岂肯与我一心也哉",金国历代皇帝对契丹人都留着一手,卫绍王时期北边有警,他竟下令"辽民一户,以二女真户夹居防之"。这自然可以理解为防患于未然及深谋远虑,但这样做的最大问题,套用索罗斯的反身性理论就是,猜疑和防范会进一步加深契丹人的离心力,最终让金世宗的猜疑更加容易成真。蒙金开战第二年,契丹人耶律留哥就在辽东起兵,使金帝国葬送了龙兴之地;野狐岭之战后,以契丹人为主的"纠军"一度成为当时金军最有战斗力的队伍,金宣宗迁都开封时,还将纠军作为精锐部队护驾,后来纠军却在中都附近哗变,转投蒙古,使蒙古人得以顺利打下中都。

作为金国人口最大的组成部分,抽调汉人参军显然是一个办法。与我们的传统认知有出入的是,当地汉人对金帝国并非那么缺乏国家认同,更不是终日等着宋军来解放的夸张状态,金帝国的汉化至少在争取汉人人心上是有正面作用的,陆游所谓"遗民泪尽胡尘里,南望王师又一年"只是文人的浪漫主义想象罢了。但问题是,金国的军制有很大问题,特别是抽调汉人参军的"签军"制度有点类似后世抽壮丁一般,刘祁在《归潜志》中曾批评称,"金朝兵制最弊,每有征伐或边衅,动下令签军,州县骚动。其民家有数丁男好身手,或时尽拣取无遗,号泣怨嗟,阖家以为苦。驱此辈战,欲其克胜,难哉"。

女真猛安谋克"不习战阵",契丹人"岂肯与我一心",汉人又在签军制度下"号泣怨嗟",因此,当蒙古大军入侵时,金帝国的尴尬处境和太平天国起兵时的清军极其类似了:满蒙八旗不能打,接班的汉人绿营也跟着腐化了。

可以说,金军后期赖以与蒙古军周旋的,主要是一些"杂牌"部队,但谁说"杂牌军"不能打呢,湘军不也是朝廷经制武力以外的杂牌军吗?

没错。在金代末期，最能战的部队就要数"忠孝"军了。忠孝军由"河朔各路归正人"组成，民族成分极其复杂，包括回纥、乃蛮、羌、浑人及中原被俘逃来的汉人，给三倍军饷，"授以官马"。这支部队也就在一千余人，但在完颜陈和尚的指挥之下，却取得了辉煌的抗蒙战绩，特别是在大昌原一役中，忠孝军以四百人击破八千蒙古军，是金军在金蒙交战二十年来前所未有之大捷。

除了忠孝军，金末另外一支抗蒙中坚力量就是之前曾提到的以汉人为主的抗蒙义军了。除了如武仙这样的"封建九公"武装之外，出身于抗蒙义军的还有郭仲元的"花帽军"，郭仲元号称大金国最后的名帅，曾在凤翔之战中让木华黎撤围而归。

说完导致女真人战斗力严重下滑的汉化，再说在蒙金战争中几无存在感的女真骑兵。

金军在开国之初本是一支纯粹的骑兵军团，"虏人用兵专尚骑"，"骑兵驰突，四通八达，步人不能抗"，更曾有17名女真骑兵击溃数千宋军的惊人胜绩。随着战线的拉长，金军虽然开始引入汉人步兵，但女真骑兵仍然是这支军队的绝对主力。

但在蒙金战争中，这支曾笑傲天下的女真骑兵去哪了，我们在战争中看到的怎么是一支比宋人还要消极防守，全无机动性的金军？

原因可能有三点。第一，金军骑兵的主要构成是女真人的猛安谋克,当猛安谋克的骑射技艺日渐生疏,尚武精神被承平时光消磨殆尽之后,你又怎么指望还能找到当年那支精锐的女真铁骑呢?这就是一个"皮之不存,毛将焉附"的道理啊。

第二,随着汉化的加深,金军开始像宋人一样更注重据城防守,战略思想也日益保守化,特别是面对蒙古骑兵时已经丧失了大打野战和对攻的勇气,以进攻为天性的骑兵在金军的地位也变得有所边缘化。一个简单的逻辑是,在一支被防御主义主导的军队中,一个始终秉持进攻主义和野战灵魂的兵种在多数时候只能是一个辅助性力量。更何况,长期地被边缘化也势必影响到金军骑兵的装备水平、训练水平,特别是实战经验,一旦真的需要骑兵站出来时,也很难起到"即插即用"的奇效,这就进入了一种恶性循环。千万别拿金军骑兵和宋军打的那几仗说事,后期的宋金战争中再也没办法重现岳飞时期的宋金骑兵对决了,这种"低层次"的战争经验对金军骑兵的帮助并不大。

更重要的可能是第三点,金军的马没了。在蒙金战争初期,金军溃败得过于迅速,连养马重地都顾及不了,将群牧监所在地桓州(今内蒙古正蓝旗西北四郎城)丢给了蒙古人。《元史》中说"下金桓州,得其监马几百万匹,分属诸军,军势大振",几百万匹很可能是夸大之语,但就算是几十万匹马,对金军也是一个重大损失,更重要的是,金军从此失去了境内最佳的养马地之一。之后没几年,金军又丢掉了辽东和燕云之地，将国内适合养马的地方基本都扔给了蒙古人，马政再无复兴的可能，陷入了与北宋当年遭遇的"无处养马"极其类似的窘境。有大臣曾上书金宣宗，"山东残破，群盗满野，官军既少，且无骑兵"，金军实际上也是被迫从步骑混编转变为以步兵为主，更别提开国初骑兵"一人双马"的标配了。南迁之后，金国虽想在河南强行养马，重建骑兵，但一来在古代的技术条件下，黄河以南大量繁殖战马的难度很高、性价比很低，二来侵蚀了本就捉襟见肘的农地，加剧了金国业已严重的农业和财政危机。

轻重骑兵之争

就蒙金战争中的金军骑兵，还有一个不容忽视的讨论维度是，女真骑兵和蒙古骑兵是同一类型的骑兵吗？他们战术风格的不同是否也影响了在战场上交锋的表现？

本书此前曾谈到轻骑兵和重骑兵，他们的主要区别就在于战马是否披挂马铠。

金军极其重视重骑兵，复兴了南北朝重骑兵的"甲骑具装"的传统。在战术风格上，除了同时代通行的骑射战术外，金军更崇尚"一阵退，复一阵来，每一阵重如一阵"的正面冲击白刃战，即所谓"冲击—撤离—再次冲击"的马镫时代重骑兵经典战术。在宋金战争中，完颜宗弼最倚重的一支精锐部队就是堪称中国重骑兵巅峰的"铁浮屠"，"兜鍪极坚，止露两目，枪箭所不能入"，是中国战史上最接近欧洲中世纪"超重装骑兵"的部队。

而蒙古骑兵则几乎无条件地强调机动性，为了机动性，他们可以牺牲防御性，特别是战马不披马铠，轻骑兵也由此成为蒙古骑兵中的主力兵种，在战术风格上也相对崇尚更能发挥机动性的骑射，而不是正面冲击。梅天穆在《世界历史上的蒙古征服》一书中写道，"蒙古战士主要是轻装弓骑兵"，"大多装备轻型护甲，但他们的护甲是以皮革或金属制成的薄甲，较锁子甲更善于防箭"，"在将马的机动性与弓箭的火力相结合这一方面，蒙古人是最为精熟的"。

当然，蒙古骑兵并不是完全排斥正面冲击战术，曾出使蒙古的南宋人彭大雅在《黑鞑事略》中说，蒙古骑兵"每以骑队轻突敌阵，一冲才动，则不论众寡，长驱直入。敌虽十万，亦不能支。"虽然彭大雅的记录很可能以偏概全了，但至少也说明了蒙古骑兵的冲击能力。《世界历史上的蒙古征服》一书说的可能更接近战场实际，蒙古骑兵"通常只有在敌人阵型散乱或变弱的决定性时刻，才直接与敌人近距离交锋"，在大多数时候，他们"将草原上的战术推向极致，例如包围战术和'假撤退'战术。这些战术将他们的弓箭技巧和机动性发挥到了极致，使他们能够保持在敌人武器射程之外"。

准确地说，蒙古和金国的骑兵其实都是"混装骑兵"，兵种上重骑兵和轻骑兵混编，战术上也是冲击和骑射战术混用，所谓轻重之分只是侧重点和核心竞争力不同罢了。美国学者杜普伊在《武器和战争的演变》中就认为，"典型的蒙古军队中大约有百分之四十是从事突击行动的重骑兵"，"重骑兵的马匹往往也披有少量皮制盔甲"，"重骑兵主要的兵器是长枪，每个士兵还带一柄短弯刀或一根狼牙棒"。

但蒙金骑兵的"轻""重"定义甚至也是有所不同的。蒙古重骑兵的"重"，是相对于骑士只戴头盔而不穿铠甲、战马完全不披马铠的蒙古轻骑兵而言的，如果与以铁浮屠为代表的金军重骑兵相比，蒙古重骑兵更像是一支轻骑兵；而金军轻骑兵的"轻"，也是相对于人穿双层铁甲、马全身披甲的金军铁浮屠而言的，一些金军轻骑兵甚至也是战马披甲，只是马铠相对轻，骑兵"甲止半身"。

总体做个比较就是，女真骑兵更"重"，更注重防御性；而蒙古骑兵更"轻"，更强调机动性。针对轻重之争，李硕在《南北战争三百年》一书中提出：轻骑兵本就可以克制重骑兵。他认为，甲骑具装是骑兵对步兵战斗的产物，在骑兵之间的战斗中并不适用，"马铠会增加战马的负担，使战马过早疲倦，影响奔跑。这点机动性的降低，在冲击步兵时影响并不明显，因为步兵的速度和骑兵差距太大；但当交战双方都是骑兵时，马铠对战马速度的影响可能就是致命的了"。

也就是说，重骑兵的优势是利用其高防御性来冲击步兵结阵，而如果你的对手并没有太多步兵，反而是轻骑兵时，重骑兵最好的战法就是脱掉马铠，让自己也"变成"轻骑兵。这也正是唐初面对突厥骑兵的威胁时,唐军为何抛弃南北朝"甲骑具装"的骑兵传统,转而盛行轻骑兵的原因。

在实战中,蒙古骑兵的确摸索到了克制重骑兵的有效战术,与一千年前帕提亚骑兵以快制慢的"帕提亚战术"颇有相似之处。由于骑兵军团会战的战例不多,这在蒙金战场上还不算特别明显,但在蒙古西征中却显示得淋漓尽致。当面对欧洲重骑兵时,如《世界历史上的蒙古征服》所说,蒙古骑兵往往"向敌阵派出多波战士,每一波都在冲锋的同时射箭,并在与敌军接触之前退却,回转至己方阵线。他们射出最后的箭矢并退却时,距离敌军四五十米。这段距离足够他们的箭矢穿透敌人的护甲,同时也足以使他们避开敌人的反冲锋"。

也就是说,蒙古骑兵根本不给对方重骑兵什么近距离白刃战的机会,以西欧重骑兵的"龟速",进攻时完全追不上蒙古轻骑兵,等到重骑兵休息时,蒙古骑兵再调头杀回来给你来一顿箭雨……这样反复数个回合,蒙古人凭借机动性优势和佯退战术,在利用弓箭大量杀伤对方重骑兵的同时,也将对方的体力和士气消耗殆尽。此时,差不多就是蒙古骑兵全线压上,用白刃战最后解决对方的时候了,蒙古骑兵并非不擅长冲击肉搏战,而是骑射更可以发挥其高机动性的比较优势,减少伤亡。

很多人也许会问,重骑兵的铠甲没办法抵御蒙古弓箭的攻击性吗?蒙古人装备的是双曲反弯复合弓,《武器和战争的演变》一书说，蒙古骑兵身带两种箭，"一种比较轻，箭头小而尖利，用于远射；另一种比较重，箭头大而宽，用于近战"。蒙古人的双曲反弯复合弓拥有惊人的穿透力和射程，在150米以内的较短距离战斗中，这种弓射出的箭大概率可以洞穿锁子甲以及其他护甲。蒙古骑兵根本不怕接近重骑兵，反正你也追不上。当重骑兵的防御性优势被破解，然后在机动性上又远无法匹敌于蒙古骑兵，这仗能打成怎样也就不言而喻了。

不仅高机动性和举世无双的耐久性，让蒙古骑兵可进行卫青、霍去病式的长途奔袭，更让其超越前代所有骑兵的是，蒙古骑兵的机动性是可以长期保持的，可以承担如西征这样经年累月跨境作战的任务，用坚忍和耐久性耗死同时代所有的军队。

除了蒙古骑兵出身于牧民的优势之外，蒙古马也是蒙古式持续战的重要助力，蒙古马的爆发力和速度尽管不如其他军队的马，但耐久力却是无可匹敌的，能耐各种气候，特别是严寒，可以说，蒙古骑兵的战略战术极其契合蒙古马的"基础设定"：战略上重视长途奔袭，战术上强调大范围拉扯、忽进忽退和多回合作战，尽量避免速决战。

蒙古骑兵不仅早已实现了一人双马这样的游牧帝国标配，在远征中平均每人配给的马匹甚至可以高达三至五匹，这些马紧跟在部队的后面，在行军过程中，甚至在战斗进行时都可以随时用来更换。这样雄厚的马匹配给在世界战争史上也是开创性的,即使其中一匹马疲乏或受伤,仍然不影响其机动性,在战斗中可以轻易拖垮一人双马甚至单马的对方骑兵军团。《世界历史上的蒙古征服》一书评价说:"机动性使蒙古人造就了一种不可复制的战争风格,直到二十世纪机动车辆应用于军队,这种情况才有所改观。"

《哈珀-柯林斯世界军事历史全书》也写道,"成吉思汗部队的机动性从没有其他的地面军队能与之匹敌","蒙古军队运动的快速性使他们总能在决定性地点获得力量优势,这是一切战斗战术的最终目的。通过采取主动并最大限度地利用其机动性,几乎总是蒙古军队指挥官而不是他们的敌人在选择决战的地点和时间"。

你说,蒙古骑兵连战斗力正处巅峰的欧洲重骑兵都不怕,难道会怕一支战力步入下行线,连军马都凑不齐的金军骑兵队吗?

在蒙金最后一次大战——三峰山之战中,金军的两万骑兵及13万步兵就像猎物一样被跟踪攻扰的蒙古骑兵一步步地耗死。蒙古骑兵出没无常、围而不战、轮番修整,待到金军人困马乏、士气崩溃之时,再发动致命一击。对于金军骑兵最大的讽刺可能在于,他们在开国初本也以"坚忍"闻名于世,"能寒暑""惯苦战""坚忍持久,令酷而下必死,每战非累日不决",但当女真骑兵的这一特质日渐衰退之时,蒙古人却将"坚忍"和耐力提高至超越金军巅峰时代的高度。

从大历史的角度来看,蒙古骑兵的崛起也彻底终结了中国战史上持续上千年的轻骑兵重骑兵之争，机动性最终被证明是骑兵的最核心价值，在战术上则依靠升级版的骑射战术颠覆了卫青、霍去病开创的"冲击型战术优胜论"。相应地，金军铁浮屠也成为最后的重骑兵神话。

而在同时代的西方，欧洲重骑兵在惨遭蒙古轻骑兵的荼毒之后，又遭到了英国长弓兵的极大挑战，特别是在1346年的克雷西战役中，当时欧洲最精锐的法国重骑兵被英国长弓兵击败，标志着欧洲重骑兵里程碑式的衰落。

就骑兵的发展而言，蒙古骑兵成为世界战争史上骑兵这一兵种的终极版本，甚至可以说是无懈可击的，将骑射战术和正面冲击战术结合得最为完美，无论对付步兵，还是对付骑兵，蒙古骑兵都可以凭借其无与伦比的机动性找到克敌之术，唯快不破。

因此，很多西方军事史家也认为，德国二战时的装甲部队闪击战术的原始思想资源就来自崇尚机动性超越一切的蒙古骑兵。无论是在闪击波兰之战中，还是六周闪击法国之战中，速度和机动性成为德国装甲部队压倒一切的战术方针，就如德国装甲之父古德里安所实践的那样，尽量使坦克运动迅速，不顾敌人的阻挠，不顾侧翼的安全与否，一直向前运动，使敌人无法建立一个新的防线，最后把攻势深入敌人的后方。英国军史大师富勒更是断言："在机械化战争中，速度是胜于火力的主要作战手段。"

从三峰山到蔡州

元光二年十二月（1224年1月），金宣宗完颜珣驾崩，金哀宗完颜守绪即位。金哀宗可以说是中国历史上评价最高的亡国君主，崇祯皇帝以"殉国"得享令名，但金哀宗同样以身殉国，在政绩上还远胜崇祯，但奈何接手的金帝国已是残山剩水，面对的还是世界史上最狂暴的征服帝国，最终还是无力回天。

金哀宗一上台，就在军事上做了三件非常及时的重大调整。第一，改变了金宣宗时代自不量力的"三面对敌"战略，分别于正大元年（1224年）与正大二年（1225年）停止了对宋和对夏战争，但此时金帝国已在这两次无谓的战争中损失惨重，特别是金夏战争，被《金史》称为"构难十年不解，一胜一负，精锐皆尽，而两国俱弊"。

第二，重用并提拔了一批名将。金哀宗时代的一大变化，金军突然又恢复了开国之初那种将星云集的感觉。要知道，早在完颜宗弼时代，金军就开始陷入名将青黄不接的尴尬处境，到了金蒙开战时，金军的临阵将领已经都是独吉思忠、完颜承裕和胡沙虎这种畏蒙古如虎、临阵即溃的庸人，《金史》批评说，"从来掌兵者多用世袭之官，此属自幼懒惰，不任劳苦，心胆怯懦，何足倚办"。而在金哀宗时代，涌现出一大批如完颜合达、移剌蒲阿、蒲察官奴和完颜陈和尚这样的名将，特别是忠孝军的统帅完颜陈和尚，堪称金末第一名将,在大昌原、卫州和倒回谷三战中光芒万丈,甚至击败了蒙古西征的名将速不台。金哀宗还成功劝归了此前叛金投蒙的汉人名将武仙,不计前嫌继续授予他重权,而武仙此后也不负所望,为金国奋战到了最后一刻。

第三,建立忠孝军,这也成为帝国末期最后的荣耀。忠孝军人数不多,成立之初也就千余人,最辉煌的一战大昌原之战用四百人就大破蒙古军八千人。这是一支金哀宗举全国之力打造的精锐"骑兵军团",因为军马有限,只能走精兵路线,因此忠孝军拥有强大的战斗力。成立忠孝军凸显了金军重建骑兵、和蒙古骑兵打野战的雄心,恢复了开国之初女真骑兵"一人双马"的规制,当然,这和蒙古军一人三至五匹马的规制仍然差距巨大。而在战术上,忠孝军很可能在力图恢复女真重骑兵的传统,在大昌原、卫州和倒回谷这三次对蒙大捷中,都可以看到女真重骑兵正面冲击敌阵的记录。

尽管以上说过"轻骑兵克制重骑兵"的基本规律,但这是将双方置于正面战场上大规模野战的情景之下,轻骑兵可以任意利用机动性进行大范围拉扯;如果是在突袭、狭窄战场等非正面野战的情况下,重骑兵的防御优势和冲击优势仍然可以撕碎一切近战之敌。

金哀宗重建骑兵的努力显然取得了很大的成果,《金史·兵制》甚至认为新建骑兵的战斗力已经不下于开国初年,"自正大改立马军,队伍鞍勒兵甲一切更新,将相旧人自谓国家全盛之际马数则有之,至于军士精锐、器仗坚整,较之今日有不侔者"。

除力挽狂澜的个人努力以外,金哀宗起初的运气也不错,他继位这一年正值蒙古全权负责对金作战的主帅木华黎病重去世,成吉思汗和蒙古军主力尚在西征路上(1225年回到蒙古),金哀宗不仅利用这个难得的时间窗口重整了金军,还在山西等地收复了部分失地,让人有了一些"大金中兴"的幻觉。

的确,从此时金军的战略态势来看,短时间内亡国的可能性看似已经完全消除。金军在经营多年的"关河防线"(潼关和黄河)一线集结了30万重兵,蒙古军正面强攻屡攻不下,金军再辅以完颜陈和尚与武仙所部这样的少量机动兵团,冷不防咬上蒙古军一口且频频得手。金军此时唯一可见的软肋反而不在军事本身,而是极其糟糕的财政状况,而财政紧张则极大地影响了金军战时的后勤供给,有种说法甚至认为,金军日后在三峰山之战的惨败,就部分缘于没有足够的冬衣,这是不是让你想起了莫斯科战役时的德军?

对于金军的"关河防线",成吉思汗还特意留下了"借道南宋"的遗言:"金精兵在潼关,南据连山,北限大河,难以遽破。若假道于宋,宋、金世仇,必能许我,则下兵唐、邓,直捣大梁。金急,必征兵潼关。然以数万之众,千里赴援,人马疲敝,虽至弗能战,破之必矣。"

成吉思汗在1227年去世后,三子窝阔台于1229年继位,决定集中全力攻金，在短时间内解决这个历史遗留问题。

而之后蒙古灭金的方略也的确是基本遵照成吉思汗遗言而行的，而唯一的订正是，因为南宋不愿意借道，蒙古军干脆用武力强行借道。1231年秋，窝阔台下令三路攻金，其中拖雷的西路军为蒙古军主力，实施成吉思汗的包抄战略。拖雷战前曾对窝阔台放出豪言："金主迁汴，所恃者黄河、潼关之险尔。若出宝鸡，入汉中，不一月可达唐、邓。金人闻之，宁不谓我师从天而下乎！"

"谓我师从天而下乎"，拖雷的大迂回果然让金军的"关河防线"阵脚大乱，与二战时德军避开马其诺防线，绕道比利时、荷兰的那记"右勾拳"有异曲同工之妙。金哀宗只得极其被动地调驻守潼关的完颜合达、移剌蒲阿、完颜陈和尚与黄河一线的武仙所部，共计20万大军，紧急回师救援南京开封方向。

然后，就是对金军噩梦一般的三峰山之战了。此战中，拖雷以不到四万的骑兵对战金军含两万骑兵在内的15万大军，将蒙古军的机动性和耐久性两大优势发挥到了极致。拖雷所部一路像猎手一样跟随着金军，围追堵截，只骚扰而不决战，极其耐心地等待战机，"毋令彼得休息，宜夜鼓以扰之"，弄得金军疲惫不堪。同时，供给不足使金军陷入饥寒交迫的处境。当金军行至位于钧州（今河南禹州市）附近的三峰山时，已断粮三天，恰逢此时天降大雪，金军"僵冻无人色，几不能军"，那些身穿冰冷重甲的重骑兵境遇可能更为悲惨，而这对于习惯了恶劣生存环境的蒙古骑兵和蒙古马而言正是围猎收网的时机。拖雷不等与大汗窝阔台的亲军会师，向众将宣称"机不可失，彼脱入城，未易图也"，随即采取"围三阙一"的战术，主动给金军放开一条去钧州的路，然后乘金军夺路而逃的时候，"奋击于三峰山，大破之，追奔数十里，流血被道，资仗委积，金之精锐尽于此矣"，"自是金军不能复振"。

三峰山一战，金军不仅失去了最后一支主力机动兵团，金哀宗寄予厚望苦心打造的两万骑兵也全军覆没，还损失了完颜合达、移剌蒲阿和完颜陈和尚这三位金国最优秀的将帅，一大批在金蒙战争中涌现出来的骨干将领也凋谢在三峰山上。

之后的战事就只是一个过场而已。

三峰山战败的消息传开后，金军潼关守将即刻开关投降；两个月后［开兴元年（1232年）三月］，蒙军围攻南京开封，守城时，金军使用了当时最新式的火器震天雷和飞火枪，在开封城中目睹战事的刘祁记录称："北兵攻城益急，炮飞如雨……莫能当。城中大炮号'震天雷'，应之，北兵遇之，火起，亦数人灰死。"但横空出世的震天雷等先进火器终究稚嫩，还是未能为败亡在即的金国扮演力挽狂澜的角色，反而成了日后蒙古军第二次西征时的秘密武器。

天兴元年（1232年）十二月，金哀宗眼见开封弹尽粮绝，一路辗转突围到了蔡州；天兴二年（1233年）十一月，达成"联蒙灭金"协议的宋军与蒙古大军在蔡州城下会师……

天兴三年(1234年)正月十一,蔡州城破,金哀宗自缢,前一天刚刚即位的金末帝完颜承麟死于巷战之中,金亡。

在蒙古骑兵这个人类历史上骑兵的终极完美版本面前,再去讨论什么"金以儒亡"甚至有些轻浮,您觉得呢?

延伸阅读:

《松漠之间:辽金契丹女真史研究》,刘浦江著,中华书局,2008年7月版。

《金代女真研究》,[日]三上次男著,金启孮译,黑龙江人民出版社,1984年版。

《女真史论》,陶晋生著,食货出版社,1981年4月版。

《世界历史上的蒙古征服》,[美]梅天穆著,马晓林、求芝蓉译,民主与建设出版社,2017年9月版。

《战场决胜者:重骑兵千年战史》,龙语者著,吉林文史出版社,2018年8月版。

《武器和战争的演变》,[美]杜普伊著,王建华等译,军事科学出版社,1985年6月版。

朱棣北伐：神机营开火

从明永乐八年（1410年）开始，到永乐二十二年（1424年），明成祖朱棣五次出塞，最后一次甚至驾崩在了回师路上，尽管重创鞑靼、瓦剌，但始终没有一劳永逸地解决漠北问题。仅仅二十五年后（1449年），就发生了号称全歼明朝50万大军的"土木堡之变"。

有三个在时间线上密切相连的问题随之而来：一百多年前横扫天下的蒙古骑兵为何不是明军对手，被一路从中原打到漠北？朱棣北伐为何没有克竟全功？遭到重创之后，蒙古骑兵又为何迅速恢复了元气，可以在土木堡之变时，将明朝打得几至亡国？

明军VS蒙古骑兵，数十年间的几次攻守易势，是中国战争史上最有争议性的几件大事之一。

朱元璋北伐

在朱棣北伐前，明军和蒙古军（元军）已鏖战了四十多年。

元至正二十七年（1367年）十月，在基本扫平南方群雄后，朱元璋命徐达和常遇春率军25万北伐中原，在内战中虚耗实力的元军根本无力抵抗明军的攻势，到洪武元年（1368年）八月，明军已攻克大都，按照明朝的口径，元朝就此灭亡，此后只能称为"北元"。

但此时北元的实力仍然是极其雄厚的，北元还控制着从蒙古草原到辽东的广阔地区，蒙古骑兵在之前的战争中基本都是一路北撤避战，主力尚存。为了消除北元的威胁，从洪武三年（1370年）到洪武二十九年（1396年），朱元璋针对北元发动了八次北伐，其中第五次和第六次的战绩尤其惊人。第五次全歼了北元太尉纳哈出的数十万部众，肃清了元在辽东的势力，辽东从此纳入大明势力范围；第六次由蓝玉率领15万大军出塞，洪武二十年（1387年）在捕鱼儿海抓住了北元朝廷和禁卫军主力，北元各路兵马在此战损失了十万人左右，北元第三任皇帝脱古思帖木儿虽逃出生天，但不久就在内讧中被杀，这也标志着由元顺帝在塞外重建的北元朝廷的崩坏瓦解。

八次北伐之后，作为统一政权的蒙元帝国已不复存在，不可一世的蒙古骑兵也被打成了一支连装备都不齐全的残军。尽管此时的蒙古骑兵对明帝国已无灭国的威胁，"恢复中原，光复大元"已成具文，但仍然具备着类似当年匈奴一样的大规模入寇抢掠能力。据朱元璋本人估计，"胡人之马计有十万"，而明军边防骑兵虽也有十万，却分布在由东至西"不下六千里"的漫长战线上，各处能集结的"多不过两万"，"若逢十万之骑，虽古名将亦难于野战"。

在骑兵不足且"彼聚我散"的情况下，朱元璋制定的新战法是步骑结合且尽量减少野战，要求边防军尽量待在据点附近，"方今马少，全仰步军，必常附城垒"，以免被蒙古骑兵在野战中以多击少。如果骑兵一定要单独行动，"止可去城三二十里"，一旦遭遇蒙古骑兵的大举进犯，则可退回城池固守，"以待援至"。

可以看出，朱元璋已经基本放弃了八次北伐期间的主动进攻战略，转而奉行筑垒防守战。在与燕王朱棣等皇子的交流中，朱元璋曾表示他一贯主张防守，"养锐以观胡变"，奈何诸将主攻，"日请深入沙漠……以致伤生数万"。很可能，徐达在洪武五年（1372年）的第二次北伐中遭到蒙古骑兵袭击而丧师数万一事，让朱元璋在很多年里仍心有余悸。

朱元璋驾崩前，留下了一个苦心搭建的北方边防体系：在体制上，以藩王守边为基础，设立包括燕王朱棣、宁王朱权、晋王朱棡、谷王朱橞等在内的"九大塞王"体制；在战略上，放弃大规模战略进攻，转向战略防御；在战法上，奉行筑垒防守，放弃野战；在军队建设上，大力建设骑兵军团，第六次北伐的首功就要记在蓝玉亲率的五千精骑身上，还被朱元璋赞为"虽汉之卫青、唐之李靖，无出其右"，但受制于马匹数量，明朝北方边防军仍以步兵为主。

与前代相比，朱元璋这套边防体制并没有什么出彩之处，与金帝国当年凭借界壕消极防御蒙古骑兵如出一辙，同样面临着"彼聚我散",蒙古骑兵可以集中兵力轻易突破一点的处境。事实上,历史上明朝这套边防体系之所以在一段时间内奏效,也是受益于朱元璋的八次北伐,使得蒙古军元气大伤,在短期内丧失了大规模进攻能力。

明蒙骑兵对决

建文四年(1402年),打赢了"靖难之役"的朱棣在南京即位,次年改元永乐。此时,北方的形势正变得更加波谲云诡。

先说两个基于明朝视角的好消息。第一,北元政权此时连名义上的统一都无法维系,蒙古从西往东分裂为三大部分:西边的瓦剌(又称卫拉特,清朝时也称"漠西蒙古")、中间的蒙古本部(明人称"鞑靼")和辽东的兀良哈部。其中瓦剌和鞑靼最为强大,朱棣即位时,两方正在武力争夺着全蒙古的主导权。第二,在失去中原的物资供应之后,蒙古骑兵难以从冶铁业不发达的蒙古草原获得充足的铁制装备补充,从骑兵铁甲到重骑兵的马铠,甚至还有弓箭的铁制箭头,都处于短缺状态,这必然导致蒙古骑兵战斗力下降,尤其是面对步兵军阵的正面强攻能力。

再说两个明朝的坏消息。第一,藩王出身的朱棣为了拔除出现下一个自己的可能性,废除了藩王守边国策,对于北方边防前线而言,此时的防御体制正处于某种制度真空状态。第二，洪武二十九年（1396年）之后，明军已停止了对蒙古草原的大规模进击，给了连年战祸的蒙古人一个难得的休养生息机会，蒙古骑兵的元气也正在恢复当中。

永乐六年（1408年），鞑靼的实际控制人阿鲁台拥立元顺帝曾孙本雅失里为蒙古大汗。按照蒙古人的政治惯例，只有作为成吉思汗子孙的黄金家族成员才有资格做蒙古大汗，但在鞑靼和瓦剌掌握实权的都是一些权臣，并非他们各自拥立的大汗，自捕鱼儿海之战结束后的二三十年间，蒙古大汗的威望已降至谷底，甚至一度还出现过非黄金家族的大汗。

本雅失里称汗之后，明朝与鞑靼的关系急转直下，当然，后面站着的是阿鲁台，永乐七年（1409年），阿鲁台甚至杀掉了明朝使节，彻底与朱棣撕破了脸。

朱棣闻讯后，任命丘福为征虏大将军，率领十万骑兵出征漠北。请注意，是十万骑兵，可见虽经靖难之变的消耗，明帝国此时的马政事业较朱元璋时代还是有着稳健进展，已可以一次性组织十万人这样的大规模骑兵军团出击。

在靖难之变中，作为北方边防军组成部分的朱棣军作战风格本就偏重于野战和骑兵突击，军中还有大量蒙古骑兵，在白沟河之战中，朱棣还曾亲率数千重骑兵突入南军的密集步兵结阵中，其间三易其马，最后还是以骑兵绕后攻击，才决定性地击败了李景隆的号称60万大军。可以说，骑兵，特别是重骑兵的强大正面攻坚能力，是朱棣得以在绝对劣势下，打赢靖难之变的最关键因素。

而在此时的明军中，丘福算是一名非常卓越的骑兵统领，靖难之变中曾多次担任全军的突击先锋，屡屡在关键战役中用骑兵冲击撕开南军防线，故有"靖难功臣第一"的说法。

大军出征前，朱棣曾反复叮嘱丘福不要轻敌，"军中有言敌易取者，慎勿信之"，即使不见蒙古骑兵的影踪，也应该像时时面对敌人一样，相机进止，不可固执己见。但战功赫赫的丘福对皇帝的嘱咐并未认真对待，永乐七年八月，兵至蒙古草原后，急于建功的丘福撇下大军，率千余轻骑先行。阿鲁台沿用了自成吉思汗以来风行蒙古军队的经典战术——诈败和诱敌，引诱丘福的偏师孤军深入，使其在胪朐河被阿鲁台的优势骑兵包围，以致丘福被俘遇害，"一军皆没"。剩余的近十万明军主力没有了主心骨，其后也被鞑靼骑兵击溃，朱棣时代的第一次北征以明军的彻底失败告终。

明军十万骑兵的溃败，只是丘福一人的责任吗？正如商传在《明成祖大传》中所说："正史中用太多的笔墨记述朱棣对丘福出征反复叮嘱，溢美之词过多，反倒令人感到并不真实，那不过是史官们对于皇帝错误的掩饰。"

过于轻敌，是朱棣君臣共同的责任。在胪朐河之战前，强大的明帝国很少有人想到，当统一的蒙古大军不复存在之时，仅仅是鞑靼骑兵一支就可以在野战中歼灭十万明军骑兵。鞑靼骑兵的战术也并不出奇，无非是诱敌诈败这些已有两百年历史的蒙古经典战术，明军会入坑，主要还是过于轻视蒙古骑兵所致。

事实上，过多批评丘福的"轻骑突袭"战术也意义不大，胜败同源而已，当年蓝玉在捕鱼儿海取得朱元璋八伐蒙古中的最大一胜时，所采用的也是与丘福如出一辙的战术，蓝玉甩下15万大军，亲率五千精骑突袭蒙古主而大获成功。尽管对于同一种战术而言，有此一时彼一时、因地因时制宜之说，但至少"轻骑突袭"战术本身并没有太大问题，除了蓝玉之外，霍去病率八百骑兵奇袭匈奴后方，李靖率三千骑兵突袭东突厥颉利可汗主力，无不大获成功。

如何看待此时蒙古骑兵的战斗力呢？如前所说，在被逐出中原，屡遭沉重打击，特别是分裂之后，蒙古骑兵的兵力规模与巅峰时期已无法相比，鞑靼和瓦剌能组织起的骑兵军团最多也就是三五万人。这样的兵力规模用来消灭明帝国自然是痴人说梦，但在草原腹地对孤军深入的明军打一场歼灭战还是绰绰有余的。

蒙古骑兵此时的第二个弱点是铁制装备缺乏，需要铁制马铠的重骑兵军团处于被迫萎缩中。但一个派生出来的"优势"是，蒙古骑兵因为穷又被迫退回到了成吉思汗时期的战法：训练一支更强调机动性和骑射战术的轻骑兵军团。在元朝，蒙古骑兵逐渐"变重"也是因为占领了中原地区，得到了大量的铁器，大规模装备铁制马铠才得以可能。而此时这支以轻骑兵为主的蒙古骑兵虽然降低了攻坚能力，但凭借机动性优势，反而可以在与明军重骑兵的对阵中占得上风。

在朱棣时代，蒙古骑兵的机动性优势与巅峰时期的差距并不大。蒙古草原唯一不缺的战略资源就是战马，尤其在骑兵人数不多的情况下，蒙古骑兵此时仍然具备着蒙古西征时代"一人三至五马"的历史级战马挥霍能力，再考虑到蒙古骑兵此时是在蒙古高原本土作战，没有远征的负累，"三至五马"所能赋予的机动性几乎是无与伦比的。顺便说一下，蒙古人放弃中原的一个"意外收获"是，汉人步兵逐渐在军队中消失，蒙古军队又变成了早期那支纯粹的骑兵军团。

而明军骑兵呢？尽管永乐朝的马政相比洪武时代更为繁盛，但这也只是基于中原王朝的标准，事实上，丘福出征时，明帝国能动员的军马也就在十万匹左右，充其量也只能满足一人一马的要求，又怎可与蒙古（鞑靼）骑兵的"三至五马"争锋？更何况，明军即使以骑兵为主出征，毕竟也是劳师远征，后勤辎重势必拉慢行军速度，这就更加影响了明军的机动性。对胪朐河之战一个合理的推测是，丘福之所以率领一千多骑兵先行，就是想以无辎重的"轻兵"获得机动性能力，但导致的悲剧后果我们也都看到了，在逻辑上，丘福又何尝不想带十万骑兵全体出击，但机动能力根本不允许，即使是一支纯粹的明军骑兵军团，在实战中也不具备我们想象中的，如蒙古骑兵那样长驱直入、横行草原的快速机动能力。

简单来说就是，军马少导致一人一马，马力易疲，限制了骑兵的持续机动能力；远征和中原军队的作战后勤方式使得军队需要大量辎重跟随，又进一步限制了骑兵军团的行军速度。这不仅是朱棣时代明军所不得不面对的现实，也是中原王朝在与草原帝国交战时被困扰了上千年的问题。

从靖难之变时代开始，明军（朱棣军）骑兵就是以重骑兵正面突击为核心竞争力，从通行的兵种相克原理出发，行动相对缓慢的明军重骑兵在实战中很难占到蒙古轻骑兵的便宜，明军轻骑兵限于训练水平又无法和蒙古轻骑兵比拼骑射。更重要的是，蒙古骑兵被打败了，凭借机动性优势和对地理环境的熟悉一跑了之就行了，又不是没有败过，而远征的明军一旦被打败，很可能就是全军覆没之局。

从根本上来说，在朱棣时代，在没有绝对优势兵力的情况下，远征的明军骑兵已经很难通过一两场决战而重创蒙古骑兵，丘福之败只是向朱棣确认了这一事实而已。

那么，朱棣又将如何应对？

神机营来了

永乐七年九月，也就是丘福兵败身亡的次月，朱棣决定亲征漠北。既然是亲征，此次明军在后勤上所做的准备相当充分，亮点有两个：其一，命工部造武刚车三万辆，可供运粮二十万石，没错，这应该就是当年卫青北征匈奴时所用的那个武刚车（"大将军令武刚车自环为营"），不仅可以运输辎重，还可以在作战时抵御蒙古骑兵的冲击；其二，为了解决大军的用水问题,征集大量骆驼运水随行。

除了后勤以外,朱棣在出征前,还出台了一项在中国战争史上影响深远的重大举措:组建了中国历史上第一支专用火器的部队——神机营,这比16世纪初西班牙创建火枪兵还要早一百年左右。据《武器和战争的演变》一书所言,法国直到1566年才淘汰了十字弓,而英国直到1596年才正式将火枪作为步兵武器。

在朱元璋时代,中国的火器发展进入了一个新高潮,作为金属管型射击火器的"铜火铳"开始规模化生产,代表了当时世界火器制造技术的最高水平,而作为欧洲与火铳同规格的火器"火门枪"此时才刚刚出现。火器在朱元璋扫平群雄的统一战争中时有亮眼表现,甚至在消灭陈友谅的鄱阳湖之战中发挥过决定性作用。

在技术进步的带动下,明军开始从一支冷兵器军队逐步迈向火器化。洪武十三年(1380年),明朝政府宣布,军队10%的士兵必须装备单兵火铳(手铳)。欧阳泰在《从丹药到枪炮》中说,"那时明军的总数在130万—180万之间,其中就有大约13万—18万专司火铳使用的兵丁"。按照这一数字,明军装备火器的士兵人数甚至已不下于明军的骑兵人数,这么大的规模在当时的世界上是绝无仅有的。

可以说,正是从朱元璋时代开始,火器开始登堂入室,中国战争史开始进入了冷热兵器并用的时代。

到了朱棣时代,火铳技术水平进一步提升,规模化和标准化生产也成为可能，据王兆春《中国火器史》一书的考证，当时火铳的月产量可能高达八千支以上。这也让明军中装备火铳的人数占比开始突破10%，正向20%的关口接近，并形成了"大中小相结合的永乐系列制式火铳"。小的有手铳，大的有铳炮。

朱棣时代的火器发展尽管是全方位的，但单兵火铳的技术进步最为突出，增加了保护火药的"火门盖"和将火药装药量标准化的"装药匙"。单纯就杀伤力而言，这个时代的手铳对弓弩尚无绝对优势，手铳在射程上更远，弓弩在射速上占优，但火铳的确是一种更适合大规模装备的武器。李湖光在《霸者逐鹿：明蒙战争》一书中说，管形火器与弓弩相比，至少拥有两个优势：第一，士兵们只要经过简单的培训即可顺利操纵火器，所需的时间比练习射箭短得多；第二，挽弓射弩对使用者的体力要求很高，操纵火器时不用花费多少力气就可以长时间连续射击，普通人即可胜任。

在火器大量列装的情况下，为了进一步发挥火器的效能，朱棣对明军的编制和组织架构进行了一次影响重大的改革。据《中国火器史》测算，神机营应当创建于永乐七年底至永乐八年初。更明晰的说法就是，神机营恰恰创建在朱棣第一次亲征漠北之前，在很大程度上，这支"新创建的战略机动部队"就是朱棣为了北伐而亲自创建的，意在解决明军骑兵无法独力战胜蒙古骑兵这个北伐"痛点"。

其中一个佐证是，在朱棣永乐八年之后的五次北伐中，都有神机营的随同出征。在前两次北伐中，神机营更是扮演了极其关键的奇兵作用。在此时的神机营中，其配备的各类管形火器有手铳、盏口铳炮、碗口铳炮、独眼神铳、神枪与神机炮等等，可谓明帝国科技含量最高的一支军队。

可以说，尽管最早的火器出现于两宋，但正是在朱元璋和朱棣时代，中国开始并完成了第一次火器革命。

永乐八年二月，朱棣亲率号称50万人的大军出塞征伐鞑靼，五月便在蒙古帝国的发祥地斡难河抓住了大汗本雅失里所部。明军只动用了前锋骑兵部队，就击垮了不堪一击的敌军，本雅失里仅剩七骑突围而出，不久在流亡途中被瓦剌杀害。

没多久，朱棣大军就如愿遭遇了阿鲁台率领的鞑靼军主力。此战中，明军的骑兵和神机营第一次打出了漂亮的多兵种协同作战，而这成为明军此后的经典战法。两军接阵时，朱棣亲率精骑千余直扑鞑靼营阵，阿鲁台见势不利率军北逃，朱棣"命安远伯柳升以神机铳当先，铳发，声震数十里，每矢洞贯二人，复中傍马，皆立毙"。

"洞贯二人"一词足见明军火铳在战场上的统治力。神机营的表演还没结束，在朱棣率军北返时，鞑靼骑兵尾追于后，明军故意遗弃辎重诱敌，让神机营设伏，当鞑靼骑兵入伏时，遭到了神机营密集火力的打击，顿时溃不成军，此时朱棣再率领一千多骑兵杀回，几乎全歼了鞑靼的追击骑兵。

朱棣历时五个月的第一次亲征让鞑靼元气大伤，在减轻了明军边防压力的同时，却也让瓦剌颇有点渔翁得利的意思，瓦剌首领马哈木趁机吞并了鞑靼的很多领土，实力大增，开始不断对明帝国发起各种挑衅。

永乐十二年（1414年）三月，朱棣第二次亲征漠北，这一次的出征人数还是50万，只是这一次的敌人变成了瓦剌。六月，明军在忽兰忽失温（今蒙古乌兰巴托东南）遭遇了瓦剌军的主力。但对于明军来说很新奇的是，这次三万多瓦剌军没有任何避战想逃的意思，而是摆开阵势，准备与明军在此进行决战。这也使得"忽兰忽失温之战"成为朱棣五次北伐中规模最大的一次野战。

瓦剌骑兵的底气无非有两个。第一，如《霸者逐鹿：明蒙战争》一书所说，"瓦剌始终保持着一支比鞑靼人强得多的重装骑兵"，靠西边的瓦剌能够与东察合台汗国、帖木儿汗国等西域大国做生意，并通过各种手段取得铁器，尽量为重装骑兵提供铁甲以及其他的铁制兵器。相比鞑靼骑兵，瓦剌骑兵的攻坚能力更为强悍，更有可能凭借强大的冲击力在野战中冲垮明军防线。

第二，瓦剌此次参战部队虽只有三万余人，但"每人带从马三四匹"，战马的数量超过十万，在机动性上可以轻松压制明军。而所谓"五十万"明军，先不说其中有多少虚夸成分，即使有50万，其中相当一部分也是后勤辎重部队，战兵远没有50万，当然，明军人数占优势是肯定的。

在忽兰忽失温之战中，瓦剌大军抢先占据了高地，当发现明军后,瓦剌铁骑从高处汹涌而下,试图借助地形优势一举冲垮明军,但柳升的神机营早已在山下候着,一交火当场就击毙了瓦剌数百骑兵。当瓦剌骑兵陷入混乱之后,朱棣再乘势亲率重骑兵发动反击,将瓦剌骑兵逼回高地之上。

忽兰忽失温之战的一大特点是,瓦剌骑兵此战表现得非常顽强,在初战不利之后没有就此撤退,反而在高地上继续结阵抵抗,让强攻的明军付出了惨重代价。但此类消耗战、阵地战对兵力更为雄厚的明军显然更为划算,也更利于神机营的发挥,当双方陷入苦战时,朱棣率领随驾的骑兵加入战团,瓦剌最终受不住这支生力军的打击而全线崩溃。此战从中午开始,而明军收兵回营时已是夜深时分了。

忽兰忽失温之战后,朱棣从原路班师,结束了第二次亲征。此战明军阵斩瓦剌王子在内的十余名首领,斩首数千级,这对仅有三万余野战骑兵的瓦剌自然算是一次沉重打击。但反过来想,作为朱棣五次北伐中最大规模的一次野战,瓦剌骑兵也"很给面子",没有接战后即撤退,但明军还是没有取得歼灭战式的全胜战果。并且,明军也付出了和瓦剌骑兵几乎相同的代价,是为惨胜,明末史学家谈迁在《国榷》中评论称,"是役也,虽胜所杀伤相当,几危而复攻,故急还"。

忽兰忽失温之战牵涉到步骑作战的某种"不对称",骑兵被击败五次,都还可以凭借机动优势相对安全地退出战场;而步兵为主的军队只要战局不利,就很难全身而退,会遭到对方骑兵的不间断打击，直至走向崩溃。兵种上的"不对称"再叠加中原王朝军队的劳师远征，情势将更加趋于极端：远征漠北的步兵军团只要被击败一次，很可能就会变成一场歼灭战，或是因为后勤辎重被切断而全军覆没；而作为防御方的骑兵军团完全可以自如选择决战的时机和地点，被打败了也可以快速撤出战场，避免更大的损失，如果发现对方势大，可以远遁避战，坐等敌军因粮饷耗光而撤军。

朱棣的前两次北伐虽没有给鞑靼和瓦剌造成致命打击，或许还有些事倍功半，但至少都发生了大规模的战斗，而在后三次北伐中，鞑靼的阿鲁台基本都采取远走避战的战略，令长途跋涉而来的明军空手而归，空耗人力物力而一无所获。在第三次北伐中，明军甚至在返程途中拿兀良哈部"泄愤"，方才挽回些劳师武功丢掉的面子。

可以说，在朱棣的这五次北伐中，因为战果存在争议性，最大的亮点就是神机营的崛起。万历时代的火器大师赵士桢曾评价"火器皇帝"朱棣的武功："建置神机诸营，专习枪炮……是以武功超迈前王。"

在朱棣时代，明军也摸索出一套有些许近代化色彩的火器战术。

第一，轮射战术。相比弓弩，火铳的射速过慢是其突出的一个弱点，士卒发射出一轮弹丸之后，重新装配弹药要消耗太多的时间，面对骑兵的快速冲击很有些力不能逮之感，如果神机营单独编组，这个问题可能会严重。洪武二十一年

（1388年），沐英首创的"叠阵"将火器部队分为三行，三行轮流射击（"置火铳，神机箭为三行"）；永乐年间，明军又升级了沐英的战术，虽然火器部队同样分为三行，手上也都持有火铳，但只有第一排的士卒需要射击，后两排士卒负责装弹和传递火铳，确保第一排的士卒一直处于射击状态即可。

李伯重先生在《火枪与账簿》一书中认为："多层更迭射击法的出现是世界军事史上的一件大事……明代初期中国就已发明了这种射击方法。其源自弩的更迭射击法。从弩的轮射到火铳的轮射，技术上完全没有问题，只是改换一下武器而已。"不过，在很多西方的战史学者看来，这是否能算全世界最早的"轮射战术"，存在很大的争议。

在连发火器未发明前，明军这种雏形的轮射战术部分弥补了火铳射击速度慢的弱点，一百多年后，在日本战国时代的织田信长手中又进一大步发展出了"三段击"，织田军在1572年的长筱之战中击败了号称战国时代最强骑兵的武田军；而在欧洲，三段则进化为六段、九段，直到17世纪初由瑞典古斯塔夫二世完成了轮射战术的终极完美版本——"线列步兵"，称霸欧陆。

第二个创新是，火器与骑兵的协同战术。在第四次亲征漠北途中，根据此前的战场实际反馈，朱棣总结出了一套协同作战战术："神机铳居前，马队居后"，"战斗之际，首以铳摧其锋，继以骑冲其坚"。在朱棣的前两次亲征中，这套骑火协同战术曾屡立奇功，将明军本就显著的火器优势和重骑兵冲击优势，通过协同结合进一步放大。并且，这一战术也可以缓解之前提到的火器射速过慢的弱点，使骑兵对神机营起到某种保护作用。

神机营诞生时，欧洲正值英格兰长弓手在英法百年战争中风头无二的时代，这甚至可以说是欧洲冷兵器，特别是弓弩最后的辉煌。在1415年的阿金库尔战役中，英军长弓手以仅损失一百多人的微小代价杀伤了上万名法国重骑兵。

而之后法军在百年战争末期逐步扭转战局，与其说靠的是圣女贞德的神迹，不如说靠的是火炮。与明军使用单兵火器对付蒙古骑兵不一样的是，百年战争中火炮的主要应用场景是要塞攻防，火器在野战中的存在感尚不高。但在英法百年战争最后一战，1453年的卡斯蒂永战役中，法军的火器部队的确在野战中决定性地击败了英国长弓兵，而这距离东方的神机营在野战中大放异彩已过去了四十年。

还是在1453年，奥斯曼帝国苏丹穆罕默德二世带着重达17吨的乌尔班巨炮，来到了君士坦丁堡，炸开了这座以防御坚不可摧而著称的巨城的城墙，被历史学家认为可能是"火炮促成的第一件重大历史事件"。

而在1419—1434年的胡斯战争中，捷克胡斯派军队则是凭借着装备了大炮等各型火器的战车，击败了神圣罗马帝国的重骑兵。

神机营末路

正统十四年（1449年）秋，三万瓦剌骑兵大败明朝50万大军，明英宗朱祁镇被俘，史称土木堡之变。此时，距离朱棣1424年最后一次北伐蒙古，仅仅过去了25年，距离明宣宗朱瞻基1428年亲征兀良哈更是才过去了21年。

短短的二十余年，明军战斗力竟然下滑如此之快？自徐达时代便已威震漠北的明军铁骑去哪了？朱棣亲手锻造出来的神机营去哪了？

对此，李新峰先生在《土木之战志疑》一文中曾给出了部分解释。根据他的考证，跟随明英宗亲征的明军远没有50万，真实数字也就在25万左右，所谓50万"可能只是沿永乐时以50万大军亲征的说法，以大造声势而已"。

李新峰认为，王振弄权并非土木堡惨败的关键因素，而明军战斗力固然相比朱棣时期有所下降，但"并非后世所渲染的那么不堪一击"。

那么，土木堡惨败的原因究竟是什么？我在这里无意延展出去，只想说两点和本文主旨，即朱棣北伐相关的原因。

第一，明英宗此次亲征的决策非常仓促，准备严重不足。从下诏亲征到大军出发，明军只用了五天时间，但这绝不是什么"兵贵神速"，而是军事冒险。反观明成祖当年的亲征，从永乐七年九月下诏，到永乐八年二月出征，用了近五个月时间进行准备，从督造武刚车，到沿路修粮库，再到广泛征集骆驼，特别是在此期间专门组建了神机营，无不显示了朱棣对战前准备的极度重视。而明英宗呢？给士兵一人发了一两银子，再从武库中拿出来不及熟悉的武器，就带着大军奔上死路了。

不过，较真地说，朱棣对土木堡之败也是有"责任"的。朱棣的五次亲征成为子孙所效仿的榜样和无形的压力，北方边防一旦出事，亲征似乎就成为第一选择，明宣宗如此，明英宗也如此。不过明英宗只学到了曾祖父的亲征和"五十万大军"的表相皮毛，其他诸如重视战前准备这些几乎都没有学到。

当然，明英宗也没有忘记带上曾跟着曾祖父亲征漠北的宿将，如英国公张辅、成国公朱勇和恭顺侯吴克忠等。但从之后的战事来看，明英宗并没有从这些宿将身上学到什么曾祖父的战争原则。

第二，明英宗时代的明军在火器普及率上超过了朱棣时代，装备火铳的士兵比例已达到了20%之多，但明英宗却违背了朱棣的"火器骑兵协同原则"。在我看来，朱棣这套原则的核心并不是更具体的"神机铳居前，马队居后"，而是神机营在实战中应当与骑兵协同作战，以缓解其面对蒙古骑兵时射速过慢，以至经不起骑兵冲击的弱点，至于如何协同，倒在其次了。明宣宗在北征时也遵循了火器骑兵协同原则，取得了大胜。

但偏偏是明英宗，竟将骑兵和神机营分散使用，以至于被瓦剌各个击破。明英宗在撤军时先后将吴克忠和朱勇的两支骑兵,共计五至七万人用来殿后,在一天之内双双陷入瓦剌骑兵的伏击圈,几至被全歼。两支骑兵被歼灭后,明英宗大军基本就变成了一支20万人的纯步兵集团。在土木堡的最后决战中,缺少了骑兵协同的神机营也独木难支,在瓦剌重骑兵的轮番冲击下将射速过慢的弱点暴露无遗,悍不畏死的瓦剌人只要能够忍受一两轮的火器射击,就可以杀到几乎没有近战能力的神机营跟前。而神机营的溃败,则直接导致了土木堡之战的惨败。

据《霸者逐鹿:明蒙战争》一书推断:神机营在战斗打响时一如既往地处于步兵队伍的最前列,但火器兵抵挡不住瓦剌重骑兵的决死突击而首先崩溃,那些在神机营后面布阵的刀牌手、长枪手也必将被四处乱窜的火器兵搞得乱成一团,从而全线崩溃。

瓦剌军队满载而归之后,宣府总兵杨洪打扫了土木堡战场,发现了"神铳二万二千余把,神箭四十四万枝,大炮八百个"。神机营不仅将朱棣北征时代积累的盛名沦丧于土木堡,作为一支王牌部队也几乎被整建制地消灭了,此后虽经重建,却再未有机会重返朱棣时代的巅峰。这儿还有一个细节,瓦剌军队将明军的火器视之如敝屣,根本没有带回去作为战利品的意思,也可见神机营在土木堡之变中的孱弱表现让瓦剌骑兵看轻至斯。

有一个巧合是,明军在土木堡惨败恰好和丘福在漠北丧师十万是同一天，都是八月十五，相隔了整整四十年，明军又经历了一次生死轮回。

通过远征彻底解决漠北问题，这在汉武帝时代没有做到，唐太宗时代没有做到，明太祖时代没有做到，明成祖时代没有做到，在明英宗时代就更没有可能做到。

这并不是神机营的责任，漠北的问题只有漠北自己才能解决。

延伸阅读：

《中国火器史》，王兆春著，军事科学出版社，1991年3月版。

《明前期军事制度研究》，李新峰著，北京大学出版社，2016年3月版。

《明成祖大传》，商传著，中华书局，2018年1月版。

《霸者逐鹿：明蒙战争》，李湖光著，中国长安出版社，2014年3月版。

《中国军事通史·明代军事史》，军事科学院主编，军事科学出版社，1998年10月版。

《明帝国边防史：从土木堡之变到大凌河血战》，指文烽火工作室著，吉林文史出版社，2015年11月版。

秦骑兵俑 藏于秦始皇帝陵博物院

马踏匈奴　位于陕西省兴平市霍去病墓前

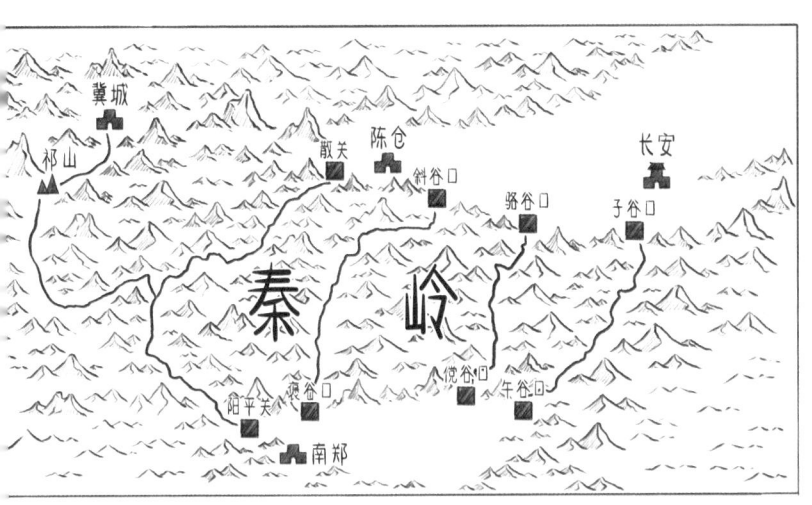

汉中通往关中陇西的五条军事要道 （张政 绘）

西汉铜弩机 藏于中国人民革命军事博物馆

铜鎏金木芯马镫 出土于北燕宰相冯素弗之墓

《五百强盗被剿图》
莫高窟二八五窟,图中可见南北朝的甲骑具装

《昭陵六骏图》之飒露紫 （金·赵霖 绘）

《中兴瑞应图》局部
图中可见金军骑兵人马披重甲
(宋·萧照 绘)

《元世祖出猎图》
图中可见蒙古骑兵形貌
(元·刘贯道 绘)

《抗倭图卷》局部
图中可见明军行军及装备情况
(明·仇英 绘)

元代火铳
藏于中国人民革命军事博物馆

"定辽大将军"铜炮
为明崇祯十五年（1642年），吴三桂加授提督、镇守山海关时所铸，藏于辽宁省博物馆

努尔哈赤盔甲 藏于故宫博物院

《董卫国纪功图》局部

图中清晰可见三藩之乱期间的清军装备了鸟枪、红衣大炮和楯车

(清·黄璧 绘)

《叶尔马克征服西伯利亚》
图中可见哥萨克军人居于上风的战斗场面
(俄·苏里科夫 绘)

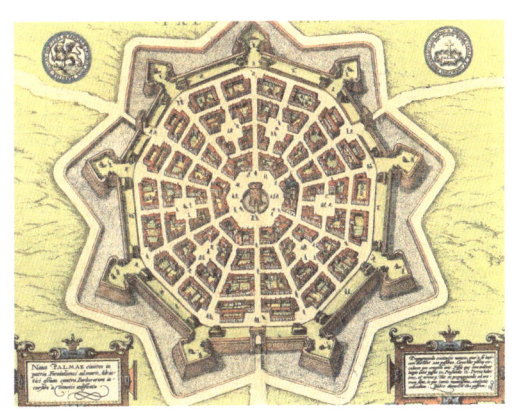

意大利"棱堡之城"帕尔马诺瓦

《阿玉锡持矛荡寇图》
图中可见清军将领同时装备冷热兵器
(意大利·郎世宁 绘)

《平定准部回部得胜图》之"和落霍澌之捷"
图中可见准军的骑马火枪兵。
（意大利·郎世宁等 绘）

神威无敌大将军炮 藏于中国人民革命军事博物馆

康熙御制火枪 藏于故宫博物院

威远将军炮 铸造于乌兰布通之战同年（1690年），藏于中国人民革命军事博物馆

宁远之战:红夷大炮进化论

明天启六年（1626年）正月，袁崇焕以不足两万人的守军在宁远防御战中大败努尔哈赤亲率的六万左右的后金军，明军取得了与后金开战八年以来的首次大胜。

明熹宗下旨称："此七八年来所绝无，深足为封疆吐气！"《清太祖武皇帝实录》记载："帝自二十五岁征伐以来，战无不胜，攻无不克，惟宁远一城不下，遂大怀忿恨而回。"当时甚至有说法称，努尔哈赤本人也在宁远之战中身受重伤。

在宁远之战中，明军第一次启用了自海外引进的最新式大炮——"红夷大炮"，便取得了远超预期的效果，明人计六奇在《明季北略》中称之为，"每炮所中，糜烂可数里"。

自明太祖朱元璋时代，特别是明成祖朱棣成立神机营以来，火器在明军中早已不是什么稀罕之物，甚至可称作实现了"普及化"，为何"红夷大炮"在宁远之战中却有如横空出世一般？在火器的加持下，明军为何在野战中无法像朱棣时代那样与北骑对抗，开战八年才凭借一场守城战取得了首胜？宁远之战后如"红夷大炮"这样的先进火器为何未能挽救明帝国的覆亡？……

太多的长时段历史话题有待以下探讨。

从萨尔浒到宁远

万历四十六年（1618年）四月十三日，在基本统一女真各部之后，努尔哈赤以"七大恨"告天，向明帝国正式宣战。

宣战第三天，后金大军便在第一役抚顺之战中大败明军，突袭拿下了抚顺城。三个月后，又拿下了清河城，全辽震动，就连万历皇帝本尊也表示"辽左覆军陨将，虏势益张，边事十分危急"，随即开始部署大规模战略反攻，以期一战平辽，如万历所说"庶几灭虏安边在此一举！"

经过半年左右的准备，万历四十七年（1619年）二月，明军从九边、四川、山东、浙江，甚至还有广东集结了号称47万大军，以曾在壬辰倭乱中有所表现的辽东经略杨镐为主帅，兵分四路（马林、杜松、李如柏和刘𬘩）围剿后金，是为明清（后金）战争第一次大规模决战——萨尔浒之战。

明军虽号称47万，实数甚至不足十万，在8.8万人左右。不过，杨镐还调集了两路外援：海西女真叶赫部军一万人、李氏朝鲜所派1.3万兵马。三方大军总数为11万余人。

面对明军的"分进合击"，只有六万人的努尔哈赤提出了他这一生最有名的战争格言——"任他几路来，我只一路去"。这正如两百年后克劳塞维茨在《战争论》中的名言："最高级的、最简单的战略法则莫过于集中兵力。除非有十分确定的紧急需要,不然的话,决不能把部队从主力分出去。"

分进合击,再叠加上明军内部的将帅不和、派系之争,让努尔哈赤的各个击破战略执行得异常顺利,仅用了四天三夜,便依次歼灭了杜松的西路军、马林的北路军和刘𬘩的东路军,击败后收降了姜弘立的朝鲜军,李如柏的南路军和叶赫军闻讯溃逃。

萨尔浒一役,明军伤亡者4.58万余人、战死各级将领310余人,丧失骡马2.8万余匹,损失各型火器两万余支,元气大伤,在辽东丧失了战略主动权,被乾隆日后称为"由是一战而明之国事日削,我之武烈益扬,遂乃克辽东、取沈阳、王基开、帝业定……我大清亿万年丕基实肇乎此"。

萨尔浒之战后,万历皇帝拿下了败军之将杨镐,任命熊廷弼为新的辽东经略,试图重整辽东局面,但在熊廷弼到任之前,明朝又在辽东丢掉了两大重镇——开原和铁岭。

万历四十八年(1620年)七月二十一日,万历帝带着对辽东局势的深深忧虑撒手人寰。继任的明光宗朱常洛在位仅29天,就因服红丸而暴毙;九月六日,皇长子朱由校即位,次年(1621年)改元天启,史称明熹宗。

政治乱局之中,上任仅一年出头的熊廷弼在朱由校即位次月便因党争遭罢职,辽东经略由袁应泰接任。除了党争之外,熊廷弼的去职和他的"主守御益坚"高度相关,正如樊树志先生在《重写晚明史:内忧与外患》一书中所说,熊廷弼的"主守"战略虽然立足于辽东的军事现实,但因为"不可能攻城略地立竿见影,势必与朝廷的战略方针——速战速决以免'师老靡饷'——发生冲突,他的下台是迟早的事"。足见即使在萨尔浒之战后,明朝中央仍然未从天朝上国的军事迷梦中走出。

努尔哈赤自然不会放过乱中取利之机。天启元年(1621年)三月,后金兵围沈阳,尽管仅用了一天就拿下了沈阳,但却在城外与援沈明军遭遇,爆发了堪称明与后金开战以来的第一血战——浑河之战。

浑河之战参战的明军分川军和浙军两个部分:川军的主体部分是石柱土司秦良玉麾下的数千"白杆兵",是明末著名的强军之一,被《明史》称为"每行军发令,戎伍肃然……为远近所惮";浙军则很可能算是戚家军的余脉,证据之一是在此战中殉国的副将戚金"少从少保戎",是戚继光族中后辈。

这支援沈明军本有全身而退的机会,但参战将领却表现出了这个时代明军难得的求战欲和血性,"我辈不能救沈,在此三年何为!"(《明史》)遂兵分两部,数千川军随明将周敦吉与秦良玉的兄弟渡浑河,扎营桥北,主将童仲揆和陈策带三千浙军留守桥南。在这里稍微说开出去,明清战争时期的明军非常喜欢分兵,像杨镐的战略层面的"分进合击"也就罢了,具体在战斗中,明军还习惯于"二次分兵",美其名曰"互为犄角",从而将一支数万人的军队分拆得七零八落。如在萨尔浒之战中,西路军杜松兵分两路,北路军马林兵分三路，都是"二次分兵"的典型，大大降低了八旗军各个击破的难度。

在浑河之战中，白杆兵首当其冲，八旗军趁对方还未布阵完毕，就率先进攻，三次进攻皆被身着重甲手持长枪的白杆兵击退，《满文老档》称，"明之步兵，皆系精锐兵，骁勇善战，战之不退，我参将一人，游击二人被擒"。据谷应泰在《明史纪事本末补遗》中带有戏剧性色彩的说法，八旗军是依靠刚刚在沈阳抓住的明军炮兵战俘才最终击破白杆兵的，"李永芳得明军炮手，亲释其缚，人赏千金，即用以攻川兵，无不立碎者"。李永芳本人即是降将，是明朝第一位投降后金的将领。

此役川军全军覆没，之后，浙军也同样进行了坚决的抵抗。浙兵先用火器接敌，"多杀伤"，等到火药用尽之后，才在肉搏战中被占据了兵力优势的八旗军击溃。此战，浙军自主将陈策、童仲揆以下，共阵亡大小将校120多人。

对于明军在浑河之战中的血性表现，《明史》评价称"自辽左用兵，将士率望风奔溃，独此以万余人当数万众。虽力绌而覆，时咸壮之"；清人魏源在《圣武记》中更是将此战称为"辽左用兵以来第一血战"。

攻取沈阳仅五天后，努尔哈赤兵发明朝在辽东的首府辽阳，辽阳这样城池坚固的大城，也仅支撑了一天，便被努尔哈赤拿下，袁应泰见大势已去，举火自焚而死。

辽、沈丢失之后，明朝中枢又念起了熊廷弼的好，于是熹宗再度起用熊廷弼为辽东经略，同时任命王化贞为辽东巡抚，但两人关系又不睦，闹得满朝皆知。

在此期间，明军倒是取得了一次胜利。天启元年（1621年）七月，毛文龙率197名死士深入敌后，趁镇江（今辽宁丹东）城中空虚，夜袭镇江，生擒努尔哈赤的妻弟佟养真，并派陈忠等袭双山，擒斩后金游击缪一真等，史称"镇江大捷"。

严格说来，如果不考虑此战的规模远小于宁远之战的话，镇江之战才是明军的首胜。御史董其昌甚至赞叹毛文龙称："立此奇功，真奇侠绝伦，可以寄边事者！如此胆略，夫岂易得？使今有三文龙，奴可掳，辽可复，永芳、养性可坐缚而衅之鼓下矣。"

天启二年（1622年）正月，努尔哈赤在探知熊廷弼与王化贞不和之后，率军进攻广宁（今辽宁北镇）。不知兵的王化贞连出昏招，最后被其心腹孙得功出卖，努尔哈赤大军轻易占领了广宁，王化贞在此之前弃城逃跑。

谁来为广宁之败负责？明廷将熊廷弼和王化贞逮捕下狱，两人先后被杀，熊廷弼被"传首九边"。平心而论，熊廷弼在与王化贞失和的问题上也要负一些责任，其间也不无互相拆台之嫌，但熊廷弼终究是一位才气魄力兼具之疆臣，如《重写晚明史：内忧与外患》所说，"如果熊廷弼能够大展宏图，辽事不可能如此一败涂地"。

至此，明朝已几乎等同于丢失了整个辽东，再往后一步，就是山海关。

凭坚城以用大炮

广宁失陷后，熊廷弼的继任者王在晋概括其时形势道："东事离披，一坏于清、抚，再坏于开、铁，三坏于辽、沈，四坏于广宁。初坏为危局，再坏为败局，三坏为残局，至于四坏，捐弃全辽，则无局之可布矣。逐步退缩之于山海，此后再无一步可退。"

王在晋的这番话说得文采斐然，但他"捐弃全辽，退守山海"的这一极端保守的战略却遭到了此时还并不出名的袁崇焕的坚决抵制，袁要求修筑山海关两百里之外的宁远城墙，为此他冒着得罪上官的风险直接写信给朝廷中枢。

时任兵部尚书的孙承宗决定亲自去辽东现场勘察，以决定辽东防务的重点：山海关还是宁远？

最终，亲赴辽东的孙承宗选择站在袁崇焕一边。他一面向明熹宗上书称，"欲复辽东，则必先复辽西，欲复辽西，则必先固宁远"；一面又要求朝廷撤换王在晋，"在晋既去，承宗自请督师"，就这样，天启二年八月，孙承宗成了新一任辽东经略。

在孙承宗的支持下，袁崇焕开始在宁远修筑城墙。从某种意义上来说，宁远之战在此刻就开始了。除了传统意义上的加厚加高城墙以外，袁崇焕的宁远城也更有了火器时代的时代感，阎崇年在《论宁远争局》（收于《阎崇年自选集》）中写道："袁崇焕修筑宁远城的创新在于：城墙四角各筑一座附城炮台，其三面突出墙外，既便于放置大型火炮，又可以扩大射角，其射界能达到二百七十度。它消除了以往城堡凡敌至城下而铳射不及之缺陷，可远轰奔驰而来之骑敌，亦可侧击近攻城墙之步敌，从而充分发挥火炮之威力。"

袁崇焕修宁远城的主要助手是日后的登莱巡抚孙元化，孙元化是徐光启的学生，明末著名的火器专家，他的著作《西法神机》中还专门有关于修筑炮台的"铳台图说"一章。有理由相信，孙元化在修筑宁远城时已经部分应用了从徐光启和利玛窦那里学来的西方筑城法，甚至有激进的说法称，宁远筑城部分取法了当时西方最先进的"棱堡"。当然，如李湖光在《明帝国的新技术战争》一书中所说，这充其量只是一种"雏形棱堡"，并且后金此时的炮兵威胁尚不大，因此宁远城也没有像真正的棱堡那样尽量降低高度，以避免火炮打击。客观而言，无论宁远筑城中有无取法棱堡，都的确吸收了不少西式筑城的方法，建造可最大限度发挥新式火炮威力的炮台就是其中核心，这也正如《武器和战争的演变》一书所说，"在设计新型城防工事时，至关重要的一点是要计算好炮火射击的角度和火力覆盖的面积，不留任何射击的死角"。

至天启五年（1625年），孙承宗督师辽东已四年，前后修复九座大城，练兵十一万，建立十二个车营、五个水营、两个火器营，辽东明军自宁远又向前推进两百里，从而形成了以宁远为中心的宁锦防线。但正当孙承宗与袁崇焕稳步推进修城练兵的战略时，魏忠贤以山海关总兵马世龙冒进兵败为借口，罢免了孙承宗，由高第代为经略。

换人也就罢了，高第守辽之策还与孙承宗相左，上任之后立即下令放弃关外四百里之地，关外兵民尽撤，等于让孙承宗四年的筚路蓝缕付之东流，将整个辽西的最后几个重要据点拱手让与后金。

这其中自然也包括袁崇焕的宁远城，但袁崇焕不撤。

袁崇焕对高第放下了一句壮怀激烈的千古名言："宁前道当与宁、前共存亡！如撤宁、前兵，宁前道必不入，独卧孤城，以当虏耳！"

袁崇焕坚持不走，高经略也没那么在意，他尽撤锦州、大凌河及松山、杏山、塔山守备，尽驱屯守兵民入关，你袁崇焕如果不介意做一支孤军，想守就守吧。

努尔哈赤自然不会放过这个一举吞食全辽的机会，天启六年（1626年）正月二十三日，后金大军兵临宁远城下。

城下是拥兵13万、久经战阵、68岁的努尔哈赤，城上是仅有一万余人、初历战阵、43岁的袁崇焕，看起来这场战役并没有什么悬念。

袁崇焕将要面对的是怎样一支军队呢？事实上，与我们固有认知不太一样的是，八旗军一开始并不是一支以骑射著称的军队，反而是以重甲步兵横行辽东，骑兵则是之后在战争中慢慢锻炼出来的。叶赫人曾评价后金军称,"我畏奴步,奴畏我骑,力相抗也,技相敌也";徐光启也曾有言,"奴之步兵极精,分合有法;而谈东事者但以为长于弓马而已"。

但相对于明军而言,骑兵仍然是后金军最突出的比较优势,而在大规模野战中,步兵也好,骑兵也好,步骑混编也好,总之后金军对明军没有过任何败绩。

袁崇焕的迎敌战略看起来很简单:"虏利野战,惟有凭坚城以用大炮一着"。孙元化参用西法修建的宁远"坚城"有了,城上又架起了徐光启亲自从澳门采购的"红夷大炮",作为此时大明朝境内最先进的大炮,这也是红夷大炮第一次投入实战。此时,经葡萄牙炮师训练的火器把总彭簪古,也被袁崇焕调到宁远培训炮手。

以我们这个时代的认知来看,将大炮架在城墙上似乎是一个很自然而然的行为,但在明末甚至可能是一个有开拓性的"新知"。火器在明代从一开始就带有一种进攻性的野战基因,朱棣开创神机营的本意就是用火器在野战中遏制蒙古骑兵的冲锋,朱棣五征蒙古正是带着神机营深入朔漠,而用火器来守城反倒是后话了;即使在守城中,明代最流行的火炮战法也是将火炮放在城墙之外的阵地上,依城防守。

但从明英宗时代的土木堡之战中就可以看出,在缺乏强大骑兵掩护的情况下,明军的第一代火器——火铳事实上是完全没有办法在野战中遏制游牧骑兵的大规模冲锋的。而即使到了明清（后金）战争时代，明军装备了更先进的火器，但由于射速慢、准头差和火炮缺乏机动性等根本性弱点，在野战中也仍然无法顶住八旗骑兵的冲击，自萨尔浒之战以来的数次明军战败，某种程度上就是因为明军火器部队在战场上的表现大大低于预期。即使是八旗步兵，也可以依靠之后会提到的楯车，缓缓抵近明军，用射速极快的弓箭干掉明军的火器部队。

那么，什么才是火器最佳的运用场合？对此，明朝的军事精英们在失败主义的血色中开始了思考。

针对炮台和火炮的关系，徐光启曾提出了著名的"以台护铳，以铳护城，以城护民"，"若能多造大铳，如法建台，数里之内贼不敢近，何况仰攻乎？"更有针对性的是，徐光启还曾明确指出后金军攻城时应采取坚壁清野、凭城坚守的战法，把过去放在城外的火炮移至城内各炮台，轰击攻城之敌，使敌无法接近城墙。

而之前谈到的明军引入带有某种雏形棱堡理念的西式筑城技术，就是为了尽可能减少大炮在城墙上的射击死角，让"凭坚城以用大炮"变得更有实用性。

因此，我们可以说，徐光启是"凭坚城以用大炮"理论的最早提出者，而袁崇焕则是有意识地在实战中运用这一战法的第一人。

事实上，在此前八年的交战中，八旗军依靠正面强攻拿下坚城的战例相当罕见，再坚固的城池几乎都是在一天内拿下的。在抚顺、清河、辽阳、铁岭、广宁、沈阳和开原这七座坚城中，抚顺、辽阳、铁岭和广宁都是靠内奸开城才被努尔哈赤轻松拿下的，其中广宁甚至是不战而降；沈阳和开原则都是主将出城浪战在先，内奸作乱在后，同样没让努尔哈赤付出多大代价就顺利夺城；严格说来，只有清河城算是努尔哈赤强攻拿下的，也付出了上千人的死伤代价，但清河又算不上明军重兵囤聚之城。

也就是说，看似攻城无数的后金军其实强攻坚城的经验相当有限，这也正是袁崇焕的机会之一。

面对努尔哈赤六万左右的大军（努尔哈赤自称20万，袁崇焕认为是13万），袁崇焕手中仅有一万余人，仅有的优势就是采用了更利于火炮发射的、以西方筑城办法修筑的宁远坚城，以及这11门红夷大炮。努尔哈赤和后金军此前对明军的各类火器并无太多忌惮，尤其是对火器在野战中的表现颇为不屑，在萨尔浒之战中甚至有"火未及用，刃已加颈"的说法，但这次宁远城的红夷大炮注定将给他们一个全新的体验。

努尔哈赤大军抵达宁远城当天，袁崇焕就命令红夷大炮轰击城北后金大营，尽管明末军事理论家茅元仪在《督师纪略》一书中"遂一炮歼虏数百"的说法明显夸张了，但的确是给了努尔哈赤一个下马威。

之后两天是两军最激烈的城池攻防战，对于具体战况，双方正史和明人各路私家笔记众说纷纭，其中也不无夸大之处。

稍做梳理的话，八旗军的基本战法是以步骑兵的"万矢齐射城上"作为火力掩护，以前方有五六寸厚木挡板，其上裹有层层韧性强劲的生牛皮的楯车作为防御掩护，将士卒运送到炮火薄弱的城墙下，"用斧凿城""用铁裹车撞城"。

而明军的战法是，远处用11门红夷大炮和各类火器轰击，红夷大炮的射程最远可至3公里，"从城上击，周而不停。每炮所中，糜烂可数里。而诸火器无不尽发，发亦必伤"（《明季北略》），即使是后金军专为防御火器而设计出来的坚固楯车，红夷大炮只要打中就是一击即碎，"每用西洋炮，则牌、车如拉朽"；当后金军突破炮火的狙击，攻到城下时，这就是红夷大炮的火力死角了，明军又临阵发明了一种叫"万人敌"的土法火器，其实就是用芦花和棉被装裹火药，点燃扔到城下，或者"用铁绳系下烧之"，计六奇在《明季北略》中夸张地描述"万人敌"称，"火星所及，无不糜烂，延烧数千人"。不过，"糜烂可数里"的疑点在于，在红夷大炮的时代，可以爆炸的"开花炮弹"尚未出现，标配的实心炮弹很难造成现代火炮所谓"一炸一片"的大面积杀伤效果。事实上，直到第一次鸦片战争，西方也还在普及开花炮弹的进程之中。

第一天的战斗一直持续到二更天，后金军方才散去，城下堆满八旗兵尸体。但次日打到下午，从未见过如此强大火力的八旗兵其实军心已经濒临崩溃了，一向悍不畏死的满洲勇士远远躲在红夷大炮射程外，不敢上前，明朝的官方史料称，"酋长持刀驱兵，仅至城下而返"。

宁远之战的最后一天其实也就是走个形式，后金军主力已转向进攻觉华岛，留下部分后金军继续攻城，不仅双方战法没有更新，并且激烈程度已远不及前两天。这一天的唯一亮点是，明军可能击毙了后金军某一高级贵族，据张岱《石匮书后集》载："炮过处，打死北骑无算，并及黄龙幕，伤一裨王。北骑谓出兵不利，以皮革裹尸，号哭奔去。"

根据后金的史料，两日攻城，"共折游击二员，备御二员，兵五百"。相对在史观上更偏向清朝的阎崇年对此也承认，"这应是被掩饰而缩小了的数字"。当然，徐光启战后所称的"是役也，奴贼糜烂失亡者实计一万七千余人"也属于严重夸大战果了，就宁远一战后金军的伤亡，明兵部尚书王永光奏称的"前后伤虏数千"应该更符合战况实际。

当然，在宁远之战中，比伤亡数字更大的悬念是所谓的"努尔哈赤受伤之谜"，唯一可以确定的是努尔哈赤死于宁远之战半年多后。争议主要在于，努尔哈赤是在宁远之战中为炮火所伤，郁愤而死，还是因为身患毒疽，不治身亡。《重写晚明史：内忧与外患》一书中的说法相对持平，"努尔哈赤自二十五岁征战以来，自称战无不胜、攻无不克，在宁远城下败北，愤恨而死，不论是否受伤，他的死与宁远惨败直接相关"。

不过，如果将觉华岛之战作为宁远之战的"分战场"来看的话，明军在此战中的完胜光环就要褪色不少。尽管明军在宁远主战场中大败后金军，"前后伤虏数千"，甚至可能击伤了努尔哈赤本人，但在觉华岛之战中，明军不仅丧失了关外后勤基地，粮料八万余石和舟船二千余艘俱被焚烧，且丧师高达七千之多，后金军仅损失两百余人。

据说为了定性宁远之战是否"大捷"，明朝中枢内部还一度有争议，最后明熹宗采纳了兵部尚书王永光的建议："辽左发难，各城望风奔溃，八年来贼始一挫，乃知中国有人矣！"

大捷！

对于明军的大捷，阎崇年在《袁崇焕传》中总结称，"它证明明军坚守城池，使用大炮，城炮结合，依靠坚城屏障，发挥洋炮威力，是阻止后金军强大攻势的有效手段"，而努尔哈赤败在"没有认识到明军战术武器和战术思想的重大变化，继续使用旧的武器和旧的战术"。

总而言之，如果不考虑袁崇焕本人的话，红夷大炮称得上宁远之战的第一功臣。战后，明廷还特意封一门红夷炮为"安国全军平辽靖虏大将军"。

从佛郎机到红夷大炮

红夷大炮是从哪里冒出来的？

在上一章，本书曾重点写到了朱元璋和朱棣时代的火器发展，特别是神机营的组建代表明军的火器装备已经走到了同时代全世界的最前端。但是，这却是中国火器发展的最后一次领先。

军事科学院军史百科部研究员钟少异在接受《上海书评》采访时曾表示，"到了明朝永乐时期，开始于北宋的中国早期火器的发展达到了一个高峰"，"达到这个高峰以后，中国早期火器的发展也就停顿了下来。永乐之后，从宣德到正德的一百来年，中国火器看不出有什么显著的发展表现，基本就处在停滞的状态。而且，与永乐火铳相比，从宣德到正德时期的铜火铳反而有退步的迹象，一是制造没有永乐时期精细，二是规范性降低了。所以这一百来年，总体上是停滞和退化"。

仅仅依靠内生性的发展，明朝已长期停滞在"火铳时代"，那么，转机就只有来自外部了。不过，先别急，红夷大炮还没那么快。

嘉靖元年（1522年）八月，明军在广东巡海道副使汪铉的指挥下，在西草湾海战中击败葡萄牙人，缴获了20余门佛郎机。所谓"佛郎机"，是当时明朝对葡萄牙的称呼，因为此炮来自葡萄牙，这种炮便被明人冠以佛郎机之名。

佛郎机代表了欧洲15世纪末至16世纪初的火炮制造水平，与当时明军装备的火铳相比，无论在射速、射程、发射安全性、机动性、威力和命中率上都有了全方位的提升，是超越火铳一个时代的最先进火器。

明朝很快就开始了对这种先进火器的仿制工作。嘉靖三年（1524年）四月，首批国产仿制佛郎机就在南京下线；嘉靖九年（1530年）九月，已经升任都察院右都御史的汪鋐上书嘉靖帝，建议大量仿制佛郎机，在九边地区大量装备，以对付蒙古骑兵。自此以后，佛郎机炮批量生产，取代了火铳的地位，成为明军火炮的制式装备之一。

佛郎机在嘉靖时代的迅速普及，一方面呼应了明朝自朱棣时期以来发展火器的初心，即对付蒙古骑兵；另一方面也反映了明朝北方边患的再度严重，嘉靖时代是蒙古自土木堡时代以来又一次走向统一和强盛，边患越严重，明军对新式火器越保持学习的开放性。

在此时的明军中，对佛郎机的应用最有热情的就是这一时代最伟大的将领戚继光。在某种程度上，戚继光和袁崇焕都是中国古代将领中的异类，他们不仅重视士气、训练、募兵、战术等中国传统军事资源中的"强兵"手段；对先进武器特别是火器的追逐和研究，以及根据先进火器来及时改变战法让他们更像两个"近代式"的军事主官。

但李硕在《南北战争三百年》中写道："从抗倭时代开始，他（戚继光）一直在呼吁提高火器生产的工艺水平，但当时中国缺乏近代的基础科学体系，弹道学、近代化学、制图学等都未出现，根本无法进行标准化的火枪火炮生产，故未能走上军事近代化之路。"

根据王兆春的《中国火器史》一书，戚继光的部队在当时明军中"装备佛郎机最多,种类最齐全"。戚继光在他的名著《纪效新书》中,记载了11种佛郎机的长度型号,还总结出了各型号的战场用途。

根据李伯重先生在《火枪与账簿》一书中的统计,"明朝生产出来的各型佛郎机总数达三四万门,数量超过世界上任何其他国家"。

几乎在佛郎机传入中国的同时,火绳枪也传入了中国,不过这在中国被称作"鸟铳",得名或是来自戚继光所说的"飞鸟之在林,皆可射落",或是来自其枪机的独特,形似鸟嘴。

根据胡宗宪主编的《筹海图编》,火绳枪其实传入了两次。第一次是在西草湾海战中,明军不仅缴获了佛郎机,还缴获了葡萄牙人的火绳枪,但因当时发展尚不成熟,故未引起明军重视,将注意力都投向了佛郎机;第二次是在嘉靖二十七年(1548年)的双屿之战中,明军缴获了岛上日本人和葡萄牙人所使用的火绳枪。但《中国火器史》说当时日本仿制自欧洲的火绳枪青出于蓝,因此明朝主要仿制的是日制火绳枪,因此戚继光曾在《练兵实纪》(1571年刊印)中有"此器中国原无,传之倭寇,始得之"的说法。

简单说就是,明代鸟铳(火绳枪)来自葡萄牙和日本这两个源头,但因为日本也是习自欧洲,因此最终还是来自欧洲。

明代火铳传至西方被仿制后称为"火门枪",火绳枪即火门枪的升级版。相比火铳（火门枪），鸟铳（火绳枪）在射击精度（有了瞄准装置）和射程（铳管更为细长）上都有了不小的进步，但最大的升级还是其发射装置，增设了慢燃烧的火绳（故名火绳枪）和扳机，从而提高了发射速度。

嘉靖三十七年（1558年），兵仗局仿制了第一批鸟铳一万支。而戚继光继佛郎机之后，再次成为鸟铳的热烈拥趸，根据戚继光的《练兵实纪》，戚家军步营有2699人，装备鸟铳1080支，占比40%。在戚家军之后，鸟铳逐渐取代手铳，成为明军装备的主要单兵射击火器。

根据《火枪与账簿》一书所说，为了对付蒙古重装骑兵的重甲，明末火器专家赵士桢又对当时最先进的鸟铳——源自奥斯曼帝国的重型鲁密铳进行了改良，"设计出了一种射程更远、射击精度更高的火绳枪，威力比同期欧洲、日本和土耳其的火绳枪更大"。

作为明军第一代火器，火铳是个宽泛的概念，包括了火炮和单兵火器两大谱系，在嘉靖年间遭到了来自西方新科技的迭代冲击，火炮被佛郎机取代，单兵火器被火绳枪取代，从而完成了向"第二代火器"的全方位升级，姑且称之为"第一次西炮东传"。

有第一次，自然就有第二次，这一次，终于轮到了红夷大炮。

在第一次西炮东传中，佛郎机和火绳枪都来自战争中的缴获，但在第二次西炮东传中，红夷大炮是徐光启等人专门派人到澳门向葡萄牙当局购买，并且聘请葡萄牙技工，训练中国铸炮工匠仿制而来，其中，还有欧洲传教士的贡献。

红夷大炮的出现直接和明与后金战争爆发相关。根据《中国火器史》梳理的线索，万历四十七年（1619年），明军在萨尔浒之战中惨败之后，忧心国事的徐光启深感明军现有的火器，甚至也包括作为第二代火器的佛郎机，已经无法应对新的战争形势，即出现了比蒙古骑兵战斗力更强的八旗骑兵。

因此徐光启决定联络李之藻等志同道合之人，以私人捐资的方式，向澳门葡萄牙当局求购更新一代的西洋火炮。泰昌元年（1620年），李之藻派门人前往澳门，购买了四门新型西洋火炮，到天启三年（1623年）左右，明朝共通过这一途径购买了30门同款大炮，其中11门运往山海关，18门守卫京师，1门在试炮中炸膛。据《中国火器史》，过去在天安门内的端门和午门之间，曾陈列着两门形制相同的西洋大炮，由于该炮上刻有"天启二年"和"红夷铁铳"的铭文字样，可以基本认定这就是当年留守京师那批红夷大炮中的两门。而运往山海关的大炮，自然就是后来袁崇焕带到宁远城上的那11门红夷大炮。

之所以叫"红夷大炮"，是因为明朝误以为这批炮产自荷兰，而明朝官员称荷兰人为"红夷"。但有趣的是，红夷大炮的原产国既不是荷兰也不是葡萄牙，而是英国。据《中国火器史》记载，葡萄牙卖给明朝的这30门炮，都来自1619年英国在澳门附近搁浅的一艘英舰；还有一种说法是，明朝曾在广东沿海打捞过三艘欧洲沉船，在上面发现了大批红夷大炮。

如果说火铳和佛郎机是明军装备的第一代和第二代火器的话，红夷大炮就是明军装备的第三代火器，是英国在16世纪后期经过火炮改革后生产的一种早期加农炮，与佛郎机相比，在设计和制造上已融入一定的数理知识，在射程、杀伤力、安全性、射击精度方面又有了全方位的提升。明末军事专家焦勖说："西洋大铳，其精工坚利，命中致远，猛烈无敌，更胜诸器百千万倍。"

红夷大炮购炮第一人李之藻则将之誉为"不饷之兵，不秣之马，无敌于天下之神物"。

红夷大炮后传

宁远之战后，红夷大炮还作为主角打了两次胜仗。第一次是天启七年（1627年）五月的宁锦之战，此时距离宁远之战只有一年出头，已升任辽东巡抚的袁崇焕在短时间内构筑了一道"宁锦防线"，他亲自守宁远，爱将赵率教守锦州。在宁锦之战中，皇太极亲率后金军先攻锦州不克，再攻宁远不克，回攻锦州又不克，三次冒着红夷大炮的炮火强攻，损失之大甚至要大于宁远之战。

第二次是崇祯三年（1630年）五月的滦州之战。此时袁崇焕正被冤下狱，复出督理军务的孙承宗集结大军反攻皇太极关内所占四城，在滦州攻城战中，明军第一次利用红夷大炮进攻坚城，击坏城垛、炸毁城楼，后金军只得弃城逃跑，沿途被明军截击斩杀四百余人，后金在关内的统帅阿敏连续受挫之下，被迫放弃其他三座城池，狼狈撤回盛京。

除了袁崇焕当初制定的"凭坚城以用大炮"战术以外，明军还结合战场实际和战力的提升，围绕红夷大炮和新式火器创造出了一系列多元战术。

第一，炮骑协同战术。在宁锦之战中，当皇太极进攻宁远城时，袁崇焕命总兵满桂和副将尤世威率骑兵出城迎战，但与一般的骑兵野战不同的是，明军骑兵始终活动在城墙附近的红夷大炮射程范围内，营造出"明军骑兵战于城下，红夷大炮则战于城上"的炮骑协同战术，骑兵与八旗骑兵短兵相接，大炮则轰击后金军的后续部队，造成了双重杀伤的效果。袁崇焕在宁锦大捷后盛赞敢于野战的明军骑兵："十年来，尽天下之兵，未尝敢与奴战，合马交锋；今始一刀一枪拼命，不知有夷之凶狠骠悍。"

这可能是日后在明亡清兴中大出风头的那支"关宁铁骑"的最初起源。在广渠门之战（与德胜门之战、永定门之战都是北京保卫战的一部分）中，关宁铁骑又在依城而战中惨胜八旗骑兵，袁崇焕本人亲自上阵横刀跃马，"两肋如猬，赖有重甲不透"。尽管史料中未见明确的"炮骑协同"，但享有依城而战的各项优势则是确定无疑的。但这一战术的问题是，操作不慎便会误伤友军，在德胜门之战中，满桂的骑兵在与八旗骑兵对战时，就被"助战"的北京城头大炮大量杀伤，连满桂本人也受伤，可见炮骑协同战术的"协同"默契很重要，宁远可以，北京就未必可以。

但在其后的永定门之战中，满桂将军队带到永定门南面二里之外驻营，致使大军得不到城墙火炮的火力掩护，以致被皇太极的骑兵合围歼灭，这也再次证明了关宁铁骑对"依城而战"的重度依赖。《明帝国的新技术战争》一书猜测，"也许是满桂对京城军队乱放火炮仍然心有余悸，才做出了这个致命的选择"。

值得一提的是，明末还出现了专供骑兵的火器。据《中国火器史》所说，戚继光编练了以骡马驮载虎蹲炮的骑兵营，"是我国骑兵史上最早的骑炮兵"，比瑞典国王古斯塔夫二世1630年编制的骑炮兵"要早50—70年"。在三眼铳的基础上，赵士桢创造了名叫"翼虎铳"的骑兵用火器。在实战中，这些都为关宁铁骑的火器化提供了技术储备。

第二，车炮协同战术。如《火枪与账簿》所说，"在明代前期，战车仅作为运载工具使用。到了明代中晚期，战车逐渐被改进为配有火炮和防护装置、具有作战能力的炮车"。从戚继光开始，再到孙承宗和袁崇焕，就一直致力于建立以火器为主的车营。战车不仅可以增强火器的机动性，还可以作为火器部队防御骑兵冲击的屏障，赵士桢在《防虏车铳议》中说，"为今之计，无如用车自卫，用铳杀虏"。

在戚继光首创的车营中，装备佛郎机和鸟铳的士卒占到了全营编制总数的41%；在辽东，孙承宗把戚继光的步、骑、车、辎重四营合而为一，组建为新的车营，不仅使用火器的人数占到了编制总数的60%，甚至还装备了红夷大炮。从某种程度上来说，明代中后期是战车部队自战国衰落以来的第二次军事高峰。

在宁锦之战的宁远守城战中，袁崇焕派遣车营都司李春华率领车营步兵1200人，掘壕以车为营，列火器为守御，构成了宁远城的第一道防线。再结合城上的红夷大炮和待机而动的骑兵，这套立体防线比宁远之战时的坚城大炮更具杀伤力，毕竟，宁锦之战时的红夷大炮已经丧失了其突然性。

在此，对欧洲战争史熟悉的人也很容易联想起捷克名将扬·杰式卡发明的"车堡战术"。捷克胡斯派军队的基本战术单位就是战车，再结合步兵、骑兵，特别是炮兵的支持，在胡斯战争中屡次击败神圣罗马帝国和十字军的重骑兵，与戚继光及袁崇焕的"车炮协同战术"有异曲同工之处。

总的来说，无论是炮骑协同，还是车炮协同，或是车炮骑协同，都必须依托于坚城这个物理屏障，在真正意义的野战中，明军的红夷大炮、车营、关宁铁骑都没有证明过自己。

宁远之战后，红夷大炮成为明朝中枢的新宠，被不吝财力地投入各种资源购买和仿制，迅速在崇祯朝实现了量产。仅在崇祯三年二月至八月这半年间，徐光启就仿制了400余门西洋大炮。李婷婷和朱亚宗在《中国火器落后于西方的时间节点及原因初探》一文中指出:"如此快速的技术跟进和中国作为火器的发源地、拥有一定的技术基础是分不开的,另外,17世纪末以前西方火器的创新多属经验性质,较易为技术落后者追赶上。因此,在17世纪末期以前,中国火器和西方相比虽有差距,但在明清两朝的重视下,不但很快弥补了差距,并常能融合中西火器的长处,创造出性能更好的火器。"

那么,问题来了,宁锦之战和滦州之战后,明军的红夷大炮为何就再也没有什么机会创造战争奇迹,挽狂澜于既倒呢?

我试着说两点原因。第一,如上面所提到的那样,红夷大炮不擅野战。黄一农先生在《红夷大炮与皇太极创立的八旗汉军》一文中曾指出:"17世纪的红夷炮发射速度不快,每分钟虽有可能达到1—2发,但炮管无法承受持续射击,隔一段时间就需休息以冷却,故每小时平均只可发射8发,每天通常不超过100发……当时的红夷炮对快速运动的步骑兵而言,仍无法有效达到防堵并歼敌的作用。"

第二,后金在造炮技术上后来居上。历经宁远之战、宁锦之战和滦州之败的挫败后,皇太极逐渐认识到单纯依靠骑射,已不能适应火器迅速发展条件下的战争需要,后金也必须造出自己的红夷大炮,天聪五年(1631年)正月,后金终于仿造出了第一门"红衣大炮",命名为"天佑助威大将军",

后金"造炮自此始"。女真人避"夷"字之讳，故改称红衣大炮。在数月后的大凌河之战中，首次出战的红衣大炮就为皇太极立下奇功，外击来援明军，内轰大凌河城，逼得祖大寿率军归降。

天聪七年（1633年），"吴桥兵变"之后，孔有德、耿仲明和尚可喜相继归降后金，不仅给皇太极带来了二十门左右质量更高的红衣大炮，还送上了一支受过葡萄牙人训练的工匠和炮手队伍，掌握了教会中人一直视作不传之秘的火炮操作和瞄准技术，大大增强了后金的炮兵实力和军工能力。而继袁崇焕被冤杀之后，明朝此时最精通火器战法的一线督抚孙元化却受"吴桥兵变"牵连被杀，明军顿失一火器干城。此消彼长之下，此时的清军火炮部队已经能和恃火器为长技的明军分庭抗礼。

在明清战争的决定性战役松锦之战（1640—1642年）中，清军击垮了由洪承畴率领的13万步骑精锐，这也是明军在关外的最后一支野战军。清军的红衣大炮在此战中又起到了关键性作用，在东亚有史以来最大的火炮对战中，彻底压制了明军的炮兵。清军在进攻松山、塔山和杏山时，都是依靠红衣大炮的强大攻坚能力才拿下这三座坚城的。

松锦之战后，明清火器强弱对比彻底逆转，驻扎于锦州的清军已拥有近百门红衣大炮，而逃回宁远的吴三桂所部仅剩下了十门红夷大炮。明辽东巡抚黎玉田哀叹称："我之所以制酋者，向惟火器为先，盖因我有而酋无，故足以取胜。

后来酋虽有而我独多，犹足以侥幸也。今酋铸百炮而有余，我铸十炮而无力。"

就袁崇焕理想中的炮骑协同而言，此时的清军算是抵达了最终版本：骑兵野战无敌，炮兵无坚不摧，也就是金哀宗当年用来描述蒙古骑兵巅峰时代的那句话，"恃北方之马力，就中国之技巧"。

纵观明代这三次火器革命，即洪武永乐时代的火铳、嘉靖时代的佛郎机和火绳枪、天启崇祯时代的红夷大炮，无不是受到某种严峻的外部军事挑战而做出的应对，且三次挑战都来自北方骑兵，前两次是蒙古骑兵，后一次是八旗骑兵，借用费正清的经典概念就是"冲击—反应"模式，即"满蒙冲击，大明反应"，朱元璋、朱棣、汪鋐、戚继光、徐光启、袁崇焕、孙元化都是满蒙骑兵冲击下的回应者。

针对同样的历史事实，另一个异曲同工的解释框架来自威廉·麦尼尔。麦尼尔在其名著《竞逐富强：公元1000年以来的技术、军事与社会》中认为，欧洲长期的列国林立带来激烈的军事和政治竞争，由此产生的生存压力迫使各国必须不断进行军事技术和军事体制变革。

明清鼎革之前长达二十余年的大规模军事对抗，为双方营造出一个研发、装备和应用新型火器的"绝佳"竞争环境。

当我们说到朱元璋、朱棣、戚继光、徐光启、袁崇焕这些来自明朝的名字时，也不要忘了那个叫作皇太极的人。从军事技术变革的角度来看，皇太极是那个以一己之力将后金从冷兵器骑兵时代转变为火药时代的强势主导者，作为先行者的明朝用两百多年的时间展开了三次火药革命，作为后来者的皇太极用了在位的十七年时间就跨越性地走完了明朝两百多年的成果，直接跨进了红衣大炮的时代，将清帝国打造为骑兵与火器均超越明帝国的超级军事强权。

无怪乎，在《红夷大炮与皇太极创立的八旗汉军》一文中，黄一农将皇太极与同时代被誉为"近代战争之父"的瑞典国王古斯塔夫二世视作"东西辉映"，为皇太极在军事史上被低估而叫屈。

最后，附上两段很有意思的话。黄一农说，"徐光启等天主教人士原本希冀能利用红夷大炮帮助明朝救亡图存，但历史的发展往往事与愿违，这种新型火器最后却转而成为清朝得以吞并大明的利器"；李伯重也说，"这场军事改革运动的最终结果，是这场运动训练出来的精锐部队的主体，不仅未能如晚明精英所希望的那样成为卫国之干城，反而为敌所用，成为新朝夺取明朝天下的利器"。黄一农和李伯重说得没错，我们不妨设想一下，如果没有红夷大炮的传入，明朝会不会还能多续命几年？

延伸阅读：

《火枪与账簿：早期经济全球化时代的中国与东亚世界》，李伯重著，生活·读书·新知三联书店，2017年1月版。

《重写晚明史：内忧与外患》，樊树志著，中华书局，

2019年4月版。

《明帝国的新技术战争》，李湖光著，台海出版社，2017年7月版。

《火器史话》，王育成著，社会科学文献出版社，2011年12月版。

《阎崇年自选集》，阎崇年著，九州出版社，2016年3月版。

三藩之乱：散装联盟之殇

康熙十二年（1673年）十一月，62岁的平西王吴三桂在昆明誓师反清，将北京城的20岁青年玄烨拉入了一场长达八年的殊死决斗中。

从战争史的角度观察三藩之乱，有两个问题似乎是无法绕开的：第一，为何是康熙胜，吴三桂败？第二，为何这场战争打了八年之久？

站在三藩的角度来看，这两个问题的答案可以是一个，即吴三桂一方是由多个反清势力构成，实力极其强劲，难以卒除，同时却又缺乏整合，各自为战，成也"多国部队"，败也"多国部队"。

西南鼙鼓动地来

当吴三桂在康熙十二年十一月二十一日起兵时，距离他下令用弓弦勒死南明末代皇帝永历［永历十六年（康熙元年，1662年）四月］，已近十二年，距离中国大陆最后一支大规模抗清力量——夔东十三家的最后败亡，已近十年［康熙三年（1664年）八月，李来亨自缢］，除了台湾岛上的郑经之外，止戈休兵的大清帝国似乎可以一直这么岁月静好下去。

即使在吴三桂起兵之初，这场战争对坐拥天下的康熙而言也没那么可怕，至少远不像是一场需要打八年的持久战。从地域上看，吴三桂不过就是云南王而已，如果谈到势力范围，最多也就再加上一个贵州，纵然吴三桂控制着一支十万上下的强军，但终究综合实力有限，这可能也就是康熙君臣敢于撤藩的根本原因，如李治亭在《吴三桂大传》一书中所说，"圣祖和谋臣们对整个形势估计不足，总以为三桂一人造反，翻不了大局，平息不难"。

起兵后，在一个月左右的时间里，吴三桂就毫无悬念地控制了贵州大部，巡抚、提督和总兵一类的清廷本省高官先后迎降，云贵总督甘文焜死不从叛，自缢而亡。随即，吴三桂亲率八万大军进攻湖南，命大将王屏藩率军四万进攻四川。

康熙的战略应对是，在中路以荆州为重点，加强其防御，"荆州乃咽喉要地，关系最重"，在湖南长沙、岳州（今湖南岳阳）和常德等地集结重兵抵挡吴三桂的正面东进；在西线构建川陕防线，派八旗兵由汉中进入四川，凡是从云贵进入四川的险隘之地，都派重兵坚守；广西方面，授格格孔四贞之夫、广西将军孙延龄以兵权，固守防地，从南面牵制吴三桂东进湖南。

康熙的军事部署不可谓没有针对性，其目的是先将吴三桂的势力围堵在云贵一隅，再利用清帝国庞大的体量优势四处调兵，待形成绝对优势兵力后就可以一举碾压势穷力蹙的吴军。

但战局的发展很快就超出了清廷的预料，特别是吴三桂军的闪电进击，让康熙的周密部署变得漏洞百出。

第一，吴三桂起兵仅四个月，也就是康熙十三年（1674年）三月时，就已相继拿下了常德、澧州（今常德市澧县）、沅州、衡州、长沙和岳州等多个湖南重镇，湖南巡抚卢震弃长沙而走，多个城池守将不战而降。就此，吴三桂几乎占领了湖南全境，并顺势建立了"大周政权"，自称"总统天下水路大师兴明讨虏大将军"。按照康熙最初的部署，湖南本是清军主力固守之地，以从北面压制吴三桂的主力。

第二，康熙十三年正月，吴三桂的爱将王屏藩从贵州东部的镇远北进，从水路进入四川，得到了包括四川巡抚罗森和提督郑蛟鳞的响应，迅速席卷全川，最后在四川北部的保宁（今阆中一带）大败清军，清军全线溃退，以致"全蜀尽失"。按照康熙的部署，八旗入川大军本应"克期抵定全川，并剿云贵"，谁料不仅丢掉了整个四川，还让跟踪追击的王屏藩杀入陕西，进入了作为攻略关中必经之地的汉中。

第三，经过前四个月的快速进军和令人炫目的胜利之后，吴三桂已控制了云、贵、川、湘四省，但部分是因为想与清廷"划江而治"，部分是因为惧怕渡江以后遭到八旗铁骑的大举反击，总之吴三桂在湖南暂时放缓了在中路的大举战略进攻。但就当经历了初期大溃败的清军以为可以就此得到喘息之机时，战火却又烧到了广西和福建。

先说广西。恐怕连吴三桂自己都没有想到，广西竟然比他寄予厚望的福建更先闹起来，康熙十三年二月，广西将军孙延龄突然发难杀掉了与己长期不睦的旗下都统王永年，在桂林举旗叛清，随即出兵欲统一广西全省。按照康熙本来的部署，还指望孙延龄从南线威胁吴三桂的云贵大本营，而现在孙延龄的造反和吴三桂军连成一片，不仅没能威胁到吴三桂，还让康熙不得不开始操心广东的防务。对康熙来说唯一的好消息在于，孙延龄自立安远大将军，对吴三桂阳奉阴违，并未和吴军形成什么呼应配合，更别提统一的军事行动了。

再说福建。此时镇守福建的靖南王已世袭至耿仲明之孙耿精忠，吴三桂起兵前，很可能已经和耿精忠达成了共同反清的密约。康熙十三年三月，耿精忠应约起兵，虽然比孙延龄晚了一个月，但声势和决心却远胜前者，裹挟了福建巡抚刘秉政一同造反，旋即便席卷福建全省。紧接着，耿精忠派曾养性走东路进军浙江，白显忠走西路，攻略江西。

这时候，又一个对康熙而言喜忧参半的消息传来了：台湾的郑经也参战了。郑经本是耿精忠邀请而来，约定双方在福建联兵共同反清，但当耿精忠在福建的战局进行得出奇顺利时，便后悔前议，转而想阻止郑经登陆，而雄心勃勃的延平郡王郑经显然不从，声称昔日清朝全盛，郑军尚且"与之争衡吴越"，今天耿精忠"区区一旅，何足道哉"。就这样，本是盟友的耿郑两军竟在福建沿海大打出手，郑经一度占领了厦门、漳州和泉州，兵锋正盛。后在耿精忠的求和之下，特别是吴三桂的居中斡旋之下，康熙十四年（1675年）正月，两军同意"共奉大明"，约以枫亭（今福建仙游县枫亭镇）为界，郑军在南，耿军在北，"至是两家交好"，以"缟素三军，展拜孝陵"为重，达成了滕绍箴先生在《三藩史略》一书中所说的"吴耿郑联盟"。

就此，吴三桂一方已完全控制了云、贵、川、湘、桂、闽六省，形成了以吴三桂为首，耿精忠、郑经和孙延龄为辅的四方反清联盟。

康熙的至暗时刻

在吴三桂联军席卷六省，又陆续将战火烧到了陕西、湖北、江西、广东、浙江和安徽六省，各地反清义军纷起，清帝国几乎只剩半壁江山的同时，康熙一方的坏消息还远没有结束。

先看陕甘方向的王辅臣。王辅臣号为"马鹞子"，是康熙初年名震天下的猛将，康熙待他极其厚重，曾将祖传的一对"蟠龙豹尾枪"分其一赏赐王辅臣，以示"见此一枪如见朕"。但王辅臣也曾隶属吴三桂藩下，吴三桂对其笼络非常，凡"有美食美衣，他人不得，必赐王辅臣"。可以说，王辅臣当时是吴三桂与康熙人才招揽战的焦点人物。吴三桂的一大优点是交游广阔，善于笼络人才，在清帝国各地都有交往深厚的故旧和人脉，这在他起兵"广发英雄帖"时起到了极其正面的作用。而吴三桂显然也没有漏掉王辅臣，起兵伊始就派使者联络这位老部下，但王辅臣感念康熙的厚恩，擒吴三桂使臣送往京师。

按照正常的逻辑，王辅臣本将成为康熙在陕甘一带抵御吴三桂进犯的擎天一柱，让王屏藩基于汉中的陕西攻略化为泡影，甚至大有反攻四川的可能性。但谁料，康熙此时出了一招臭棋，派武英殿大学士莫洛主持陕甘战事，忠诚但执拗的莫洛和王辅臣的个人关系极其恶劣，甚至滑向了满汉矛盾这一高危领域，发展到最后，康熙十三年十二月初四，王辅臣冲冠一怒发动了宁羌之变，杀掉了莫洛，举旗反清。

纵观明末清初这些将领们来来回回的"反复"，其中也包括王辅臣之反、孙延龄之反，以及之后的尚之信之"反"，受个人层面的私怨和利益冲突的驱动，远强于"家国大义"和政治倾向，私怨极大地撬动了大历史的进程。

王辅臣叛乱数月之间，秦州（今甘肃天水）、兰州、庆阳、绥德、延安、米脂等重镇相继失守，此时，吴三桂又不失时机地派王屏藩进军陕西，再加上各地兵变频发、义军群起，清军在陕甘一带的重要支点只剩下西安。从更大的战略层面而言，吴三桂联军就此已形成了西、中、东、南四大战线：西路的陕甘战线以王辅臣为主，吴三桂大将王屏藩为辅；中线由吴三桂亲自领军，在湖南北端的城市岳州与康熙的主力对峙；东线以耿精忠为主，在江西、浙江、安徽一线和清军打起了拉锯战；南线以郑经为主，孙延龄和吴三桂一部为辅，在巩固广西的同时，积极进攻广东，给了尚可喜极大的压力。在这四路中，尽管吴三桂亲领的中路集中的兵力最多，但因为陷入僵持，西线陕甘方向事实上此时已成为吴三桂联军新的战略进攻重点。

还有蒙古的布尔尼反叛。王辅臣起兵仅三个月后，也就是康熙十四年（1675年）三月，蒙古末代大汗林丹汗之孙、察哈尔八旗右翼的布尔尼亲王突然向清廷发难，此时八旗大军已基本南下，"京师无兵可调，盈廷震愕"。可以说，考虑到吴三桂军在各条战线上的咄咄逼人，特别是王辅臣叛清三个月来的席卷陕甘，布尔尼举兵可谓康熙帝和清帝国在八年三藩之乱中的至暗时刻。

再就是广东。在经历至暗时刻的前后，广东可以说是康熙唯一的安慰了。这里要澄清一下，所谓三藩之乱，一开始参加的其实只有吴三桂和耿精忠二藩，平南王尚可喜不仅没有加入吴耿一方，反而成为康熙的南天一柱，在四面受敌的情况下苦苦支撑大局。但到了康熙十四年下半年，尚可喜的局面已极度危急，郑经军和吴三桂军从东西两个方向压迫尚可喜军，郑经麾下大将刘国轩大败尚可喜之子尚之信。在此期间，尚可喜多次向康熙直接求援，但援军始终没有开进广东，康熙十五年（1676年）二月二十一日，尚之信发动兵变，宣布易帜。尚之信易帜一事非常诡异，甚至很难被定义为"叛清"。李治亭先生在《吴三桂大传》中写道："之信从

'叛降'吴,到'归正'朝廷,共计二百八十余天,始终没出一兵一卒,没同清军交过一次锋。这期间,他坐镇广州,几乎没有任何军事活动。"准确地说,尚之信此举算是退出了战争,并没有站在康熙和吴三桂任何一方,从参战方转成了中立方,或者说,可以看作"降吴不反清"。

而康熙在得到尚之信"叛变"的消息后,既未动怒,也未加声讨,更未出兵征伐,完全把广东放置一旁,不予理睬。《吴三桂大传》一书认为,康熙与尚之信达成了某种默契,"即圣祖理解之信'屈从'三桂之本意,只要保持广东方面安定,使清兵以全力用于湖南主战场,等待清兵入广时,作为'内应',再公开'归正'"。在当时那种严峻的情况下,即使康熙内心并不接受此种"默契",对平南王府没有战死殉国极为不满,但也只有听之任之,退而求其次了。

而细究尚之信"易帜"之原因,除了保固地方,防止迫在眉睫的全军覆没之"公心"以外,其中也有尚之信的"私心"作祟:父亲尚可喜在袭爵问题上没有考虑作为长子的自己,反而选择了二弟尚之孝,尚之信极为愤恨,因此也想通过兵变让自己袭爵变成既成事实。但无论如何,尚之信确无反清的野心,更无反清的实际行动,"三藩之乱"的"三"首先就是争议很大的,当然,你可以把孙延龄的定南王孔有德这一系视作"第三藩"。

对于王辅臣、布尔尼和尚之信的接连发难,《三藩史略》中认为:"在这一年零三个月中,三大事件将吴三桂叛乱史推向高潮。王辅臣叛变后，吴三桂将战略攻击方向指向陕甘，坐镇松滋，重兵打压荆、襄地区；布尔尼起兵严重地牵制清军，并骚扰其后方；尚之信降周，使两粤沦陷。这些因素构成以吴三桂为代表的反清势力，处于战略进攻态势。"

此时的大清帝国，已是风雨飘摇。除了龙兴之地关外，在关内十八行省里，吴三桂一方势力最盛时已占据或基本控制了云南、贵州、四川、湖南、广西、福建和广东七省，占据了陕西、甘肃和江西三省的大部，以及浙江、湖北和安徽三省的一部。在关内，清帝国没有被战火殃及的省份只有直隶、山西、山东、河南和江苏这寥寥五省了，可以说是处处烽烟，捉襟见肘了。

回过头来看，吴三桂在战争初期的顺利，以及康熙的困窘，核心原因就在于吴三桂不是孤军奋战，而是通过不间断的结盟、诱降和援助，组成了一个声势极其浩大的"反清统一战线"，前后共计有吴三桂、耿精忠、郑经、孙延龄、王辅臣、布尔尼六大势力参战，如果算上名不符实的尚之信就有了七家，再加上遍布全国的自发反清义军，很容易让人联想起六国合纵抗秦，或是隋末的"十八家反王，六十四处烟尘"。

此时正是吴三桂的巅峰时刻。如果试着复盘的话，对于吴三桂联军而言，最大的失误可能在于，郑经非但不应该和耿精忠在闽南大打内战，以至于白白消耗了有限的军力和时间，而且应当开辟第二战场，效仿其父郑成功十五年前功败垂成的北伐，攻取南京，截断漕运，夺取作为清帝国财赋中心的江南，让清廷财政瘫痪。最可惜的是，吴三桂其实早有此意，为耿郑双方做过战略眼光非常高明的分工：耿精忠据守钱塘江，郑经直取南京，甚至天津，"断其粮道，绝其咽喉"，只是各有算计的耿精忠和郑经并没有把吴盟主的方略当作一回事。

吴三桂的计划如果成真，康熙会在战局最灰暗的时刻，凭空又多出了一条新战线，不仅需要投入业已捉襟见肘的兵力，而且一旦失去江南，清帝国就失去打持久战最为关键的经济支撑。此消彼长的是，吴三桂联军在其他战略方向的压力将得以减轻，日后困扰吴三桂联军极深的经济危机也将得到基本缓解。

在我看来，这可能是比所谓"吴三桂没有及时渡江北进"更为关键的失误，甚至在某种意义上算得上"失去的胜利"。否则，吴三桂划江而治的战略意图将希望大增。

"多国部队"的命门

针对吴三桂一方的"多国部队"，康熙的手段更像是"以彼之道，还施彼身"，既然吴三桂擅长诱降和招抚，那么就用同样的方法去拆散吴三桂的"多国部队"，毕竟，康熙这一边拥有更多的资源和"大义名分"，而吴三桂的"多国部队"内部本就矛盾重重，在康熙大军"抚剿并用"的极限施压之下，分崩离析也非人力所能改变。

如《吴三桂大传》所说，康熙的招抚政策相当宽大，"不管谁在吴氏政权中任何种职务，犯有多么严重的'情罪'，只要放下武器，立即会得到极优厚的待遇，对以往之事，一概免究"。

首先说一下布尔尼的问题。布尔尼的特殊性在于，他出兵的时机几乎是清帝国最虚弱的时候，给清军造成了四面楚歌一般的巨大心理冲击，但其实布尔尼的反叛力量相当有限，大约只有三千人，这点兵力即使对于号称"诸禁旅皆南征，宿卫尽空"的康熙而言都构不成什么实质性威胁，康熙光配给鄂扎和图海的满洲八旗兵就有三千多人，这还没包括数千外藩蒙古兵，特别是高达数万的八旗家奴。不过，在如二月河的《康熙大帝》这样的文学作品中，将图海征召八旗家奴作为平叛兵源的神来之笔，而忽略作为主要力量的满洲八旗和蒙古骑兵，的确是过于戏剧化了。

在清军绝对优势兵力的支持下，平定布尔尼的进程异常顺利，从三月二十五日起兵，至四月底叛乱平定，仅用了一个月。

与布尔尼相比，王辅臣才是心腹大患。王辅臣起兵之后，如《三藩史略》一书所说，"王辅臣坚守平凉期间，是吴三桂军事战略进攻达到顶峰时期"。从某种程度上而言，陕甘战场此时就是清吴双方争夺战略主动权的最关键战场。为了迅速解决王辅臣，康熙除了调动京城的八旗禁旅以外，还大举征调外藩蒙古兵,最能显示康熙重视程度的是,他还在开战以来首次从东北调八旗军入关。

在康熙"陕甘优先"战略的部署下,清军在短时间内就遏止了王辅臣在陕甘的战略进攻,还成功阻止了吴军大将王屏藩的会师图谋,仅用了不到半年的时间,就在反攻中接连收复了秦州、兰州、巩昌(今甘肃陇西县)等战略要地,迫使王辅臣困守平凉达一年半之久。

康熙十五年二月,康熙命图海奔赴平凉前线总领陕甘军务,剥夺了畏战不前的八旗亲贵董鄂的指挥权。五月十七日,图海率援军到达平凉,总兵力据说高达十万人,第二天便发兵进攻平凉城外的制高点虎山墩,王辅臣仅在此地就放了守军万人,但只用了一个上午,锐气正盛的图海军就不可思议地拿下了平凉版的"二〇三高地"(日俄战争中的最惨烈战场)。

虎山墩之战,图海一战威震陕甘,但在此之后他却顺势"转剿为抚",虽然在高地架起红衣大炮炮击平凉城,但对平凉只围不攻,还单骑至平凉城下说降王辅臣。27天之后,即康熙十五年六月十五日,王辅臣投降,"数日之间,关陇悉定",进犯陕甘的吴三桂军也在惨败之后撤回了汉中。此时,距离王辅臣叛清,仅一年零七个月。

至此,清军不仅在西线陕甘战场上取得了决定性胜利,更由此夺回了整场战争的战略主动权。从这个角度而言,平凉就是"三藩之乱"中的斯大林格勒。

康熙十五年初，也就是王辅臣被清军围困在平凉的同时，耿精忠在江西、浙江的战局也急转直下，远征军三大骁将曾养性、白显忠和马九玉在战场上被清军打得节节败退。而就在此时，一年多前刚与耿精忠达成停战协议的郑经却在背后狠狠捅了他一刀，于当年五月占领了耿方的汀州。郑经这一亲者痛仇者快的举动让耿精忠怒不可遏，称"本藩之屈意修好者，欲全力出攻浙右，会师江南。岂期共誓之墨迹未干，遂即寒盟背约，收我叛将，侵我疆土"。

没有了大局观，也就没有了大局。为了腾出手来对付郑经，耿精忠从江西建昌（今江西南城县）的抗清前线撤军，而此举很快被世事洞明的康熙看穿，他决定执行以战逼和的极限施压，称"耿精忠撤建昌诸贼，其为海寇所逼无疑，我兵宜乘机前进，其令大将军杰书……酌量招抚，勿坐失事机"。

郑经与耿精忠的失和，自然有郑经贪图小利、缺乏大局观的因素，但从根本上说，还是双方的政治诉求迥然不同，郑经代表的是"反清复明"势力，与只反清但无心复明的吴三桂和耿精忠关系破裂是迟早的事。

在清郑两军的夹击之下，耿精忠所部本就军心浮动，而此时康亲王杰书一边率大军逼近福州，一边按照康熙以上的意思对耿精忠大打政治攻势，允诺"率众归诚，当复尔王爵"。康熙十五年十月初五，杰书兵临福州城下，事穷力蹙的耿精忠归降，这距离康熙十三年三月的起兵反清，已过去了两年半。

吴三桂起兵之初,"多国部队"的组建有多么迅捷,其崩塌起来就有多么飞快。在王辅臣和耿精忠这两个吴三桂最重磅的盟友接连"反正"之后,其他反清势力的心思就更加活泛起来。

先看尚之信。本文之前就说过,尚之信归降吴三桂本就是兵临城下时的权宜之计。耿精忠反正后仅两个月,康熙十五年十二月初九,尚之信就密疏清军要求反正,此时距离他的降吴才过去了九个多月。此后,尚之信的角色就是清军在广东的内应,康熙十六年(1677年)四月初,尚之信突然发难,将吴三桂驻防广东的副将斩首,生擒吴三桂的广东总督,率领广州文武官民"剃发归顺"。

再就是孙延龄。康熙十六年年中,孙延龄孔四贞夫妇已决意投清,但谁料此事被孙延龄的政敌——广西提督马雄探知,遂密告吴三桂。当年十月初,吴三桂侄孙吴世琮接到吴三桂的密令之后,以斡旋马、孙"二家讲和"为名,率兵抵达桂林,在孙延龄应邀出城议事时,果断杀掉了孙延龄。

最意外的是,甚至素来以一副"汉贼不两立"的正义形象示人的郑经也和康熙谈判了。耿精忠反正之后,耿清合军对郑经发动大反攻,从康熙十五年十二月至十六年四月,不到半年时间里,福建重镇邵武、汀州、兴化、泉州、漳州和广东潮州、惠州等地,先后易手,郑经所部节节败退,康亲王杰书此时又祭出"抚剿并用"大法，派人前往厦门招抚郑经，双方一度还达成了"照高丽、朝鲜例，则可从议"的共识。而在谈判的同时，清军也并未停止军事施压，到康熙十六年十月，郑经的大陆远征军已全面溃败，连厦门都一并丢掉，被迫败归澎湖、台湾，在实质上已退出了这场战争。

郑经退出大陆战事时，距离"三藩之乱"开始已整整四年。在康熙的"抚剿并用"之下，王辅臣、耿精忠、尚之信、孙延龄和郑经接连退出吴三桂苦心经营的反清大联盟，于是这场战事又回到了吴三桂康熙十二年十一月誓师反清的原点：以吴三桂一军而对抗整个清帝国。用清人赵翼的说法就是，"时东西两巨寇既降，乃以全力办三桂"。

从这个角度出发，为期八年之久的三藩之乱可以分成两个阶段：反清大联盟阶段（康熙十二年十一月起兵至康熙十六年十月郑经撤军）和吴军孤军奋战阶段〔康熙十六年十月至康熙二十年（1681年）十月吴世璠自杀〕，两个阶段都几乎是整整四年。

反清大联盟分崩离析之后，纵然吴三桂军还苦苦支撑了四年，其间还有几次绝境逢生式的反击，但也就是苟延残喘罢了，在战略上的意义也不大了。简单说就是，清军在湖南战场、川陕战场和广西战场三路出击，特别是最后打赢了长达四年多，双方投入兵力均超十万，号称"三藩之乱"最大战役的岳州争夺战，一步步将吴军从湖南、四川逼退回云贵大本营，再从云贵逼退至昆明孤城。

康熙十七年（1678年）三月初一，吴三桂于衡州称帝；八月十七日，吴三桂在绝望中去世；康熙二十年十月二十日，吴世璠自杀。如此而已。

多元大帝国的底蕴

相对于看似声势浩大，但内部钩心斗角、难以整合的吴三桂联军，清廷纵使一开始没做好充分的战争准备，但好歹是一个政令通畅的中央集权大帝国，随着战争的长期化，清帝国很快就展现出了自身作为多元大帝国的几大优势。

第一，重用汉将汉兵。作为清帝国的基本武力，满洲八旗在三藩之乱时不仅面临着战斗力下滑的问题，而且兵力严重不足。在反清大联盟的阵营中，仅吴三桂直接控制的正规军就高达12万人，进入湖南之后，吴军吸收了各地的归降兵将和被清政府称作"土寇""土贼"的地方反清势力，实力大涨，据《吴三桂大传》估计，吴三桂此时的总兵力已膨胀到30万人以上。而起初只有万余人的耿精忠军进入江西和浙江之后，也经历了同样的扩编过程，每一路出兵都是数以万计。可以说，在数量庞大的吴三桂联军面前，在丧失了绝对质量优势的前提下，总兵力仅有十余万人，且需处处设防的满洲八旗根本无力和吴三桂联军打一场由数条战线构成的全局性战争。

所幸还有绿营。康熙十五年五月，康熙对全国绿营官兵加以勉励："自逆贼煽乱以来，各省绿旗官员、兵丁，剿御贼寇，恢复地方，勠力行间，著有劳绩，朕心时切轸念。"根据《三藩史略》一书的统计，战争中康熙调用的绿营官兵高达40万人。

还有一个现实问题是，当战火烧到西南山区时，满蒙骑兵的机动性优势无法发挥，故康熙曾说过："今贼既败遁负险，不便专恃马兵，若用绿旗步兵之力，则灭贼甚为有益，况我绿旗官兵较之贼兵甚强。"

除了兵力不足和素质下滑之外，八旗军此时碰见的更棘手的挑战是，开国之初将星云集的时代已经一去不复返。三藩之乱时，清军入关已有三十年之久，如阿济格、豪格、多尔衮、多铎和鳌拜这样的满洲名将都已退出历史舞台。除了图海和安亲王岳乐等人，三藩之乱时的清军高级将领不仅大多缺乏临阵指挥经验，甚至连尚武精神还保留多少都很值得怀疑，在战场上时常显示出强烈的"畏战情绪"。根据《三藩史略》一书的统计，有畏战"劣迹"的清军高级将领为数不少，有在浙江战场"瞻顾不前"的康亲王杰书，在王辅臣面前"退缩迟延"的贝勒董鄂，将红衣大炮埋在土里准备逃跑的贝勒勒尔锦，还有简亲王喇布等人。吴三桂麾下大将马宝战败后受审时，还曾当面嘲笑一位八旗将领是"逃跑将军"，"慎勿多言，吾虽不识汝面，而熟识汝之背矣"。

在高级将领青黄不接的情况下，康熙果断地提拔大批汉族高级将领，日本清史大家稻叶君山在《清朝全史》一书中准备了一套非常豪华的出场阵容："一代名将赵良栋、王进宝、孙思克等奋勇于陕西。蔡毓荣、徐治都、万正色等奋勇于湖广。杨捷、施琅、姚启圣、吴兴祚等奋勇于福建。李之芳奋勇于浙江。傅弘烈奋勇于广东。"康熙甚至给自己重用绿营军将找了一个看上去很勉强的"以汉制汉"理由："自古汉人逆乱，亦惟以汉兵剿平，彼时岂有满兵助战"。

清帝国作为多元大帝国的第二大优势是，八旗军的骑兵优势。尽管我刚刚对满洲八旗的战斗力有各种指指戳戳，但八旗军的衰落此时更体现在高级将领之上。总体而言，满蒙骑兵此时尚处于巅峰的尾期，在平原野战中仍然占有较大优势。康熙十三年三月，吴三桂大军饮马长江时，之所以没有大举渡江北上，除了进取心不足，欲划江而治之外，另一个重要原因就是忌惮于清军的骑兵威力。吴三桂曾语重心长地告诫主张从速渡江的将领们："你等不知虚实，我与他（指八旗军）用兵多年，其骑射是最不可当的。如今我们依山阻水，还可以自守，若到平原，你们如何敌得过他？"

在陕甘战场上，王辅臣起兵的中后期基本上都是被八旗军压着打，战局极其被动，只得困守平凉城，图海率领的八旗精兵仅用一个上午就拿下了万余人防守的虎山墩；在布尔尼之乱中，满蒙骑兵仅用了一个月时间就平定了这次直指清帝国统治腹心的叛乱；在康熙十六年三月的长沙攻防战中，吴三桂登长沙城观战时对身边将领轻松地说，"满兵向皆勇猛，今衰弱矣"，话音未落，满洲前锋统领硕岱率诸前锋军，掩攻城下。吴三桂大惊,叹曰:"满兵仍前骁勇耶。"

康熙二十年十二月,康熙帝总结平叛胜利时说,"幸赖上天眷祐,祖宗威灵,满洲士兵之力,逆渠授首",对满洲八旗给予了等同于首功的高度肯定。

除了满洲八旗之外,蒙古骑兵也为平叛付出了汗马功劳。康熙曾赞赏蒙古将领"行间效力,身先士卒,冲锋陷阵,奋勇用命"。就连《朝鲜李朝实录》也注意到了蒙古骑兵在三藩之乱中的"奋勇用命",清廷"请兵于蒙古,得正军一万四千,送于南方,战阵死亡及不习水土,死者过半"。

第三,清帝国是多元大帝国,财力和军事资源远胜于吴三桂。那个时代最重要的军事物资无非是战马、火器和粮食。

清廷的战马有来自蒙古诸部源源不断的进献,将古代中原王朝的雄厚物力与游牧帝国的马匹优势做了最优化的组合。而云南的"滇马"虽也是名马,但体格短小,更适合云贵一带的山地运输,在平原上无法与蒙古马一较短长。

清廷的火器由耶稣会传教士南怀仁亲自督造,康熙十三年上谕兵部:"大军进剿需用火器,著治理历法南怀仁铸造大炮",战争期间单"西洋大炮"南怀仁就造了320尊,迅速反超了战争初期火器占优,"深浚濠堑,多用火器"的吴三桂军。在平凉之战前,南怀仁仅用28天制成大炮20门以供陕甘前线,清军夺下平凉城外高地后,图海即令架设大炮,直接轰击城中军营,平凉守军惊慌失措,王辅臣遂被招降。

粮食就更不用操心了,帝国最富庶的区域江南始终控制在清廷手中，并且几乎没被战火殃及，《三藩史略》说，"保卫江南财富区，在某种意义上对保证清朝财政生命线和社会稳定，具有战略意义"，在八年平叛中，"军需取给于江南，不下三千余万"。

而在吴三桂那边，云贵大后方本就是经济落后之地，否则也不会在战前长期依靠清廷中央财政输血，而如湖南和四川这些新占领区虽是钱粮丰裕之地，但因为地处交战频繁的战区，也远不能给予吴三桂军队如承平时代的那种支持。果然，战争打到第三年，战时经济就开始出现难以为继的迹象，据说吴军骑兵的军饷仅为满洲骑兵的8%，就算是传说中的关宁铁骑，如果没钱，也就是乌合之众而已。无奈之下，吴三桂军只能靠在占领区以掠夺来维持战争，而这又导致军民关系极度恶化，直接影响了民心所向，令新占领区始终无法成为吴三桂的有力依靠。

魏源在《圣武记》中评论称："各边虽乱，而江淮晏然，得以转输财赋，佐军兴之急，而贼惟以一隅敌天下，饷匮财竭，重敛劳怨，遂臻瓦解。"穷困潦倒之时，不知吴三桂是否后悔当年没有亲自挥兵直下江南，夺取清廷的钱袋子。

吴三桂一方以其政令不通、内讧不断的"散装"反清联盟，几乎一度撼动了康熙坐拥满蒙汉地的多元大帝国，后期更是凭借孤军和清军又周旋了四年之久，仅就军事上而言，吴军的表现已经无可指摘了。这或许更能说明，吴三桂也的确是那个时代顶级的名将了。

延伸阅读：

《三藩史略》，滕绍箴著，中国社会科学出版社，2008年1月版。

《吴三桂大传》，李治亭著，江苏教育出版社，2005年9月版。

《康熙传》，蒋兆成、王日根著，人民出版社，1998年7月版。

《中国军事通史·清代前期军事史》，军事科学院主编，军事科学出版社，1998年10月版。

雅克萨之战：棱堡的秘密

康熙二十四年至二十五年（1685—1686年），中俄在黑龙江流域围绕小城雅克萨的争夺，先后爆发了两次雅克萨之战，最终以清军的胜利而收官。

作为那个时代幅员最为辽阔的两个大国，中俄雅克萨之战的烈度和规模其实相当有限，清军士兵从未超过三千人，俄军更是一直不足一千人。

但是，作为火器时代的一次罕见的东西方交锋，雅克萨之战也是观察当时中西方装备水平、战略战术及军事文化对比的一次绝佳战例，毕竟，中西下一次交锋就是中英鸦片战争了。

俄式堡垒战术

清崇德八年（1643年），也就是清太宗皇太极去世那一年，黑龙江上出现了当地索伦部落此前从未见过的一小支武装，俄国人来了！

俄国人将黑龙江流域视作无主之地，就像1582年叶尔马克翻越乌拉尔山，征服西伯利亚那样，凭借哥萨克骑兵、火绳枪和堡垒战术这"远东三宝"将索伦部土著打得落花流水，比如在一场早期的战斗中，达斡尔人战死者达661人，而俄国人仅阵亡四人。

清顺治九年（1652年），清帝国终于决定出兵反击，目标是哥萨克在乌扎拉村的小堡垒。尽管英国学者拉文斯坦所著的《俄国人在黑龙江》等书籍都认为清军此战出动了2000名骑兵，但根据《龙与熊的较量：17世纪黑龙江畔的中俄战争》一文（收于《战争事典.026》），清军此战仅有600名八旗正规军参战，但携带了六门火炮和数十杆火枪，另外还得到了900名赫哲人等当地土著的协助，总兵力达到了1500人。

600人看似不多，但可能是此刻（1652年）清朝在关外所能集结的最大规模野战军了。东北虽是龙兴之地，但清军主力1644年已大举入关，此时正深陷在反清战场上，李定国率军在这一年"两蹶名王"，连续击毙了定南王孔有德和敬谨亲王尼堪，军势大振，甚至有说法称清军此时在关外的正规军只有1000人左右，在黑龙江流域甚至都没有驻军。

在乌扎拉村之战中，清军倒是依靠火炮炸开了俄国人的木制城墙，但却在冲击缺口时遭到了俄国火炮的抵近射击，从而发生了恐慌式的后撤，在哥萨克的反冲击下，清军彻底溃败。中俄首战，以清军惨败而告终。

顺治十二年（1655年），在呼玛堡之战中，清军出动了1500名正规军（俄方数据渲染为15000人）和15门"神威大将军炮",但还是没拿下俄国人修建的呼玛堡,只能围而不攻,最后因军粮耗尽而被迫撤退。

但俄国人的好运气似乎就此用完。顺治十五年(1658年),清军宁古塔水师通过数次水战歼灭了哥萨克在黑龙江的主力,最后在顺治十七年(1660年)肃清了黑龙江全境的哥萨克,取得了第一阶段战争的胜利。

此时清军已经开始意识到,哥萨克在野战中并不可怕,但步步为营的堡垒战术的确很难对付,清军在乌扎拉村和呼玛堡的先后两次失利都是由于无法攻破俄国人的堡垒,正如《龙与熊的较量》一文所说,此时清军彻底歼灭俄国人的唯一办法就是,"在他们离开防御体系完备的城堡时,集中优势兵力与火力把他们围歼在旷野和水上"。

之后二十年,中俄保持了大致的和平状态,倒不是因为俄国人多么老实,而是清军主力又一次撤出了黑龙江流域,对俄国人隔三岔五的骚扰也就能忍则忍了。但到康熙十九年(1680年)年初,俄国人重返黑龙江的努力已取得了重大进展,据《龙与熊的较量》一文所说,在整个黑龙江沿线,俄国据点村庄里的成年男子总数已超过了1500名,甚至还形成了一条"黑龙江沿线俄国城堡走廊"。

很显然,俄国在黑龙江的堡垒战略是在试图重演其对西伯利亚的蚕食史,让草原骑兵望坚城而兴叹。

但康熙再也不打算对俄国人的大肆宣传扩张听之任之了。康熙二十一年(1682年),康熙帝在东巡盛京时,以行围狩猎的名义北上对宁古塔将军移驻地乌喇进行巡视,尽管在松花江上还赋诗"我来问俗非观兵",却很有些故意说反话之嫌;康熙二十二年(1683年),清廷首次设置"黑龙江将军",由宁古塔副都统萨布素升任,这些都是帝国反击战即将打响的明确信号。

在1685年雅克萨之战开战前,清俄两军正分别处于何种状态呢?

先说清朝,康熙二十年年底,吴三桂长孙吴世璠自尽,历时八年的三藩之乱结束。正是为了对付吴三桂,康熙此前大量从关外调兵入关参战,直接造成了关外的兵力空虚,才给了俄国人卷土重来的良机。仅一年多后,也就是康熙二十二年六月,康熙命施琅率水师出击台湾,在澎湖海域歼灭了郑军的水师主力,次月郑克塽即向施琅投降,台湾岛就此纳入大清版图,清帝国境内最后一个有实质性反清能力的军事集团被扑灭。

可以说,在平定三藩和收复台湾之后,正值清帝国的国力巅峰。不过,除了黑龙江的边患之外,清帝国此时正在放大的一个隐忧是,噶尔丹正带着准噶尔骑兵在西北方向大举扩张,不仅基本整合了卫拉特(明代的瓦剌、漠西蒙古)各部,且占领了天山南北两路,对清帝国在蒙古地区的控制权和宗主权构成了极大的挑战。

在军力上,清帝国全盘继承了由徐光启、孙承宗、袁崇焕和孙元化等人开启的晚明军事改革各项成果,基本完成了以红衣大炮为重心的第三次火器革命,将清军短时间内从冷兵器时代拉入了冷热兵器混用时代。

在炮兵方面,清军早在皇太极时代,就以乌真超哈(八旗汉军)为班底,组建了专门的炮兵部队,开始列装红衣大炮,并在掌握了葡萄牙人的技术后实现了量产。红衣大炮在清军扫平关外、大举入关、潼关之战决定性地击败李自成、扫平各路南明反清势力,乃至平定晚近的吴三桂叛乱中都起到了极其关键的作用。

不过要说明一下,"红衣大炮"只是一个相当笼统的概念,更多地指向继第一代的本土火铳和第二代的外来佛郎机之后,明末清初军队装备的"第三代大炮",是欧洲16世纪末至17世纪初研发装备的一种火炮。而在进入中国后,清军已基于红衣大炮的技术水平研发出大量各种火炮,比如雅克萨之战中装备的"神威无敌大将军炮""神威将军炮""龙炮""子母炮",重量由重及轻,口径由大及小,形成了各种规格,这些大炮都可以统称为"红衣大炮"。相对而言,在实战中,为了对抗俄国人的堡垒,清军的大炮款型更注重于破城而不是直接杀伤敌军,更可以看作"攻城炮"。特别是"神威无敌大将军炮",是此时清帝国的最重型火炮。1975年在黑龙江将军衙门所在地齐齐哈尔曾发现一门"神威无敌大将军炮",是目前唯一留存的实物。

就像德国传教士汤若望在明清之际的造炮运动中曾起过的巨大作用一样,比利时传教士南怀仁则是康熙时代造炮的灵魂人物。三藩之乱时，康熙曾传谕兵部："大军进剿须用火器，着治理历法南怀仁铸造大炮"；康熙二十年八月，南怀仁督造的240门神威将军炮告成，试炮3个月，发弹21600发，命中率空前之高。亲临试炮现场的康熙褒奖南怀仁称："尔向年制造各炮，陕西、湖广、江西等省已有功效，见今所制新炮，从未有如此之准者。"据王育成在《火器史话》一书中所说，"有案可查的康熙年间造炮总数为905门，南怀仁设计制造的火炮占62%强"。

在火枪方面，清朝此时已大面积装备鸟枪（也称鸟铳，一种火绳枪），还涌现了像戴梓这样的天才火器研发专家。戴梓曾在三藩之乱时向康亲王杰书献可以连发28弹的"连珠火铳法"，尽管这并不如后来吹嘘的"连珠火铳是世界最早的机关枪"那么神乎其神，但正如王兆春在《中国火器史》一书中说，"连珠火铳"提高了发射速度，"是一种由单装、单发向多装、单发、连射过渡的新式单兵用枪"，"可惜，这种枪在当时并未受到重视，更未提交制造和使用……不久就失传了"。

更可叹的是，清军还错过了燧发枪的"风口"。如果说明初的单兵火铳（在西方叫火门枪）是第一代火枪的话，明军自嘉靖时代从葡萄牙引进的火绳枪（在中国叫鸟铳和鸟枪）就是第二代火枪，那么16世纪中期由法国人马汉（不是出版《海权论》的那个美国人马汉）发明的燧发枪则是第三代火枪，将火绳枪用火绳点火的装置改进为用燧石做发火装置，扣动扳机，燧石落下，摩擦火花，引燃火药。燧发枪部分克服了火绳点火怕风的弱点，还简化了发射流程，提高了射击精度，增大了射程，提高射速至每分钟四至五发。自17世纪初由法军和英军相继列装燧发枪之后，到17世纪中期燧发枪已迭代了火绳枪，普遍装备于欧洲各国军队，一直使用到第一次鸦片战争时代才退出历史舞台。

而在中国呢？其实早在崇祯八年（1635年），明末火器专家毕懋康就在其著作《军器图说》中首次介绍了燧发枪（书中称作"自生火铳"），但并未引起崇祯朝廷的重视，到了康熙时代，燧发枪倒是造出来了，但却成为康熙打猎专用的宫廷摆设。

在俄国这边，尽管自伊凡四世以来一路向东扩张，鲸吞了广阔的西伯利亚，但俄国在1685年雅克萨之战前相对西欧各国来说其实还是比较落后的封建农奴制帝国。

很多人或许会问，雅克萨之战不已经是彼得大帝的时代了吗？但彼得大帝在1689年，也就是雅克萨之战后第三年才正式亲政，而即使亲政后启动了规模浩大的改革，也没有立刻绽放神奇。在1700年大北方战争的纳尔瓦战役中，三万多俄军惨败于八千瑞典军队，直到在1709年的波尔塔瓦战役中，俄军才决定性地击败瑞典军队，正式确立了欧洲军事强权的地位。而此时，距离雅克萨之战已过去了23年。

不过，在雅克萨之战前讨论俄国国力和军力甚至显得有些多余，因为清军即将面对的只是远离俄国核心统治区的少量军队，单次动员数百人已经是俄国人所能在远东凑出的最大力量了，比如第一次雅克萨之战的450人，第二次雅克萨之战的800余人。这些人甚至都算不上正规军的哥萨克，尽管哥萨克的战斗力在此类远征中可能还要强于正规军，但装备水平却相对落后。

在雅克萨之战的可见记录中，哥萨克的单兵火器并未像俄国正规军中那样完成燧发枪的大规模列装，过时的火绳枪仍然是重要装备，相比清军的鸟枪并没有构成"代差"式的优势，不过，俄军的单兵火器普及率要高于冷热兵器混用的清军。

如果说在单兵火器上俄军还拥有一些优势的话，在火炮上俄军甚至处于不小的劣势。这倒不是说俄军的火炮技术有什么问题，而因为是劳师远征，俄军千里迢迢所能运到远东的火炮数量本就有限，所能分配给雅克萨的更是寥寥无几，比如第一次雅克萨之战时俄军的火炮只有3门。更尴尬的是，俄军的火炮甚至也不比清军更先进，一方面是因为大口径的火炮无法从欧洲运过来，一方面是自红衣大炮进入中国以来，近一百年来欧洲火炮的研发制造也缺乏革命式的创新和颠覆，瑞典国王古斯塔夫二世的炮兵革新也主要在于提高了火炮的机动性，使其更快捷地参加野战。

那么，兵力占绝对劣势，装备水平至少不占优势的俄军在雅克萨之战中是否就不堪一击了呢？

这里岔开去说几句，在两次雅克萨之战中，并未见到闻名于世的哥萨克骑兵之战争表现，更没有出现满蒙骑兵大战哥萨克骑兵这种只要发生了就必然会成为永恒口水话题的战例。究其原因，可能还是和哥萨克兵力不足，只能据城死守有关；也有可能是哥萨克在远东的战马不足；当然，你也可以猜测为，哥萨克骑兵惧怕满蒙骑兵，虽没办法证实，却也难以证伪。

不过也没关系，即使缺乏火炮和骑兵，俄军自有其核心竞争力，那就是堡垒战术。

俄军在远东所谓的堡垒战术，分战略和战术两个层面。在战略上，广修堡垒，形成了所谓的"黑龙江沿线俄国城堡走廊"，正如杜普伊在《武器和战争的演变》一书中所说，"任何一个这样的城堡都可以作为行进中的军队基地，那里保证可以得到包括重炮武器在内的一切军需物资。而对敌人来说，要想一个接一个地攻克这些城堡则是极其棘手的事情"；在战术上，俄军远东堡垒战术参考了最新的欧洲筑城工程学，特别是棱堡类工事，修筑可以运用交叉炮火、不留任何射击死角的坚固工事，当然，俄军在碰见清朝正规军前，在远东遇到的敌人基本是严重缺乏攻坚能力的草原游牧骑兵，对工事的要求没那么高。

俄国人的堡垒战术早已引起了清廷的关注。据说康熙手上有一张黑龙江流域的地图，绘有整个西伯利亚地区，上面标明了所有的俄国城堡。康熙召集官员观图详议，制定针对俄军堡垒战的作战计划。

火绳枪VS藤牌军

康熙二十四年（1685年）正月，康熙任命满洲正红旗人彭春为主帅，副都统郎坦、黑龙江将军萨布素和建义侯林兴珠等人为辅，正式下达了进军雅克萨的军令。

这场事实上由康熙亲自部署的"大战"其实规模相当有限。根据《平定罗刹方略》中的相关记载，这支军队尽管是一支由满、蒙、汉、达斡尔、鄂伦等构成的多民族联军，但其总人数也就在3000人左右，其中包括关内四省征调来的1000人的火器部队，还有420名福建藤牌兵。

但按照俄方的口径，清军此次出兵被夸大为1.5万人，在英国人拉文斯坦所著的《俄国人在黑龙江》一书中，这一人数又上升到了1.8万，似乎在后世的西方人眼中，如果没有压倒性的人数优势，清军战胜一支西方军队是无法想象的。

除了一线作战部队之外，如果算上后勤运输人员，以及负责屯田的本地驻军等，则此次清帝国动员总数达到近万人，如《龙与熊的较量》一文所说，"这对于当时道路、驿站等基础设施建设尚不完善的东北地区而言，实属不易"。

清军这次远征的后勤准备做得相当充分，存储军粮7000石，足够3000兵士食用三年。在陆路上，据《中国军事通史·清代前期军事史》所说，清朝在自吉林城到雅克萨3000里沿线，修建了两条驿路，50个驿站，驿丁除索伦土著以外，很多都是被俘的吴三桂部下及家属；在水路上，清廷先后在乌拉造船厂修建了几百艘战舰和运输船，贯通了从盛京到瑷珲（今黑龙江黑河爱辉区）全长四五千里的水路运输线。

无怪乎美国学者欧阳泰在《从丹药到枪炮》一书中大力夸赞清军的后勤能力，"就17世纪的全世界来说，清朝都堪称后勤保障大师"。

被清军视作有如神助的是，行军途中突然有数万头鹿从山上冲下来，正逢肉食匮乏的清军当即变身猎鹿人，捕获了5000多只鹿，不仅补充了军需，还振奋了士气。

出征雅克萨的这支清军有三大特点：第一，延续了清军在明与后金战争后期的终极军事模式，即"火器＋骑兵"，满蒙八旗骑兵野战，红衣大炮攻城，这在雅克萨之战的时代仍然有效；第二，尽管此次随行出征的清军炮兵相当强大，带来了43门口径不一的火炮，但只装备了100杆鸟枪，甚至低于清军的平均水准；第三，清军出动了420名福建藤牌兵。据清人刘献廷的笔记《广阳杂记》记载，康熙在雅克萨之战前一年，曾召见先后追随过郑成功和吴三桂，后归降清朝的林兴珠，询问如何防御俄国人的火绳枪，林兴珠给了两个解决方案：一是将棉被裹在身上，再根据地形特点进退滚闪，理由是"柔能制刚"；二是用藤牌。康熙明显对藤牌更感兴趣，当即下令招募一支由500名福建人组成的藤牌军，交由林兴珠指挥，康熙似乎也部分听进了林兴珠的第一点建议，要求在藤牌外面再加一层旧棉花，将两套方案合二为一。

康熙二十四年五月二十二日，清军兵临雅克萨城下。第二天,清军就水陆列阵,包围雅克萨。

攻城战一触即发之时,俄军的增援部队从水路杀来了,不过也只有100多人。本来这一战可以不说,但因为有林兴珠藤牌军的出场,就稍微多说几句。清人的笔记写得十分有戏剧性,"众裸而入水,冒藤牌于顶,持片刀以进。罗刹众见之,惊所未见,呼曰大帽鞑子。众皆在水,火器无所施,而藤牌蔽其首,枪矢不能入",当藤牌军逼近木筏后,马上挥刀猛砍,而且专砍人腿,"杀伤大半,余众溃而逸"。此战击毙俄军三十余人,俘获十余人,最有戏剧性的是,据说藤牌军此战竟无人伤亡。事实上,藤牌军在整个雅克萨战役中都不可思议地保持了没有战死一人的记录,其损失皆为非战斗减员:"在沈阳坠马而死者一人,病死于途者三五人。"

不过,这毕竟只是清人笔记,我真诚地相信藤牌军在雅克萨战役中表现不错,但不太相信什么"兴珠不丧一人",更不相信加了老棉花的藤牌可以"枪矢不能入"。当然,这真的是一个不错的段子。

击败俄国援军当晚,清军就开始炮轰雅克萨,次日(五月二十五日)凌晨,清军对雅克萨发动了总攻。在此时的雅克萨城中,只有450名哥萨克军人,他们的武器是3门火炮和300支火绳枪。俄国人唯一的优势就是他们的火绳枪,只带了100杆鸟枪的清军更多在依靠弓箭作战。

最关键的是,"第一代雅克萨城"是座木城,与此时欧洲流行用巨石与厚土构成的棱堡没什么关系。清军此战最强力的火炮——"神威无敌大将军炮",是一种长管大型攻城炮,炮弹重6斤左右,尽管这以欧洲的标准来看攻坚能力有限,完全无法奈何棱堡,但对付一座木城是足够了,何况,清军还带了4门以上。

在大炮的全城火力覆盖之下,清军又在四个方向同时展开了强攻,打了一昼夜,俄军阵亡人数超过一百人,此时彭春又下令在木墙下堆积干柴,准备焚毁城堡。眼见城内大势已去且外无援兵,雅克萨军政长官托尔布津只好接受城内神父的劝说,向清军乞降,并向彭春立誓决不再来雅克萨,但条件是,允许俄军官兵自由带走武器和财产。

雅克萨与棱堡

第一次雅克萨之战就这么短平快地,以清军全胜而结束了,战后俄军残部撤至尼布楚,而清军在焚烧了城内房屋之后,就匆匆撤离了雅克萨,没半点在此地驻防下去的意思,从而为第二次雅克萨之战的爆发留下了隐患。

事实上,隐患当即就兑现了。托尔布津刚撤回尼布楚,就在这里碰到了拜顿率领的600名援军。俄国人随即派70名侦察兵潜回雅克萨,得到一则让他们喜出望外的情报:清军全部撤离,雅克萨城堡虽被焚毁,但城外的庄稼却没有被收割走。

闻讯后,自感实力大增的托尔布津随即和拜顿带领671

名哥萨克杀回了雅克萨，一边重建雅克萨城，一边收割庄稼。此时，距离第一次雅克萨之战结束不过两个月。

第二年年初，康熙才得知俄军已卷土重来，立即决定启动第二次雅克萨之战，"今罗刹复回雅克萨，筑城盘踞，若不速行扑剿，势必积粮坚守，图之不易。"

康熙二十五年（1686年）七月底，清军再次抵达雅克萨城，第二次雅克萨之战爆发。这支清朝远征军由黑龙江将军萨布素统领，人数少于上次出征的3000人，在2000—2200人左右，更重要的是，清军的火炮从前次的43门下降到21门。不过《俄国人在黑龙江》一书可能再次夸大了清军的实力，声称有6000—9000名清军从水陆两路进军雅克萨，其中仅骑兵就有3000人，更令人疑惑的是，该书称有20个化装成中国人的欧洲人帮助清军使用大炮，似乎东方人是不可能学会火炮的。

在清军的兵力和火力都有所削弱的同时，第二次雅克萨之战中的俄军却相较前次实力大增：人数从456人增加到826人；大炮从3门增加到12门；火枪从300杆增加到850杆，尤其引人注意的是，据《龙与熊的较量》一文所说，俄国人这次终于带来了燧发枪，而且一带就是750杆，单兵火力相对清军占据了绝对优势；据《俄国人在黑龙江》一书所说，俄军此次还准备了440枚手榴弹，这在当时是真正的新式武器。

但俄军方面进步最大的其实是雅克萨城本身。俄国人用了整整一个冬天重建雅克萨，据戴逸先生《清代中国与世界》

一书所说,雅克萨城墙"两边用木材,中间填土夯实,墙外遍涂泥土,以防火攻,城墙上筑有炮楼;城内盖造了督军衙门和十座军营,并挖掘了水井、壕沟",比第一次雅克萨之战时的那座木城有了极大升级。《从丹药与枪炮》一书引述资料称,雅克萨的筑城者"学会了一种建筑法,将黏土和树根绞合在一起制墙,砌出的墙和石头一样硬,坚不可摧"。

美国人戈尔德在《俄国在太平洋的扩张(1641—1850年)》一书中写道,"整个冬季,大家都在忙于构筑要塞,这一工程是在受过训练、经验丰富的德国军事技师阿法纳西·拜顿的监督下进行的。这一堡寨有坚强的防御能力,为此拜顿颇受赞许"。

近年来有很多人声称雅克萨城是一座"棱堡工事"或"类棱堡工事",一方面可以利用交叉炮火对进攻方进行"无死角射击",一方面因为更加低矮厚实可以防御重炮轰击。尽管从战史上的各种资料来看,即使将雅克萨城定义为"类棱堡工事"也仍然证据不足,但说其带有棱堡等欧式筑城元素,比前一代的雅克萨城有巨大升级是确认无疑的。

更像是"棱堡派"的欧阳泰在《从丹药到枪炮》一书中指出,"我们可以保险地说雅克萨是一座炮塞,或者至少是运用了'几何学防御'的一座要塞,和这一时期的许多俄国城堡一样"。

而清军此后的攻城战正是证实了雅克萨城的"要塞"特性。与第一次雅克萨战役中清军仅进攻一个昼夜就令俄军崩溃相比，这一次清军的攻坚作战持续了一个多月都没有攻破雅克萨城，清军的各款红衣大炮被证明，对哪怕是简装版的欧式城堡都无法造成巨大伤害。

发现强攻无果之后，清军只能转而对雅克萨城进行封锁和包围，在南、北、东三面掘壕筑垒围困，在城西的江面用水军封锁，彻底切断了雅克萨守军与外界的联系。

《从丹药到枪炮》一书认为，"我们可以清楚知道，清军的反制防御体系比雅克萨城更庞大"。欧阳泰在书中还引用了俄国的军事档案，"中国人建筑防御工事，修建土垒和屏障，有十一米高，每个土垒上安置三门大炮和十五支火铳，并列以排炮之势。他们还环绕要塞挖出一条壕沟，防御工事和壁垒后面、下面、内部都有守卫"。

令人惊异的是，清军这一战术和同时代欧洲进攻棱堡工事最流行的战术颇有相似之处，也就是放弃正面强攻，"以工事对工事"。正如《武器和战争的演变》一书所说："新的城堡防御工事以及对付它的攻城手段的进步，极大地刺激了古罗马时代以来在欧洲早就基本退化了的野战防御工事的构筑技术"，"攻城部队不得不求助挖掘壕沟的办法。在远程长炮的掩护下，攻城部队的工兵和步兵对准城堡防御工事中可能比较薄弱的地段挖掘壕沟，当挖到炮火可以打到城防工事的外崖时，便在宽而浅的壕沟前面迅速筑起一道厚厚的土墙，作为放置攻城炮的工事……在炮火的掩护下，壕沟不断向前延伸，直到炮兵和步兵联合发动进攻，制服城防工事壁垒上的防守部队"。

不过，清军在雅克萨的这一战术未必来自西方的启发，在1640—1642年的松锦大战中，皇太极就是以掘壕围困断敌粮道之法，大破洪承畴的13万明军野战精锐。

清军"立土垒，挖长堑"的持久战战法是卓有成效的，围城之初，雅克萨的最高指挥官托尔布津就被清军炮火所伤，几天后伤重而死。如果说这多少还算个意外的话，在此期间，尼布楚方面的70名俄国援军被逼退，声称清军"防守严密，无论用什么办法都难以偷袭"；为了阻止清军工事的逼近，守军频繁从城内出击，虽然毁掉了清军一些工事，但俄军这样做的代价是，出城反击势必付出惨重的伤亡。其间还有个意外，雅克萨城内粮仓被清军黑龙江水师的炮火击中，原本充裕的存粮一下子变得捉襟见肘起来。

到康熙二十五年年底，因战斗伤亡和缺乏新鲜食物导致的坏血病等疾病减员，俄军开战伊始的826人只剩下150人，粮食和弹药都已经告罄。俄军还曾派两个人冒死冲出重围，到尼布楚求援，但尼布楚方面因受蒙古喀尔喀部的牵制袭扰也无力出兵。

更大的背景是，俄国此时的战略重心是在欧洲与瑞典争夺波罗的海出海口，不可能进一步在远东投放更多的力量，说白了，俄国在远东的扩张战略本来就是以哥萨克为主的小股力量进行战略投机，与清帝国这样的硬茬进行缠斗本就与这一战略不相容。

而清军这边的情况也很不乐观，欧阳泰在《从丹药到枪炮》一书中甚至认为，清军死亡总数超过了一千五百人。同时，凛冬已至，严寒导致的非战斗减员也让清军的战斗力大打折扣，因此，即使俄军衰弱如斯，清军仍然严重缺乏在短期内强攻夺取雅克萨的能力。

事实上，在欧阳泰等欧美学者看来，俄军在雅克萨是败于疾病和饥饿，清军并没有在战场上击败俄军，相反，"清军尝试了许多不同的办法想要攻破要塞，但是失败了。并且，俄国人靠着极少的枪炮和人丁寥落、病病恹恹的守军，给清军制造了可怕的损失"。欧阳泰给出的结论是，"俄国人这次守城战着实精彩"。

对于清军而言更重要的是，此时噶尔丹在漠北已然坐大，对清廷正构成实质性威胁，康熙再也无心和俄国人在雅克萨耗下去。退一步讲，即使拿下雅克萨，按照清军此时的行为逻辑，大概率又是毁城撤军，谁能保证下一次俄国人不会再回来呢？

既然有共同的停战需求，双方迅速达成了"先休战，再谈判"的共识，在康熙的亲自推动下，雅克萨前线的清军先是停止进攻，在实质上结束了为期五个月的第二次雅克萨之战；继而在第二年，也就是康熙二十六年（1687年）四月，解除了对雅克萨的封锁；最后才是康熙二十八年（1689年）四月，双方签订了《尼布楚条约》。

《俄国在太平洋的扩张（1641—1850年）》一书认为，

清俄两个帝国任何一方的政治家都没有充分理解黑龙江的重要性。在俄国那边，"若是从开始起就有明确的行动计划，由正确及能干的领导人以及一支训练有素而又不那么残暴的军队去实现其计划"，清军要击败俄军就会极其困难；在清帝国这边，"采取动兵并非出自本意，只是在迫不得已时才这么干，但又从未干彻底。只要中国显示出几分像他的敌手那样的锐气和精力，黑龙江的问题早在1658年中国深受俄国祸害时就能解决"，比如在雅克萨及再向上在黑龙江建立几个要塞，"就可以把哥萨克限制在他们的本土，当然也就能够避免后来的骚乱"。

从战史角度而言，雅克萨之战，特别是第二次雅克萨之战，最重要的意义还是清军与俄军的要塞攻防战，这在某种程度上也呼应了"世界潮流"。正如《武器和战争的演变》一书所说，"18世纪（欧洲）的主要作战形式是阵地战，因此，城堡像雨后春笋般地遍布整个欧洲。作战的主要对象是设防的城堡要塞、仓库和一些重要据点。"

杰弗里·帕克在《剑桥插图战争史》一书中也写到，16世纪晚期，随着大炮威力与攻城技术的改进，对中世纪工事的增添改装已不够用了，只有那种有角度的棱堡才能提供安全，因此发明于意大利中部的大炮要塞渐渐遍布全欧洲。当时有人极具总结性地指出，"没有棱堡，任何地方都不能抵抗配有大炮的军队"。

在1661—1662年的郑成功收复台湾之战中，郑成功遭遇了比雅克萨城更为正宗的、真正意义上的棱堡，在军队数量上占有二十比一的优势下，一交战便遭到了棱堡中交叉火力的痛击，随即像雅克萨城下的清军一样转强攻为长期包围，但正如《从丹药到枪炮》一书中所说，"但他（郑成功）每建一座炮位，荷兰人也能新建一座，这是一场缓慢的堆沙袋比赛"，最后，郑军花了九个月时间，"数月各种方式的强攻加三个月的围困"，才拿下了安平城，而郑成功的原计划是只用数周。并且，是一个日耳曼降将教会了郑成功攻破安平城的办法，即本文以上所说的欧式攻城法，以工事对工事，以攻城工事对防御工事。

欧阳泰在另一本书《决战热兰遮：欧洲与中国的第一场战争》中指出，"国姓爷率领了一支威力在全世界名列前茅的大军，面对热兰遮城堡却只能望城兴叹"，"文艺复兴堡垒（即棱堡）被称为欧洲殖民扩张的关键科技，确实当之无愧"。更广义地说，筑垒战术，而不是火器优势，才是俄国人在远东扩张的关键科技。

正如《从丹药到枪炮》中那句精彩的总结，"俄国和荷兰守城的成功说明棱堡赋予了欧洲人巨大的优势地位。即便在军事力量全球拔尖的东亚，棱堡也发挥了战斗力加成的功效，让少量的守备部队抗衡巨量的对手"。

下一次中西交手，就是鸦片战争了。届时，防御的压力将来到中国人这里。17世纪欧洲近代科学开始起飞，但火器技术突飞猛进的实质性进展几乎都是欧洲在19世纪后才取得的。

延伸阅读：

《从丹药到枪炮：世界史上的中国军事格局》，[美]欧阳泰著，张孝铎译，中信出版社，2019年3月版。

《决战热兰遮：欧洲与中国的第一场战争》，[美]欧阳泰著，陈信宏译，时报文化出版企业股份有限公司，2012年11月版。

《俄国在太平洋的扩张（1641—1850年）》，[美]戈尔德著，陈铭康、严四光译，商务印书馆，1981年3月版。

《俄国人在黑龙江》，[英]拉文斯坦著，陈霞飞译，商务印书馆，1974年11月版。

《哥萨克在黑龙江上》，[苏]巴赫鲁申著，郝建恒、高文风译，商务印书馆，1975年7月版。

《清代中国与世界》，戴逸著，中国人民大学出版社，2018年1月版。

《战争事典.026》，指文烽火工作室著，台海出版社，2016年12月版。

康熙亲征：火器时代的骑兵对决

康熙二十七年（1688年）春，当雅克萨之战后的清帝国还在为了《尼布楚条约》与俄国反复扯皮之时，蒙古准噶尔部首领噶尔丹率军三万越过杭爱山（东汉窦宪大破北匈奴的"勒石燕然"），进攻喀尔喀蒙古，至八月，已陆续击败喀尔喀各部，十余万喀尔喀蒙古人南下投奔清帝国。

为了防止噶尔丹借吞并喀尔喀蒙古而坐大，甚至统一全蒙古威胁清帝国的东亚内亚霸权，从康熙二十九年（1690年）开始，康熙连续三次对噶尔丹军队展开大规模战略进击，尽管前两次一负（乌尔会河之战）一平（乌兰布通之战），但在康熙三十五年（1696年）的昭莫多之战中取得了对噶尔丹的决定性胜利。

从战史的角度来看，这不仅是久负盛名的满蒙骑兵的大规模对决，也是先后进入火器时代的清准两军的火器对决，用"火器时代的骑兵对决"可能是最准确的提法，两支同样奉行"炮骑协同作战"原则的强军，在蒙古大草原上作生死一决，这听起来就令人血脉偾张。

噶尔丹的骆驼炮

1690年清准战争爆发时，从国力和军力来看，准噶尔部与清帝国相比很难说是一个体量的对手。

先看准噶尔军。噶尔丹自1672年左右成为准噶尔部的首领之后，击败了和硕特部，成为卫拉特蒙古（和硕特部、准噶尔部、杜尔伯特部、土尔扈特部）的共主，被达赖认证为"博硕克图汗"。卫拉特蒙古即明朝时的瓦剌，在清朝时又称厄鲁特蒙古。如果置于全蒙古的地理概念中，卫拉特蒙古又可称"漠西蒙古"，与清朝入关前就已能直接控制的"漠南蒙古"、清朝只能行使宗主权又称喀尔喀蒙古的"漠北蒙古"并称。

在控制了天山以北的卫拉特蒙古之后，噶尔丹控制的卫拉特人已达到了二十余万户，六十余万人口。康熙十九年左右，噶尔丹又征服了天山以南的叶尔羌汗国，手中掌控的军事资源大增。根据《清代准噶尔史话》一书，准噶尔此时可以制作精良的中亚风的连环锁甲，"轻便如衣，射可穿，则杀工匠"；同时利用天山南路制造的火器，编练士兵，"令甲士持鸟炮短枪，腰弓矢佩刀"。

但是，正当噶尔丹的"卫拉特帝国"已渐恢复至土木堡之变时瓦剌的巅峰状态时，后院突然起火了。康熙二十九年，在噶尔丹第二次出征已到达清廷庇护的喀尔喀部时，其侄策妄阿拉布坦趁机发动兵变，起兵洗劫噶尔丹的大本营科布多,"尽收噶尔丹之妻子人民而去",之后还占据了科布多以西的准噶尔部旧地。噶尔丹实力大损,科布多以东地区的有限资源已无法满足噶尔丹大军和属民的战争经济,甚至只能依靠抢掠喀尔喀部以战养战才能维持运转。

可以说,这次内乱后,噶尔丹大军便再未恢复元气,我们在之后便可以看到,噶尔丹此后从未能够组织起一支超过三万人的军队,而在也先时代的土木堡之变后,瓦剌甚至能够动员起一支超过十万人的大军进攻北京城。这也可见此时噶尔丹的"卫拉特帝国"已严重名不副实,连准噶尔部都被分出了一部分。

噶尔丹的准噶尔军数量虽然不大,却是蒙古草原上一支前所未有的新型军队,简单说就是,既承继了蒙古人的强大骑兵传统,又完成了受中亚与俄国影响的火器化革新。用张建在《火器与清朝内陆亚洲边疆之形成》一文中的说法就是,"准噶尔军队是配备火器的骑手,擅长纵深攻击,来去迅速"。

根据张建的考证,尽管噶尔丹多次表达出对从俄国购买火器的兴趣,但实际上俄国一直出于某种防范心理长期对蒙古执行火器输出禁令,从未与准噶尔部展开过官方火器贸易,而1689年《尼布楚条约》签订后更是抛弃了噶尔丹。当然,噶尔丹可以依靠走私从俄方那里获得零星的火器,但这远无法组织起一支庞大的火器部队,所谓俄国的大批军援支持很大程度上只是噶尔丹拿来自吹自擂、恫吓对手的战略欺骗手段罢了。

因此,《火器与清朝内陆亚洲边疆之形成》一文的结论是,"准噶尔在火器装备与火器战术两方面均深受中亚伊斯兰国家的影响",通过贸易从中亚获得了大量火器。准噶尔的火器装备有一个非常鲜明的特点,准噶尔引入了来自奥斯曼帝国的"骆驼炮战术",运用骆驼运载轻型火炮,伴随骑兵机动,这种极其适合骑兵运动战,介于炮与重型鸟枪之间的火器被称为"赞巴拉克"。之后清朝还引入"赞巴拉克"进行仿造,成为乾隆时代八旗兵的重要装备。

再看清军。在1689年与俄国达成《尼布楚条约》之后,清军摆脱了在东北与西北两线作战的风险。清军在战略上的最大优势是,可以凭借多元大帝国的雄厚人力物力,得以在不影响财政正常运转的同时,随时动员骑、步、炮皆备的十余万大军,对只有一两万军队动员能力的准噶尔进行以多击少的消耗战。

在骑兵方面,康熙朝的八旗铁骑或许已告别了巅峰时刻,但清军不仅有蒙古各部骑兵的助力,还有着几乎源源不断的战马供应,可以为骑兵军团打造一人双马甚至三马的远征豪华配置。

在火器方面,早在皇太极时代,清军就快速完成了部分火器化的转型,从各个规格的红衣大炮到火绳枪,火器配置较为系统化。在清准战争爆发前,清军的火器部队刚刚在雅克萨之战中通过了俄军坚固工事的检验。

在康熙时代,清军火器化的最大成就是,在南怀仁的督造下，造出并装备了如"神威无敌大将军炮"这样的重型火炮。但是，清准战争几乎完全以野战为主，重型火炮不仅严重缺乏机动性，不利于远征，且也丧失了城池攻防这两个最重要的应用场景。1689年，也就是清准开战前一年，清朝造出了超越"神威无敌大将军炮"，当时最重型的火炮"武城永固大将军炮"，炮弹重达10—12斤，但这种代表了康熙时代造炮巅峰的攻城火炮在清准战争中却是英雄无用武之地。

事实上，像准噶尔军这种广泛配备火器的骑兵野战军团，清军在此前的历次战争中从未遇见过，缺乏相关作战经验。吴三桂军倒是装备了火器，但关宁铁骑早已是个传说，且双方的战斗以岳阳、长沙和平凉等地的城池攻防战为主，鲜少看到双方骑兵军团大规模野战的记录；在与俄军的两次雅克萨之战中，也几乎没有见到哥萨克骑兵出城与满蒙骑兵野战的案例，雅克萨之战是彻头彻尾，以火器为主导的要塞攻防战；如果追溯到更远的明与后金的战争中，袁崇焕时代的关宁铁骑不仅装备了火器，也敢与八旗铁骑一战，但这个野战也是打折扣的，得"依城而战"，离不开城墙上火炮的火力掩护……正如《火器与清朝内陆亚洲边疆之形成》一文所说，"这支受近东'火药帝国'影响，带有浓厚中亚色彩的新式军队，是清朝在蒙古高原上前所未遇的劲敌"。

谁赢了乌兰布通之战

很大程度上正是因为不熟悉准噶尔军的骑炮协同战术，清军在最初遭遇准噶尔军时的表现异常糟糕。

康熙二十九年六月二十一日，南下追击喀尔喀蒙古的两万余准噶尔军在乌尔会河（今内蒙古乌珠穆沁左翼旗境内）遭遇了清朝理藩院尚书阿喇尼率领的两万清军，根据噶尔丹战前得到的情报，这支清军"全部轻装"，很可能意味着没携带太多火器。按照康熙战前的部署，阿喇尼这两万人只是参与围歼噶尔丹的一路，本应等到与清军主力会合之后再行决战，但阿喇尼或是因为求战心切，或是因为轻敌，发现准噶尔军之后便主动发起进攻，但作为先锋的七百名蒙古兵忙于夺回被准噶尔军抢掠而走的亲人和牲畜，不仅没有组织起有效的进攻，反而给了噶尔丹充足的备战时间。

黑龙在《准噶尔蒙古与清朝关系史研究》一书中基本还原了乌尔会河之战的战况：准军分两翼形成"弓形阵"，从三面用鸟枪等火力密集地覆盖进攻的清军，造成了清军的严重伤亡，清军纷纷溃退，噶尔丹遂令一支机动部队从阵地绕出，在溃败的清军左右迅速形成夹攻，彻底击垮了清军。清军全部辎重被缴获，当时正好在噶尔丹军中的俄国使者甚至说："博硕克图汗把中国兵杀得一个不剩"，此说虽属夸大，但作为现场目击者的观察也的确可以看出清军当时伤亡惨重。

战后，阿喇尼将清军失败的原因归咎于"厄鲁特多火器，而我火器兵未至"，这么说虽有为自己的轻率出击开脱的成分，但也可看出准噶尔军的火器杀伤力给阿喇尼留下了极深刻的印象。

作为清朝与准噶尔部的第一次战役，清军在兵力与火力两方面都处于劣势，乌尔会河之战的战败也在情理之中，正如《准噶尔蒙古与清朝关系史研究》一书所说，"阿喇尼军队只是一支缺乏战斗力的非主力部队，显然不是噶尔丹亲自指挥的准噶尔精兵之对手……清廷迟迟没有制定统一、具体的作战方案，致使先遣部队各行其是，未能发挥应有的作用"。

乌尔会河之战的大捷让噶尔丹陷入了非理性的飘飘然之中，以至于带着些君临天下的幻觉对清廷放话称，"今虽临以十万众，亦何惧之有？"怀着对清军的蔑视，噶尔丹率军进逼距北京仅七百里的乌兰布通，让北京城陷入"恐准症"之中，"京师戒严，每牛录下枪手派至八名，几于倾国矣。城内外典廨尽闭，米价至三两余"。

康熙下决心亲征。康熙深知，大败之后，如果不正面应对噶尔丹的挑战，喀尔喀蒙古各部就会被迫投入噶尔丹的怀抱，对清朝中央产生无法依赖的离心情绪，进一步增强噶尔丹的实力……连锁反应下去，一旦漠南蒙古再落入噶尔丹的控制中，北京城就是噶尔丹骑兵的刀俎鱼肉。

尽管在眼下，噶尔丹的实力还远不足以对清帝国造成致命威胁，甚至准噶尔军进军乌兰布通也更多是为了抢掠自肥，还远谈不上什么争夺天下，《准噶尔蒙古与清朝关系史研究》一书认为，"噶尔丹很清楚，仅凭2万人的军队，与大清国数十万军队争夺漠南草原，是一件可望而不可即的事情"。然而，一旦放任噶尔丹坐大，乃至统一全蒙古，不仅会在根本上损害了清帝国"满蒙联盟"的国策，清帝国还将在北方拥有一个真正意义上的同等体量的挑战者。对于熟悉历史的康熙而言，土木堡之变殷鉴在前，金末蒙古军任意肆虐金帝国北方领土的历史记忆更是有切肤之痛，"恐后日竭各省之膏脂，皆靡费于北边，又若前代矣"。

更何况，噶尔丹也亲口说出了"圣上君南方，我长北方"这句大言不惭却触碰了清帝国敏感神经的名言。

康熙二十九年七月初二，康熙命裕亲王福全为抚远大将军，与皇长子胤禔率领西路军出古北口；以恭亲王常宁为安北大将军，与简亲王雅布一起率东路军出塞；康熙自领中路军，总领全局。算上后勤辎重人员，三路大军在十万人以上。为了避免重蹈乌尔会河之战单兵突进的覆辙，康熙严令，"姑勿与战，以待各路军至齐发，毋致失利"。

但在古代的通讯及交通条件下，分进合击或许势在必行，但往往都只是一个纸面上的完美计划，乌兰布通之战也不例外，先是常宁的东路军因为集结缓慢，暂缓进兵，再是康熙突患疟疾中途回京，三路清军只剩下了福全的西路军。至于西路军的人数，各路史书并未给出具体数字，但考虑到西路军是正面进攻的主力军，还得到了康熙回师前派出的汉军火器营和前锋护军的支援，再加上阿喇尼的三千残部八月下旬也赶来会合，因此估计西路军总人数当在四万人以上，战兵在三万人左右，仍然强于噶尔丹的两万余人。

除了兵力占优势之外，清军在乌兰布通之战中最大的提升是，"多派精兵，尽发火器"，弥补了乌尔会河之战时"厄鲁特多火器，而我火器兵未至"的装备短板，大量配备了适合远征的如子母炮等各种轻型火炮，阵中的炮兵和鸟枪兵也达到了五千余名。

自朱元璋和朱棣时代发明出真正有大规模实战意义的火器之后，火器在实战中一个始终无法规避的痛点就是：射速过慢，无法有效抵御骑兵快速冲锋。缓解的办法无非有两种，第一是技术革新，即不断创新射速更快的武器，明代中期佛郎机和火绳枪相对火铳的升级，明末红夷大炮相对佛郎机的升级，提高射速都是题中应有之义，但到了康熙时代，技术革命已趋于停滞，比火绳枪更先进一代的燧发枪都未在清军中列装；第二就是战术革新，而这其中又分两种，其一是针对火枪的战术革新，比如明初发明了初具雏形的轮射战术，其二就是针对骑兵的防御战术革新，比如戚继光和孙承宗用车阻挡骑兵冲击的"车营战术"，而在乌兰布通之战的时代，清军也摸索出了一套叫作"连环本栅"的新战术，正如福全的战报所言，"日中见敌，设鹿角枪炮，列兵徐进"。

根据《火器与清朝内陆亚洲边疆之形成》一文，清军这一战术取法自吴三桂军，后者曾用此法对付清军的骑兵。所谓"连环本栅"战术,简单说就是战时将鹿角木(本栅)居前,阻碍骑兵冲锋,鸟枪手和炮手在后排成十队,依次在鹿角木后用轮射战术放射枪炮;然后派专人将鹿角木向前移动十步,火器兵再依次跟随前移并发射,如此反复前进发射,是为"连环"。

清军有"连环本栅"战术,准噶尔军则有"驼城战术"。用《清代准噶尔史话》一书的说法就是,"以骆驼布阵,上千匹骆驼被困住四足后,卧于地面。骆驼背上加了箱垛,用毡布吸水,覆盖于箱垛之上,使之形成城垛形状"。在骆驼及箱垛之间,是拿着火枪和轻型火炮,等着清军来进攻的准噶尔士兵。可以说,"驼城战术"和"骆驼炮战术"是一体两面的,行军时就是"骆驼炮",防守时就是"驼城",进攻时就是前有骑兵冲击,后有大炮轰击。

康熙二十九年八月初一,乌兰布通之战正式爆发,战事其实只持续了一天。黑龙在《准噶尔蒙古与清朝关系史研究》中判断称,乌兰布通是噶尔丹精心准备的战场,噶尔丹战前占据了最有利的地形,做好了迎战准备,"清军是被噶尔丹引诱到乌兰布通的"。据《清代准噶尔史话》一书所说,噶尔丹的布阵相当高明,他占据了山冈,山冈侧翼又有泥沼,不利于清军机动迂回。要想突破,只能正面进攻,而在正面,又有一条河流成了障碍。

就火器来说,清军的优势是大炮,而准噶尔军的优势是火枪,特别是还装备了一些燧发枪。开战后,清军大炮"炮火齐发，自未至戌，声震天地"，对"驼城"造成了一定的伤害，但指望单凭这些轻型火炮奠定战局，显然是过于乐观了。

而后，福全可能认为火炮已经摧毁了准噶尔军的秩序和斗志，没有充分运用"连环本栅"的火器战术，便贸然下令骑兵发动强攻，结果遭到准噶尔火枪兵的迎头痛击。尽管福全的战报中试图掩盖骑兵冲锋时遭到重大伤亡的事实，但当时在清廷供职的法国传教士白晋写给法王路易十四的一封信中说，"在乌兰布通之战中，康熙知道他的军队所以蒙受重大损失而未能将敌军彻底击溃，是因为厄鲁特人仗着良好的排枪的强大火力，迫使皇帝的骑兵退出战线"。

还有一个细节是，连康熙的亲舅舅佟国纲都在这次骑兵冲锋中被准噶尔人的子弹击中，当场阵亡。不仅是佟国纲，清军在此战中还阵亡了数位中级将领。

长久以来，关于乌兰布通之战的各类历史记录，特别是清代官方文献都异口同声地断定清军大胜，准军惨败，但近年来，关于这一绝对说法的质疑越来越多，甚至连清史权威戴逸也曾表示，"关于乌兰布通的胜负，我尚心存疑团"。

目前看来，比较公允的说法是，在战术上伤亡较小的准军是乌兰布通之战的胜利者，但在战略上双方算是打成了平局，噶尔丹的南下被遏制，但清军也没有完成围歼噶尔丹的战前规划。《准噶尔蒙古与清朝关系史研究》一书指出，"清军由于兵力无法展开，火力无法发挥而迅速由进攻状态转为被动挨打状态，遭到严重损失……与其说清军大胜，倒不如说噶尔丹获胜可能更接近事实","此战清军伤亡多于准噶尔军,而且在形势对清军有利的情况下,致使噶尔丹逃逸,失去一举歼灭的机会"。

关于乌兰布通之战,一个最流行的战场细节就是噶尔丹的"驼城"被清军的炮兵炸得血肉横飞,叙述起来很有画面感。但黑龙认为,驼城并未被清军击破,"清军尽管用大炮轰击噶尔丹的驼城,但大都无的放矢,未能有效歼敌。准军则比较清楚地瞄准对方,进行有效的射击,对队形过密的清军造成的杀伤是不言而喻的"。

如果不是清楚这段战争场面描写的时代背景,错认为这是一场19世纪的战争也很正常。

从康熙战后的一些检讨来看,他至少没有把乌兰布通之战视为胜仗。福全回至京师,"止朝阳门外听勘",不许进城,而先行返京的皇长子胤禔也同时取口供。

如果说噶尔丹在乌兰布通之战中本身损失有限的话,在撤军途中却遭遇瘟疫,"日以北徙,人畜屡毙",队伍大量减员,两万余人仅剩数千。

因此,对于噶尔丹而言,此次南下的确是一次得不偿失的冒失之举,"卫拉特帝国"越来越像一场幻梦。

昭莫多没有奇迹

为了总结乌兰布通之战的得失,康熙于战后还曾亲临战场考察，得出的结论是，清军必须进一步加强火器的配备力度，为此从朝鲜那里搞来了三千杆鸟铳。

康熙三十年（1691年），也就是乌兰布通之战后一年，康熙在前几年已设立的"汉军火器营"的基础上，又设立了八旗满洲火器营。据《火器与清朝内陆亚洲边疆之形成》一文所说，康熙此举的用意之一就是想借重八旗的骑兵优势，建立骑术与火器射术皆精的"马上鸟枪兵"，以在野战中具备与准噶尔火器部队相同的机动性。

在加强火器配备的同时，乌兰布通之战后仅一个月，康熙帝就下令八旗兵进行全面整训，康熙显然对清军散漫无序的作战习惯很不满："我军近与厄鲁特战，排列太密，为贼人乱枪所中，且进退不鸣箭，此皆不习战阵之故也。"

王思治在《康熙对乌兰布通之战的检讨与多伦会盟》一文中写到，"康熙倾注相当精力训练军队，尤为注意野战布阵及阵图的研究，既是汲取乌兰布通之战的教训，又是针对噶尔丹军善于狼奔豕突，风驰电掣而击的特点，以提高清军的野战能力"。如康熙在《亲征平定朔漠方略》中所说："乌兰布通战后……从此秣马厉兵，教营伍，练攻战，激励将士，申明赏罚，朕度官兵豢养有素，唯其所向，必不辱命，可深信也。"

乌兰布通之战后，噶尔丹所部在撤军途中因感染瘟疫病死大半，其侄策妄阿拉布坦趁机东征，攻占噶尔丹的大本营科布多，占领了天山南麓。在噶尔丹于1695年再次南下之时，尽管已休养生息多年，但他仍然只能凑出一支一万人的作战队伍，还有一万人是负责后勤运输的妇孺老弱，而南下的目的仅仅就是抢掠牲畜过冬了。当然，噶尔丹还曾主动释放出"有兵二万，又借俄罗斯火器兵六万"的假消息，一度吓得康熙身边的重臣苦劝皇帝放弃亲征。

为了对付这寥寥一万人，康熙这一次动员的军队甚至要超过乌兰布通之战，仅战兵就达到了十万人，总兵力则接近15万人，一副狮子搏兔、势在必得的姿态。

康熙三十五年（1696年）二月，康熙下令御驾亲征，分三路出兵：中路军由康熙亲自统率，直指克鲁伦河；西路军由费扬古统率，分别从宁夏、归化两路出发，会师后截断噶尔丹退路；东路由黑龙江将军萨布素统率。康熙的目的是，用绝对优势兵力分三路实施大纵深的战略包围，使"往来飘忽，踪迹无常"的噶尔丹无所遁形。

与乌尔会河和乌兰布通这两战相比，昭莫多之战是真正的远征，前两个作战区域都在内蒙古境内，乌兰布通距离北京更是只有七百里，而此战的进军地点克鲁伦河距离北京接近两千里。事实上，《清代准噶尔史话》一书就认为，"在乌兰布通之战中，噶尔丹孤军深入，置于险地。此次他吸取教训，不再深入腹地，而要吸引清军出击，进入广阔的草原，展开拉锯战，以空间换取时间，拖垮清军"。

噶尔丹的"拖垮"之说有些过于乐观了，对于此战的清军而言，唯一的悬念其实在于：能否抓到噶尔丹的主力。在历史上，草原民族应对强大的中原军队北伐，最好的策略其实就是避而不战，让中原军队多劳而无功几次，就没有下一次北伐了。比如在朱棣时代的五次北伐中，后三次都没有碰到过蒙古军队。当然，如康熙和历史上的汉武帝所做的那样，出塞时如果兵分几路，碰见草原骑兵的概率自然会多上几倍，但这样的风险是，又有可能被草原骑兵各个击破。

也就是说，在"本土作战"的草原骑兵其实可以任意选择战还是跑：只要发现对方是主力出击，撒腿跑就得了，反正战马不足的中原军队也追不上；万一发现是一支偏师，果断吃掉就是了。

但昭莫多之战的特殊性有两点：第一，清军在人力上优势过于明显，几乎达到了十比一，即使没有实现没谱的"分进合击"，清军任何一路的硬实力都不逊于噶尔丹军，中西两路更是几倍于噶尔丹军；第二，由于清帝国的多元性，清军的战马资源极其充沛，昭莫多之战据说动员的战马接近30万匹，几乎是一人三马的奢侈配置，在机动性上并不逊于噶尔丹军，足以应付数千里的远征。

和乌兰布通之战相似的是，最终在昭莫多（今蒙古乌兰巴托以南）真正和噶尔丹交上火的其实也只有西路军一支，这次康熙亲征的中路军倒是一直没提前撤，但噶尔丹看到就跑，所幸最后被西路军逮到了。

康熙三十五年五月十三日，当费扬古的西路军一部在昭莫多遭遇噶尔丹时，兵力仅有1.4万人。真正意义上的昭莫多之战，不是什么10万打1万，就是这1.4万清军对阵1万准噶尔军。有说法称，西路军此时已断粮多日。

战斗一打响，宁夏总兵殷化行（又作王化行）力谏费扬古必先据小山："从来用兵，高处不宜让敌"。费扬古采纳了建议，随即派兵抢占山顶，刚到山顶，发现准噶尔军也从另一侧登至半山，紧张程度很有些电影《南征北战》中国共两军争夺摩天岭的意思。关于这座小山头的争夺战由此成为昭莫多之战的主战场，居高临下让清军充分发挥了火器优势，用包括子母炮在内的各种轻型火炮以及火绳枪对着攻山的准噶尔军一阵猛轰。危急时刻，噶尔丹和其妻阿奴身先士卒，"冒炮矢，舍骑而斗，锋甚锐，不可败"。双方从中午战至傍晚，准噶尔军竟然在地形、火力、兵力都不如清军的情况下，"杀伤颇相当，胜负未决"，足以显示这是一支值得康熙充分重视的强韧军队。

此时，费扬古再次采纳殷化行的建议，动用两支奇兵，一横冲入阵，一袭其后勤辎重，加上正面部队，三路夹击，准噶尔军立即阵脚大乱。在乱战中，噶尔丹妻子阿奴被鸟枪击杀，"金铠黄袍横尸道左"，噶尔丹仅率数十骑突围而走。此战准噶尔军被歼2000余人，被俘2000人。

昭莫多之战后，噶尔丹虽然还撑了近一年，但已是冢中枯骨，对康熙而言就是一个可追可纵的流寇而已。

康熙第一次亲征，从京城到克鲁伦河，来回总共98天，行程近4000里，击溃了清帝国最危险的敌人。齐木德道尔吉先生在《首次亲征噶尔丹时的康熙皇帝》一文中颇具感情地写道，"京城到克鲁伦河，确实是一条艰难的道路，然而也是大清王朝的康熙之路"。

但这也正是中国火器走向衰落的"康熙之路"。正是从康熙平定噶尔丹开始，清帝国周边再无可以危及其政权生存的竞争对手，正如李婷婷与朱亚宗在《中国火器落后于西方的时间节点及原因初探》一文中所说，"火器事业渐不复如前受到重视"，"中国火器在17世纪末期后逐渐衰落，甚至有所倒退"。康熙五十四年（1715年），山西总兵上言奏请自行捐造子母炮，康熙立即禁止："子母炮系八旗火器，各省改造，断乎不可！"

李婷婷与朱亚宗认为，"自10世纪发明火器以来，清朝对火器的限制是历朝中最为苛刻的"。在康熙时代，中国火器抵达了前所未有的巅峰时刻，但也正是在康熙时代，中国火器盛极而衰，"清朝自康熙平定噶尔丹以后，不但禁止进行火器研制，甚至将前代关于兵器的书籍列为禁书，致使火器知识失去传承……自南怀仁的《神威图说》（1682年）和《穷理学》（1683年）发表之后，直至鸦片战争以前，近一个半世纪内竟没有一本论及火器的兵书问世"。

康熙之路，也是通往鸦片战争之路。

延伸阅读：

《准噶尔蒙古与清朝关系史研究（1672—1697）》，黑龙著,上海古籍出版社,2015年3月版。

《最后的游牧帝国:准噶尔部的兴亡》,[日]宫脇淳子著,晓克译,内蒙古人民出版社,2005年4月版。

《准噶尔汗国史(1635—1758)》,[苏联]兹拉特金著,马曼丽译,商务印书馆,1980年12月版。

《清代准噶尔史话》,袁灿兴著,社会科学文献出版社,2018年1月版。

《战争事典.032》,指文烽火工作室著,台海出版社,2017年6月版。

后记

说起来,我第一次对中国古代战争产生概念,应该是小学时看《三国演义》。

在我那时的概念中,中国古代战争大约就是由"计谋"和"单挑"构成的。所谓计谋,就是像《三国演义》那样放了一整本书的火,火烧乌巢、火烧博望坡、火烧新野、火烧赤壁、火烧藤甲兵,似乎三国鼎立基本靠火;说起单挑,就是像《说唐》那样有一群像李元霸、宇文成都、裴元庆和罗成这样的顶级战将,打仗基本靠武将单挑,单挑赢的全军压上,输的全军溃败,打仗就和打擂台一样,后面那些兵就是啦啦队。

对于很多人来说,他们对中国古代战争的理解恐怕至今仍然没有超越《三国演义》《水浒》《说唐》和《说岳》这些古典小说所建构的"平行世界"。

又或者,大多数人和曾经的我一样,已经知道小说里描写的战争场面不靠谱,但中国古代战争究竟怎么打,还是不知道。但不知道一点都不丢人,中国历朝历代的史官也未必搞得清楚,而那些搞得清楚的古代武将又大都没文化,没什么机会将战事记下来传世。

这也正如由费正清等海外汉学家所著的《古代中国的战争之道》一书所说:"儒生掌握了军事史的书写,将军事史降低到寓言和传奇的层次。史家省去了记录战争中复杂多变的技术的麻烦,也进一步鼓励了纸上谈兵。"

这本书就是我这些年来对"中国古代战争究竟怎么打"这个问题的摸索过程,而这个过程可能持续了十几年。

我必须诚实地承认,我的摸索仍然停留在"纸上谈兵"的层次。这是一个没有任何实际战争经验的军史爱好者,基于各类资料论文、各种军事著作,再附加一些必要的推演,怀着惴惴不安的诚意,才写下的《纸上谈兵:中国古代战争史札记》。

但我想,"纸上谈兵"总好过"演义谈兵""传说谈兵"吧,而这后两者,正是我们此前主流的谈兵方式。

打个比方,和岳家军对阵过的"拐子马",一直被视作"连环马",以讹传讹了数百年,直到有军事经验的乾隆发现不对,对"拐子马即连环马"的说法提出了质疑,认为在实战中不可行,这才开始更正。这样一个有违基本军事常识的荒谬说法能流传几百年,可见"传说谈兵"的威力之大。

虽然这是一本"纸上谈兵"之作,但就像赵括也熟读兵法一样,我也有几本书想特别致敬,是它们首先打破了中国古代战史研究的沉闷局面。

首先是曾瑞龙先生的《经略幽燕》和《拓边西北》,这两本出版于本世纪初的巨作就像横空出世一样,重新定义了中国古代战史,如果不是曾瑞龙的早逝,这个定义的广度和深度可能会更加现象级。再就是李硕先生的《南北战争三百年》,这极有可能是近十年以来国内最优秀的古代战史著作,李硕的惊艳思路给了我极多启发,可能今后中国任何的古代军史研究,都绕不开李硕。最后是指文烽火工作室的"战争事典"丛书,这套Mook已经出版了六十本以上,代表了中国民间战史研究的最高水平,事实上,也是中国战史研究的最高水平。

还要将一些朋友的帮助铭刻于心。如果没有姜鹏、李丹婕、张经纬、班布尔汗、有鬼君和饶佳荣等师友的学术援助,这本书可能会错漏百出。

还要感谢腾讯新闻和谷雨工作室各位朋友的高义,杨瑞春总、贾嘉神尼、刘欢同学,正是你们的宽容,让我在出版这本书的同时,也有机会尝试音频课这个美丽新世界。

还有亲爱的汉唐阳光,感谢尚红科总、李占芇兄和潘美晨同学。尤其是尚总,感谢你没有放弃我,数年如一日地监督我,哪怕有时差。

还有我的妻子和女儿,没有冰的理解和额外付出,就没有这本书,而不到四岁的女儿,已经知道"爸爸是作家,他最喜欢打电脑",走出渣爹的人设任重道远。

战争这件事,纸上谈兵就好,看点战争片就好,我写给你看就好。愿雨儿小朋友,还有打开这本书的读者朋友,永远生活在只有纸上谈兵的世界。

2020年8月